Architektur als Komposition

La arquitectura como composición

D1719691

Michael Wilkens

Architektur als Komposition
La arquitectura como composición

10 Lektionen zum Entwerfen
10 lecciones para proyectar

Birkhäuser – Verlag für Architektur
Editorial de arquitectura
Basel · Boston · Berlin

Übersetzung aus dem Deutschen ins Spanische / Traducción del alemán al español:
Pepe García, Alexa Matovelle, Kassel.

A CIP catalogue record for this book is available from the Library of Congress,
Washington D.C., USA.

Deutsche Bibliothek Cataloging-in-Publication Data.

Wilkens, Michael:
Architektur als Komposition = La arquitectura como composición / Michael Wilkens.
[Transl. from German into Spanish: Pepe García; Alexa Matovelle].
- Basel ; Boston ; Berlin : Birkhäuser, 2000
ISBN 3-7643-6330-4

© 2000 Birkhäuser – Verlag für Architektur / Editorial de arquitectura, P.O. Box 133,
CH-4010 Basel, Switzerland.
Gedruckt auf säurefreiem Papier, hergestellt aus chlorfrei gebleichtem Zellstoff. TCF. ∞
Graphic Design: Oliver Endemann, Ursula Strohwald, Kassel.
Printed in Germany.
ISBN 3-7643-6330-4

9 8 7 6 5 4 3 2 1

Für Heidrun

Indice

Prólogo   10

1.   Introducción: composición y diseño   16
1.1 Sobre la rectangularidad clásica   34
1.2 El paso al diseño:
     las casas en Biberach de Hugo Häring   40

2.   Sobre las dos formas clásicas de casas   50
2.1 El tejado como forma determinante   50
2.2 La casa con tejado y la planta aditiva
     La «potencia estructural»   56
2.3 La casa con pretil (o cúbica) y sus fachadas   68

3.   Sobre la percepción de la arquitectura   80
3.1 La percepción geométrica   84
3.2 La percepción organizadora   90
3.3 La percepción asociativa   106

4.   Componentes y formas de la composición   122
4.1 Componentes espaciales   122
4.2 La forma de composición más simple: apilar   142

5.   Formas de composición: compactación y multiplicación   152
5.1 Acumulación, compactación   152
5.2 Multiplicación, concepto abierto   170

Inhaltsverzeichnis

Vorwort   11

1.   Einführung: Über Komposition und „Design"   17
1.1   Über die klassische Viereckigkeit   35
1.2   Übergang zum Design:
      Härings Biberacher Häuser   41

2.   Über die beiden klassischen Hausformen   51
2.1   Das Dach als bestimmende Form   51
2.2   Der additive Grundriß
      Über „strukturelle Potenz"   57
2.3   Das Attikahaus und seine Fassade   69

3.   Über die Wahrnehmung von Architektur   81
3.1   Geometrische Wahrnehmung   85
3.2   Organisatorische Wahrnehmung   91
3.3   Assoziative Wahrnehmung   107

4.   Komponenten und Kompositionsformen   123
4.1   Räumliche Komponenten   123
4.2   Die einfachste Kompositionsform: Stapeln   143

5.   Kompositionsformen: Verdichtung, Vervielfachung   153
5.1   Anhäufung, Verdichtung   153
5.2   Vervielfachung, Offenheit   171

6.   Formas de composición: simplificación,
      complicación hacia adentro   192
6.1 Simplificación, simplicidad   192
6.2 La caja mágica: el plan espacial *(Raumplan)*
      de Loos y la gran forma de Le Corbusier   204

7.   Formas de composición: penetración y confrontación   226
7.1 Penetración, sobreposición   228
7.2 Confrontación de lo incompatible:
      deconstructivismo   248

8.   Sobre el arte de los espacios exteriores e intermedios   260
8.1 Digresión sobre historicidad,
      modernismo y postmodernismo   262
8.2 ¡Proyectar desde fuera hacia adentro!   286

9.   Sobre materialidad, ritmo y lividez   294
9.1 Alabanza a la «suciedad»   294
9.2 Ritmos específicos   314
9.3 Gravidez y transparencia   320

10. Final: sobre el concepto de arquitectura como crítica
      de los hábitos   330

Sobre el autor   368
Notas e índices

    372
Créditos de las ilustraciones   376

6.	Kompositionsformen: Vereinfachung, Verkomplizieren nach innen	193
6.1	Vereinfachung, Vereinfältigung	193
6.2	Die Zauberkiste: Loos' Raumplan und Le Corbusiers Großform	205
7.	Kompositionsformen: Durchdringung, Konfrontieren	227
7.1	Durchdringung, Überlagerung	229
7.2	Das Nebeneinander des Unvereinbaren: Dekonstruktivismus	249
8.	Über die Kunst der Außen- und Zwischenräume	261
8.1	Exkurs über Historismus, Moderne und Postmoderne	263
8.2	Von außen nach innen entwerfen!	287
9.	Über Materialität, Tempo und Leichtigkeit	295
9.1	Lob der „Schmutzigkeit"	295
9.2	Spezifische Tempi	315
9.3	Gewicht und Transparenz	321
10.	Schluss: Über Konzept-Architektur als Kritik der Gewohnheit	331
	Über den Autor	369
	Hinweise, Indizes nach Kapiteln	373
	Zu den Bildern	376

Prólogo

Los capítulos siguientes han surgido de una serie de conferencias que di por primera vez durante el semestre de invierno '96/'97 en la Universidad de Kassel y, ligeramente modificadas, en marzo de '98 en la Universidad Central de Las Villas en Santa Clara (Cuba). La revisión llevada a cabo en este libro pretende transmitir sus contenidos a un público más amplio de personas interesadas en arquitectura, pero también a los compañeros de profesíon interesados en el tema. La realización del libro también va a servir para explicar que la elección de los ejemplos no es de ninguna forma representativa: es más bién fortuita, se debe a la disponibilidad de las fotos y también a mis «vivencias» personales, puesto que no me gusta hablar de edificaciones ni de arquitectos que no conozca o con los que no haya tenido algún tipo de vinculación. Es decir, que si no los he conocido personalmente, por lo menos los tengo que haber estudiado en profundidad y conocer sus escritos. Así si por ejemplo no menciono a un arquitecto tan famoso como Louis Kahn, es simplemente porque nunca he tenido contacto directo con sus obras y por lo tanto no he podido establecer ningún vínculo personal con ellas. Esta elección tan personal y subjetiva explica también porque la mayoría de los ejemplos proviene de Alemania, a pesar de que en otros lugares existan numerosos ejemplos, adecuados y todos ellos de gran belleza.

Die folgenden Kapitel sind aus einer Vorlesungsreihe entstanden, die ich zuerst im Wintersemester '96/'97 an der Universität in Kassel und im März '98 – leicht modifiziert – an der Universidad Central de Las Villas in Santa Clara, Kuba gehalten habe. Die Überarbeitung für dieses Buch zielte darauf, die Aussagen für ein größeres Publikum von Architektur-Interessierten, aber auch für interessierte Kollegen lesbar zu machen. Diese Entstehung mag auch erklären, daß die Auswahl von Beispielen keineswegs repräsentativ ist: sie erklärt sich eher aus der Verfügbarkeit von Bildern und vor allem aus dem persönlichen „Erlebnis". Denn ich spreche nicht gerne über Bauten oder Architekten, die ich nicht wirklich kenne oder „erlebt" habe. Das heißt, wenn ich sie nicht selbst und persönlich kennengelernt habe, so doch wenigstens durch intensives Studium der Literatur. Wenn also z.B. ein so wichtiger Architekt wie Louis Kahn in keinem Beispiel auftaucht, so liegt das schlicht daran, daß ich nie einen Bau von ihm „erlebt" und nie eine persönliche Beziehung zu seinem Werk habe bilden können. Diese sehr persönliche und subjektive Auswahl erklärt auch, warum so viele Beispiele aus Deutschland kommen, obwohl es andernorts doch sehr viel schönere und passendere Beispiele geben mag. Ich habe auch die Gliederung in 10 etwa gleichlange Teile so belassen. Ursprünglich waren diese Seminare dann von kleinen Übungen unterbrochen, die hier mit aufzunehmen aber zu weit in Richtung Schulbuch geführt hätte.

En este libro he establecido una división en diez partes más o menos iguales. En realidad mis clases se interrumpían a veces para realizar pequeños ejercicios, que si hubiese querido recoger aquí, me habrían llevado más bien a escribir un manual. La traducción al español fue retrabajada con ampliaciones y correcciones del texto cubano y por ello no corresponde exactamente al texto en alemán. Por ello el siguiente libro debe entenderse más bien como manuscrito de trabajos de convicción y no como un trabajo científico, y el qual sólo ha podido ser realizado gracias al trabajo y a la paciencia de los traductores, gráficos y demás ayudantes. Me gustaría expresar aquí mi agradecimiento a todos ellos.

Die spanische Übersetzung wurde durch Ergänzungen und Korrekturen an der „kubanischen" Fassung erarbeitet und entspricht deshalb nicht immer genau dem deutschen Text. Man mag das vorliegende Buch also weniger als Ergebnis gesicherter wissenschaftlicher Arbeit denn als Niederschrift mündlicher Überzeugungsarbeit verstehen, das nur durch die geduldige Nachtarbeit von Übersetzern, Grafikern und anderen Helfern noch zustandegekommen ist. Ihnen allen möchte ich an dieser Stelle meinen Dank sagen.

1

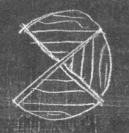

componere
= zusammen-
setzen

design

1

← Licht

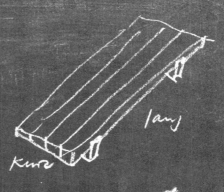

lang

kurz

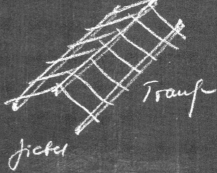

Traufe

Giebel

1. Introducción: composición y diseño

El campo aquí tratado se encuentra entre aquél que describe la arquitectura como mera técnica, satisfacción de necesidades y dominio sobre la naturaleza, y aquél otro que la ve como expresión y contenido artísticos. Es decir, que nos movemos por un lado entre los factores más bien impuestos objetivamente por la naturaleza y la sociedad, de los que se ocupan la física constructiva y las ciencias de la estructura y de la construcción, y por otro lado, entre criterios éticos y estéticos subjetivamente impuestos y que contemplan la obra como intención artística o, dicho de otro modo, como expresión de un lenguaje. Y de la misma forma que el lenguaje creador de expresión y contenido está sujeto a reglas, que estructuran los sonidos generados por la voz, también existen reglas que a partir de una serie de materiales, que de alguna forma cumplen su función, crean una unidad estructurada intencionalmente que nosotros percibimos y entendemos como arquitectura.

Independientemente de que nos agrade o desagrade, el material estructurado nos comunica algo. Es, debido a su estructuración gramatical, una información y expresión comprensible. A esta estructura presubjetiva, que todavía no llega a ser expresión y contenido de carácter conscientemente subjetivo, pero que ha dejado de ser únicamente la mera aplicación de experiencia técnica, la llamo composición. Ya que este término es el que mejor describe el mensaje principal: es decir, que la arquitectura no se puede des-

1. Einführung: Über Komposition und „Design"

Das Gebiet, um das es hier geht, liegt zwischem dem, das das Bauen als bloße Technik, Bedarfsdeckung und Naturbeherrschung versteht und jenem anderen, das es als künstlerischen Ausdruck und Inhalt sieht. Wir bewegen uns dabei also zwischen den eher objektiv durch Natur und Gesellschaft gesetzten Faktoren, wie sie z.B. in der Baukonstruktionslehre, der Bauphysik und der Tragwerkslehre beschrieben werden, und den ethischen und ästhetischen Kriterien, die eher subjektiv gesetzt sind und das Bauwerk als Ausdruck künstlerischer Absicht sehen oder – anders gesagt – als Ausdruck einer Sprache. Und genauso wie die Sprache zur Bildung von Ausdruck und Inhalt auf Regeln angewiesen ist, welche die durch bloße Stimmbildung erzeugten Geräusche erst zu Sprache strukturieren, gibt es Regeln, die aus irgendwelchen mehr oder weniger zweckvollen Anhäufungen von Bauteilen ein absichtsvoll strukturiertes Ganzes machen, das wir dann als Architektur wahrnehmen und verstehen können.

Denn ob es uns nun abstößt oder anregt: Das strukturierte Material spricht uns an, es ist – wegen seiner grammatischen Strukturierung – verständliche Mitteilung und Ausdruck. Diese vorsubjektive Struktur, die also selbst noch nicht subjektiv gesetzter Ausdruck und Inhalt, aber auch nicht mehr bloße Anwendung technischer Erfahrung ist, nenne ich Komposition. Denn dieser Begriff beschreibt am besten, was die zentrale Aussage dieser Lektionen

cribir simplemente en términos sinópticos y estéticos, tal y como acostumbra a hacerlo la historia del arte, como una construcción tridimensional provista de varios estilos, sino que hay que verla *ante todo como una medida del tiempo, al igual que el lenguaje y la música, como un artefacto que transcurre en el tiempo y que tiene un transcurso estructurado en la sucesión temporal, y sólo a partir de aquí se puede comprender.*

Con un simple ejemplo como la construcción de una mesa redonda con tablas de madera es posible ilustrar esta idea. La palabra construcción implica que no podremos cortar la mesa simplemente *a partir de* un trozo de madera. La tenemos que hacer ensamblando varias piezas. Para ello el ebanista desarrolla una estrategia, una serie de pasos a seguir, *a partir* de los cuales irá uniendo las piezas. Para conseguirlo, procurará seguir ciertas reglas técnicas, como por ejemplo, trabajar la madera en sentido perpendicular a la fibra porque trabaja más de esta forma que si la trabajamos en sentido paralelo a la fibra. Pero además, si le gusta su oficio y el material que utiliza, así como la belleza, elegirá la estrategia más adecuada para que la pieza también sea del *agrado* del observador. De esta forma hablo de composición cuando *al construir* una figura dimensional, los pasos a seguir elegidos no solamente son de índole práctica y técnica, sino también artística. Por cierto, todo ello en la tradición del viejo Vitruvio y de todos sus seguidores en la teoría de la arquitectura basada en sus tres categorías *firmitas* (firmeza), *utilitas* (utilidad) *y venustas* (atractivo), que las consideraban los criterios centrales de la arquitectura. Así, también podemos decir simplemente que nuestro concepto se refiere a la arquitectura en el sentido clásico y, por lo tanto, nuestra mesa no queda excluida.

18

ist: daß nämlich die Architektur nicht mit synoptischen und ästhetischen Begriffen allein beschrieben werden kann, wie die Kunstgeschichte sich das angewöhnt hat, sozusagen als ein mit bestimmten Stilelementen versehenes Konstrukt in drei Dimensionen, sondern zuerst *mit Hilfe des Zeitmetrums wie Sprache und Musik, als ein Artefakt, das in der Zeit abläuft, das einen strukturierten Ablauf im zeitlichen Nacheinander hat und erst damit verständlich wird.*

Wir können uns diese Aussagen an einem einfachen Beispiel klarmachen: dem Bau einer runden Tischplatte aus Holzstäben. Der Begriff Bau beschreibt dabei den Umstand, daß wir die Platte nicht einfach aus einem Stück ausschneiden können. Wir müssen sie aus einzelnen Holzteilen *zusammensetzen*. Der Tischler entwickelt also eine Strategie, eine Schrittfolge, nach der er die Teile *nacheinander zusammensetzen* wird. Dabei muss er natürlich technische Regeln beachten, wie z.B. die, daß das Holz in Querrichtung zur Faser mehr arbeitet als in Längsrichtung. Er wird aber auch, wenn er seinen Beruf und das Material liebt und das Schöne, die Strategie so wählen, daß das Werkstück auf den Betrachter in bestimmter Weise wirkt – ihn *anspricht*. Wenn also eine räumliche Figur *zusammengesetzt* wird, und die gewählte Schrittfolge des Zusammensetzens nicht nur brauchbar und technisch, sondern auch künstlerisch bestimmt ist, spreche ich hier von Komposition. Übrigens ganz in der Tradition des alten Vitruv und aller ihm folgenden Architekturtheoretiker, die sich auf seine drei Kategorien *firmitas* (Festigkeit), *utilitas* (Brauchbarkeit) und *venustas* (Anmut) stützten, die sie als die zentralen Kriterien für Architektur ansahen. Wir könnten also auch einfach sagen, unser Begriff von Komposition bezieht sich auf Architektur im klassischen Sinne, womit unser Tisch keineswegs ausgeschlossen ist.

Fig. 1

Para seguir con nuestro ejemplo, existen distintas estrategias compositivas para construir una mesa redonda de madera *(Fig. 1)*: una aditiva, que mediante piezas cónicas forma una especie de sol radiante; una jerárquica, con una forma «superior o primaria» en forma de marco o de bastidor formado por cuatro tablas unidas entre sí y donde se integra ese sol formado por cuñas de madera, o un marco dividido en cuatro partes en el cual se integran maderas de forma diagonal y formando una cruz, o bien… o bien… Es evidente que en la construcción encontramos estructuras más complicadas, pero también aquí las reglas de la composición están fuertemente ligadas a lo que nos exige el material, su estática y la logística de la obra, por lo que rara vez estas reglas se contradicen con las normas reconocidas en el arte y en la artesanía.

Esta relación, que posee una orientación artesanal, refleja además el matiz retrógrado y conservador de las contemplaciones compositivas. Por medio del avance de la industrialización en la construcción, sus normas van perdiendo paulatinamente su base material. Volviendo a nuestra mesa de madera; desde principios de siglo existe la madera contrachapada que nos permite no tener que construir la mesa. En vez de pensar cómo componer, podemos diseñar con una sola línea una forma circular o de riñón, y así cortar la mesa a partir de un solo trozo. Esta levedad del diseño industrial era el mensaje de la mesa en forma de riñón en los años cincuenta *(Fig. 2)*. La forma ya no tenía que ser compuesta siguiendo prolongados pasos y normas. A partir de aquel momento se podía *diseñar* trazando simplemente una línea. En este caso, en el que el dibujo se libera de consideraciones compositivas, es cuando hablo de «diseño». Una idea que los diseñadores seguramente

Es gibt – um in unserem Beispiel zu bleiben – verschiedene kompositorische Strategien, eine runde Tischplatte zu bauen *(Fig. 1)*: Eine additive, die nur konisch geschnittene Stäbe aneinanderfügt, so daß sich eine strahlenförmige Sonne bildet, sowie eine hierarchische mit einer „Ober- oder Primärform" in Gestalt eines Rahmens bzw. einer Zarge aus vier miteinander verkämmten und seitlich rund geschnittenen Brettern, in die dann diese „Sonne" aus strahlenförmig addierten, keilförmigen Stäben eingesetzt wird. Im Bauen haben wir es freilich mit komplexeren Gebilden zu tun. Aber auch dort sind die Regeln der Komposition stark mit denen des Materials, des Tragverhaltens und der Baustellenlogistik verbunden und deshalb selten im Widerspruch zu den anerkannten Regeln der Kunst und des Handwerks.

Diese Beziehung deutet aber auch gleichzeitig die etwas rückwärts gewandte, konservative Art kompositorischer Betrachtungen an. Sie ist nämlich *handwerklich orientiert*. Ihre Regeln verlieren nach und nach durch die zunehmende Industrialisierung des Bauens ihre handfeste, materielle Grundlage. Um auf unsere Tischplatte zurückzukommen: Es gibt seit Anfang des Jahrhunderts Sperrholz, das uns ermöglicht, die Platte nicht mehr „bauen" zu müssen. Statt kompositorische Überlegungen anzustellen, können wir die runde oder auch eine „Nieren-Form" mit einem hingeworfenen Linienzug zeichnen und aus einem Stück ausschneiden. Diese Leichtigkeit des industriellen „Designs" war implizit die Botschaft der Nierentischmode in den 50er Jahren *(Fig. 2)*. Die Form mußte nun nicht mehr langwierig nach Regeln schrittweisen Zusammensetzens entworfen werden. Sie konnte jetzt unabhängig davon und sozusagen mit *einem* schwungvollen Strich *gezeichnet* und hergestellt werden. In diesem Fall, wo

Fig. 2

21

considerarán completamente equivocada, y espero que me perdonen por ello, pero esta diferenciación aplicada a la construcción es la única práctica para nuestras contemplaciones. Según esta teoría se denomina diseño a la creación de formas que no se construyen paso a paso, sino que son «fundidas» a partir de sustancias amorfas. Aquí el trabajo ya no es construir, sino montar. Cuando hablamos hoy de diseño de edificios, nos referimos precisamente a este procedimiento, que tiene lugar de forma consciente y significa que la técnica de la construcción altamente desarrollada hace posible la creación de cualquier forma. Esta definición no está sujeta a ninguna valoración. Todo lo contrario: podemos recurrir a ejemplos de grandes arquitectos que dominaban el concepto de una técnica flexible, dócil y liberada de angulosidades, y que mostraron sus esperanzas por medio de ser un claro desprecio hacia las normas compositivas. Como ejemplo típico tenemos la torre de

Fig. 3

Einstein de Mendelsohn *(Figs. 3 y 4)*. También ésta debió de haberse fundido, y no se llegó a hacer por razones de presupuesto. En prácticamente su totalidad, la edificación consistió al final en un trabajo de albañilería. Pero muestra claramente este concepto de la forma que es diseño y no composición: es un dibujo rápido de una sola línea, que luego «de cualquier forma» es materializado con las posibilidades que nos brinda la industria altamente desarrollada. Hugo Häring, que a menudo ha sido tildado equivocadamente como expresionista, es otro representante de esta temprana «arquitectura-diseño». Su idea de utilizar grandes armarios en viviendas para descargar de peso el tejado, es decir, de montar ligeros tejados en forma de mariposa sobre pesados armarios *(Fig. 5)*, es una buena

die Zeichnung schon von kompositorischen Überlegungen befreit ist, spreche ich von „Design" – was sicher die Designer als vollkommen abwegig bezeichnen werden. Sie mögen mir verzeihen. Für unsere Betrachtung, bezogen auf das Bauen, ist diese Unterscheidung einfach praktisch. „Design" bezeichnet demnach die Erzeugung von Formen, die nicht schrittweise und Stück für Stück gebaut, sondern aus amorpher Substanz „gegossen" werden. Die Ausführung ist hier nicht mehr Bauen, sondern Montieren. Wenn wir heute von Gebäudedesign sprechen, so meint das genau diesen Vorgang, der sozusagen in dem Bewusstsein geschieht, daß die hochentwickelte Bautechnik jede Form „mitmacht". Diese Definition ist noch mit keiner Wertung verbunden. Ganz im Gegenteil: Wir können Beispiele großer Architekten benennen, die alle diesen Begriff einer schmiegsamen, von handwerklicher Eckigkeit befreiten Technik hatten und diese Hoffnung durch deutliche Mißachtung kompositorischer Regeln demonstrierten. Als typisches Beispiel sei hier nur der Einsteinturm von Mendelsohn *(Fig. 3/4)* genannt. Auch

Fig. 4

er sollte buchstäblich gegossen werden, was dann aus Kostengründen nicht geschah. Er wurde traditionell weitgehend gemauert. Aber er zeigt sehr gut diesen Begriff der Form, die „Design" ist und nicht Komposition: eine rasch hingeworfene Zeichnung, die dann „irgendwie" mit den Möglichkeiten hochentwickelter Industrie materialisiert wird. Gerade bei Mendelssohn spielen die rasanten Zeichnungen diese emanzipative Rolle: Die Form befreit sich aus ihrer kompositorischen Beschränktheit. Hugo Häring, der häufig als Expressionist mißverstanden wurde, ist ein anderer Vertreter dieser frühen „Design"-Architekten.

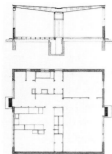

Fig. 5

muestra de un típico pensamiento-diseño. Aparte de Häring, que aún construyó en los años cincuenta dos maravillosas casas en Biberach –que me impresionaron por aquel entonces y que más tarde veremos detenidamente– quedaba solamente Hans Scharoun, que liberó a la arquitectura de sus escrúpulos compositivos, antes de que se pusiera de moda, y utilizó las técnicas de construcción disponibles para realizar fabulosas escenografías «fundidas».

Entre 1963 y 1966 se dio comienzo en Berlín a dos obras, una muy cerca de la otra, que representaban en este sentido el fin de la arquitectura y el inicio del diseño. Una era la Galería Nacional de Mies van der Rohe *(Fig. 6)*, y la otra la Filarmónica de Scharoun *(Fig. 7)*. En esa época yo era estudiante y vivía no muy lejos de allí, junto a la estación de metro Bahnhof Tiergarten. Por ello visitaba con frecuencia las dos obras los fines de semana. Grabado en mi mente está el bosque regular de pilares en el pedestal de la Galería Nacional. Aquí aún se trataba de arquitectura compuesta de sobriedad arcaica, de colocar una cosa sobre la otra. El gran tejado formado por planchas de acero, de un espesor de centímetros, fue soldado por obreros navales que seguían un complicado plan de soldadura, sobre el pedestal de hormigón armado.[1] Puro material macizo. Mies no toleraba perfiles huecos, incluso los perfiles de las ventanas tenían que ser de acero laminado. El tejado de acero sobre ocho pilares contenía el mismo tonelaje de material que el esqueleto de acero para las tres torres que Paul Baumgarten construía cerca de allí para la empresa de servicios públicos de Berlín. Desde el punto de vista de la ingeniería es tan absurdo como si el tejado lo hubieran hecho carpinteros ahuecando con un formón un tarugo de madera maciza. Pero el frío acero hace que

Seine Überlegung etwa, die Notwendigkeit von großen Schränken im Haus gleich für die Lastabtragung des Daches mitzunutzen, also leichte Schmetterlingsdächer auf schweren vormontierten Schränken zu montieren *(Fig. 5)*, zeigt ganz typisches „Design"-Denken. Nach Häring, der in den 50er Jahren noch zwei wunderbare Häuser in Biberach baute, die mich damals tief beeindruckt haben und die wir uns noch näher ansehen werden, blieb dann nur Hans Scharoun, der – lange bevor es Mode wurde – die Architektur aus ihren kompositorischen Skrupeln befreite und die verfügbare Bautechnik zu wunderbaren, „gegossenen" Rauminszenierungen nutzte.

Zwischen 1963 und '66 hatte man in Berlin zwei Baustellen fast nebeneinander, die das Ende von Architektur in diesem kompositorischen Sinne und den Anfang von „Design" eindrucksvoll darstellten. Die eine war Mies van der Rohes Baustelle der Nationalgalerie *(Fig. 6),* die andere die von Scharouns Philharmonie *(Fig. 7)*. Ich wohnte damals als Student nicht weit davon am S-Bahnhof Tiergarten und machte regelmäßig zum Wochenende meine Baustellenbesuche. Unvergesslich der unbeschreiblich regelmäßige Stützenwald im Sockel der Nationalgalerie. Hier war ja alles noch gefügter, komponierter Bau, von archaischer Strenge. Eins aufs andere. Das große Dach wurde auf dem fertig betonierten Sockelgeschoss liegend nach einem komplizierten Schweißplan[1] von Schiffsbauern aus zentimeterdicken Schiffsblechen wochenlang zusammengeschweißt. Echtes Vollmaterial – Mies duldete keine Hohlprofile. Selbst die Fenster mussten aus massivem Walzstahl sein. Das Stahldach auf 8 Stützen verbrauchte denn auch ziemlich genau die gleiche Tonnage Stahl, wie nebenan, auf einer Baustelle Paul Baumgartens, das Stahlskelett für drei Hochhaustürme der BEWAG forderte! Hätte man das Kassetten-Dach aus einem Klotz verleimten Massivholzes von

esta imagen no parezca tan medieval. ¡Qué absurdo! Precisamente Mies, que siempre nos ha sido presentado como moderno, celebraba aquí una edificación arcaica y artesanal en contra de toda sensatez técnica. Era una especie de fundamentalismo arquitectónico: de forma obstinada insistía en un edificar casi ritual y artesanal. Y también en peso, pesantez. El peso ya había sido siempre la esencia de la arquitectura compuesta. ¡Que más da que el tejado pese igual que tres rascacielos! Así por lo menos no saldrá volando, se quedará donde está. Algo así debió de pensar.

Qué diferente, sin embargo, era la obra de enfrente, la de Scharoun, la siguiente en mi paseo. Ahí se daba un vivo desorden de plásticos, planchas de poliespuma y tubos vacíos de silicona. Aquí se montaba, pegaba y sujetaba toda clase de material barato sin ningún tipo de reparo. Láminas de fibra sobre perfiles de aluminio, madera tratada con hormigón; de alguna manera todo se encontraba relacionado entre sí, como carne tendinosa. Los mismos soportes oblícuos de hormigón tenían una estructura poco cla-

Fig. 7

ra, amorfa y de una estática indefinida (desde el punto de vista técnico, por lo tanto, más estable). Las construcciones de soporte aparentemente improvisadas eran horrorosas. De forma especial me molestaban las paredes exteriores de la escalera, una tirando a rojo y la otra a azul, con ladrillos vítreos de colores pastel. ¡Qué mal gusto! ¿No habíamos aprendido que la obra bruta tiene que concordar? Pero luego llegó el día de la inauguración: el revestimiento y las piezas de la carrocería estaban ya completamente montadas, y los andamios y las fundas de protección habían desaparecido. ¡Salió a la luz una de las más hermosas salas de con-

Zimmerleuten ausstemmen lassen, es wäre ingenieurtechnisch kaum absurder gewesen! Nur der kühle Stahl sorgte für ein nicht ganz so mittelalterliches Bild. Absurd: Gerade Mies, der uns immer als der wirklich Moderne dargestellt wurde, zelebrierte hier ein archaisches, handwerkliches Bauen gegen alle technische Vernunft. Das war eine Art Architektur-Fundamentalismus: Trotzig bestand er auf einem fast ritualisierten handwerklichen Bauen. Und auf Gewicht! Schwere! Schwere war immer schon die Essenz von komponierter Architektur gewesen. Was machte es, daß sein Dach so schwer war wie drei Hochhäuser – da flog es wenigstens nicht weg! Das blieb stehen! So etwa muß er wohl gedacht haben.

Fig. 6

Wie anders dagegen Scharouns Baustelle gegenüber, die auf meinem Baustellengang immer folgte. Da war ein munteres Durcheinander von Kunststoff-Folien, Schaumstoffplatten und leeren Silikon-Hülsen. Da wurde ziemlich ungehemmt aus allem möglichen Billigmaterial montiert, geklebt, geklemmt, geschossen. Faserplatten auf Stahlwinkeln auf imprägnierten Holzlatten auf Beton – alles hing mit allem „irgendwie" zusammen – wie sehniges Fleisch! Schon das schiefwinklige Betontragwerk hatte eine unübersichtliche, amorphe und statisch völlig unbestimmte, (ingenieurtechnisch also umso leistungsfähigere) Struktur. Die scheinbar improvisierten Unterkonstruktionen sahen schrecklich aus. Und besonders störten mich immer die Treppenhaus-Außenwände aus runden Buntglasbausteinen mit kitschigen Bonbon-Farben, die eine mit überwiegend roten, die andere mit mehr blauen Glasbausteinen. Wie geschmacklos! Hatten wir nicht gelernt, daß der Rohbau „stimmen" muß? Aber dann kam der Tag der Eröffnung: Alle Verkleidungen, alle Karosserieteile waren montiert, die Gerüste und

ciertos de Europa! ¡La escalera relucía bajo una colorida luz que se reflejaba en los pasamanos y en los brillantes de las invitadas! ¡Y todo con los productos industriales más baratos! Detrás de «mis» cursis paredes de ladrillos vítreos de colores se habían instalado focos. Uno detrás de cada una de las paredes. La intensa luz se disipaba a través de los cristales prismáticos en miles de salpicaduras de color. ¡La Filarmónica era la sala de conciertos más barata de Alemania de su época! Es de lo que había hablado siempre Hugo Häring en los años veinte: puesta en servicio de la técnica industrial. En vez de estar rompiéndose la cabeza con construcciones de materiales y ejecuciones idóneas, Sharoun diseñó simplemente los espacios interiores y las áreas y volúmenes colindantes e hizo que las empresas constructoras los «fundieran» con los medios técnicos disponibles.

Pero por muy bonitos y festivos que fueran estos espacios, se notaba la pérdida; uno podía notar esos huecos tras las superficies de diseño. De repente se notaba que la arquitectura sólida y construida, con la cual hasta entonces nos habíamos sentido como en casa, ya nos había abandonado. Desde este punto de vista, la obra que Mies había construido en el solar de enfrente tenía algo de tranquilizador. Aún no se trataba de esa forma hueca y liviana. ¡Eso aún era arquitectura, con peso y edificada paso a paso! Pero ya no tenía nada que ver con nuestro presente. Era un templo, no una edificación actual, mientras que este edificio sí era un edificio de su tiempo. ¡Aunque fuese de cartón piedra! Ya no poseía una sustancia sólida. Justamente fue en esta situación en la que –precisamente en ese momento– irrumpió la arquitectura postmoderna, de forma súbita e inesperada. Esta irrupción la podemos entender como respuesta a esta situación, como el intento de

Schutzhüllen fielen. Und ans Licht kam einer der bis dahin schönsten Konzertsäle Europas! Und die Treppenhäuser in farbigem Licht, das sich in Prismen an den Handlaufenden und in den Brillanten der Besucherinnen brach! Aber alles mit den billigsten Industrieprodukten! Hinter „meinen" kitschigen Glasbausteinwänden mit den bunten runden Glasbausteinen waren außen Punktstrahler montiert, hinter jeder Treppenhauswand ein einziger, dessen starkes Licht durch die rund gerieften, bunten Prismengläser in tausend auseinanderstrebende Farbspritzer zerteilt wurde! Eine Explosion aus rotem und aus blauem Licht! Davor die Menschen auf der Treppe! Was für eine festliche Pracht! Die Philharmonie war zu ihrer Zeit das bis dahin billigste Konzerthaus der Republik! Das war, wovon Hugo Häring in den 20er Jahren immer geredet hatte: Indienstnahme der industriellen Technik! Scharoun hatte, statt sich endlos über „richtige", werk- und materialgerechte Konstruktionen den Kopf zu zerbrechen, bloß die Räume und die begrenzenden Flächen und Volumen gezeichnet und sie von den Baufirmen mit ihren technischen Mitteln sozusagen „ausgießen" lassen.

Doch so schön und festlich diese Räume waren: Man merkte doch auch den Verlust, man spürte auch diese Hohlräume hinter den „Design"-Oberflächen. Man spürte plötzlich, daß uns hier die schwere, festgefügte Architektur, in der wir doch bis dahin zuhause waren, schon verlassen hatte. Und von hier aus gesehen bekam der Mies-Bau drüben etwas Beruhigendes. Das war noch nicht diese hohle, leichte Form. Das war noch Architektur, mit Gewicht und Schritt für Schritt gebaut! Aber sie hatte auch nichts mehr mit dieser Gegenwart zu tun. Sie war ein Tempel, kein heutiges Gebäude. Und dieses hier war ein heutiges Gebäude. Aber es war aus Pappmaché! Es hatte keine feste Substanz mehr. Das genau war die

curar dicha pérdida mediante el regreso al antiguo código de piezas compuestas y ensambladas, pero sin por ello volver a la autenticidad del material macizo del viejo fundamentalista. Pero lo que de aquí resultó fueron por supuesto solamente trampas arquitectónicas, vaciados de esas estructuras monumentales que habíamos llamado columnas, pilares y vigas, y que evidentemente no volvieron nunca más. Esto nos mostraba de forma clara la pérdida de la arquitectura edificada. Por otro lado también se edificaban preciosas y melancólicas elegías a viejos edificios, pensemos simplemente en el teatro mundi de madera de Aldo Rossi, el cual fue paseado por el Canal Grande en Venecia *(Figs. 8 y 9)*, a lo largo de esos maravillosos silos, palacios e iglesias. Resumiendo a Rossi: al transformar todos esos contenidos familiares como una escuela, una iglesia, un cementerio, una fábrica, todos esos lugares fijos, en monumentales trampas arquitectónicas nos mostraba a su vez que todo ello eran ya recuerdos, que con la arquitectura se empezaba a disolver también el repertorio de esos contenidos. Sí, veíamos que no sólo los estables y pesados edificios, sino también sus contenidos comenzaban a disolverse por los bordes. Si antes existía la fábrica de la que los trabajadores salían para volver a sus viviendas, ahora veíamos como los trabajadores asalariados iban desapareciendo de los talleres. Ahora tenían que desplazarse en una especie de emigración pendular –y eso en

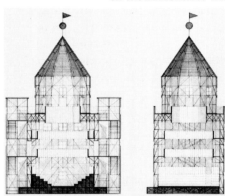

Fig. 8

caso de que no acabaran cayendo en la vagancia o la miseria– desde los barrios periféricos hacia una ciudad continua, sin espacios.

Situation, in die dann – genau zu diesem Zeitpunkt – die postmoderne Architektur einbrach, ganz plötzlich und unerwartet. Wir können sie als eine Antwort auf diese Situation verstehen: als den Versuch, diesen Verlust mit der Rückkehr zu dem alten Kodex gefügter und komponierter Teile zu heilen, ohne deshalb zu der Echtheit und dem Vollmaterial zurückzukehren, die der alte Fundamentalist ihr noch entgegengesetzt hatte. Doch was dabei herauskam, waren natürlich nur noch hohle architektonische Attrappen, Abgüsse jener monumentalen Strukturen, die Säule, Pfeiler und Balken hießen, und die doch so selbstverständlich nicht mehr wiederkamen. Und das machte den Verlust gebauter Architektur jetzt erst recht deutlich. Doch entstanden dabei auch wunderschöne, melancholische Elegien auf die alten Gebäude. Man denke nur an Aldo Rossis hölzernes Theatro del Mondo, das auf dem Canale Grande durch Venedig gezogen wurde *(Fig. 8/9)*, vorbei an all diesen herrlichen Speichern, Palästen und Kirchen. Überhaupt Rossi: Indem er all die vertrauten Inhalte wie Schule, Kirche, Friedhof, Fabrik, all diese festen Orte, in monumentale Architekturattrappen umsetzte, zeigte er zugleich, daß das alles schon Erinnerungen waren, daß mit der Architektur auch das Repertoire solcher Inhalte sich aufzulösen begann. Und wir merkten:

Fig. 9

nicht nur die stabilen und schweren Gebäude, auch ihre Inhalte begannen sich an den Rändern aufzulösen. Gab es früher noch die Fabrik, aus der abends die Arbeiter zurück in ihre Wohnhäuser strömten, so sahen wir jetzt die Lohnarbeit mehr und mehr aus diesen Arbeitsstätten verschwinden. Statt dessen pendelte sie nun – soweit sie nicht in Nichtstun und Elend mündete – aus den Vororten in ein ortloses Stadt-Kontinuum ein. Und all diese vertrauten

Fig. 10

Y todos esos lugares familiares se fueron disolviendo paulatinamente. No hay que descartar que las oficinas administrativas de hoy pronto se conviertan en oficinas-vivienda. Ya que en las viviendas aumenta cada vez más la presencia del trabajo a distancia. De esta forma tendremos cada vez más situaciones en las que las orquestas filarmónicas actúen en un concesionario de automóviles o en las que una misa tenga lugar en un garaje subterráneo, etc. Es decir, justamente esa continuidad del «Non-Stop-City» que ya había mencionado a finales de los años sesenta Archizoom Assoziati en forma de collages y modelos *(Fig. 10)*.

Después de todo esto, no tiene mucho sentido seguir postulando por una buena y vieja arquitectura como una especie de nueva ética, tal y como ocurrió en Berlín bajo el lema del *Neosimplicismo*. Existen edificaciones en las cuales seguramente es bueno atenerse a las viejas reglas de la composición, y otras donde es mejor seguir el ejemplo de la Filarmónica de Sharoun y utilizar las nuevas posibilidades, como Gehry en Bilbao. Pero una cosa tenemos que aprender de todo ello: la verdadera arquitectura con peso, artesanal, no va a volver. Por este motivo, deberíamos tratar con cuidado lo que aún queda y hacer uso de ello en vez de destruirlo. Esto es todo. Por lo demás, hablo aquí de la arquitectura clásica más bien en el sentido de un código, al igual que los músicos utilizan la música clásica como un código entre *muchos*, para comunicarse entre sí. Ellos naturalmente conocen este código y de vez en cuando lo aplican. Eso es todo. Desde este punto de vista abordaremos el tema.

Orte lösten sich allmählich auf. Nicht ausgeschlossen, daß die Verwaltungsflächen von heute sich schon bald in Wohnbüros verwandeln. In den Wohnungen findet ja zunehmend auch Heim- und Telearbeit statt. So erleben wir immer öfter, daß das Philharmonieorchester in der Verkaufshalle eines Autoherstellers spielt und Kirche in einer Tiefgarage stattfindet usw., also genau das Kontinuum der „Non-Stop City", das Archizoom Assoziati ebenfalls in den späten 60er Jahren in ihren Collagen und Spiegelmodellen dargestellt hatten *(Fig. 10)*.

Nach all dem macht es wenig Sinn, immer noch nach der guten alten Architektur als einer Art neuen Ethik zu rufen, wie das in Berlin zuletzt unter dem Motto *Neue Einfachheit* geschah. Es gibt Bauaufgaben, bei denen es sicher gut ist, die alten Regeln der Komposition zu beachten, und andere, wo wir besser dem Beispiel der Scharounschen Philharmonie folgen und die neuen Möglichkeiten nutzen wie Frank O. Gehry in Bilbao. Nur eines sollten wir bei dieser Gelegenheit lernen: Die wirkliche, schwere, handwerklich unter großen Mühen gebaute Architektur kommt nicht wieder. Und deshalb sollten wir wenigstens vorsichtig mit ihren Restbeständen umgehen, sie nutzen statt sie zu zerstören! Das ist alles. Ansonsten rede ich hier von der klassischen Architektur mehr in dem Sinne, wie die Musiker sich heute über klassische Musik als einen von *verschiedenen* Codes verständigen. Sie kennen diesen Code – natürlich! – und wenden ihn gelegentlich an. In diesem Sinne gehen wir das Thema hier an.

1.1 Sobre la rectangularidad clásica

Comencemos por lo tanto por el lado opuesto a este desarrollo, es decir por la construcción que los modernistas consideraban como clásica en comparación con su propia arquitectura. Esta construcción se basaba en unos pocos materiales, principalmente en la madera y la piedra, y por supuesto en la fuerza de la gravedad. Las formas de la composición eran elementales y se pueden comparar con un *apilamiento*. Sobre una base pesada, compuesta de sillares, se erigen muros y pilares. Sobre estos pilares descansa un arquitrabe que a su vez soporta un envigado, sobre el cual se encuentra un tejado inclinado. Que este apilamiento no se desmorone depende del peso de cada una de las piezas apiladas. Precisamente es este peso el que determina la melancolía de las obras clásicas, la cual aumentará en las pinturas de Piranesi, o más tarde en la pintura de Böcklin, al mostrar esas pesadas pilas sin tejados ni vigas como meras ruinas *(Fig. 11)*. Más adelante volveremos a los elementos de esta clásica composición apilada, pero antes tenemos que aclarar algunas características, aparentemente evidentes, de la edificación clásica compuesta: su rectangularidad. Aunque la pregunta parezca ingenua, como arquitecto uno ya se la tendría que haber formulado alguna vez: ¿Por qué las arquitecturas clásicas, fuera de unas cuantas excepciones circulares, son siempre rectangulares o, aunque no en ángulo recto, por lo menos cuadrangulares? Y ¿por qué las arquitecturas de hoy en día que quieren mostrar su carácter de diseño *no* son precisamente rectangulares o circulares, sino elípticas o de alguna forma curvadas? La rectangularidad es evidentemente típica de la arquitectura clásica construida y claramente no depende de los cuatro muros, los

Wir beginnen auf der entgegengesetzten Seite dieser Entwicklung, bei dem Bauen, das selbst die Modernen noch als klassisch von ihrer eigenen Architektur unterschieden haben. Dieses war auf wenige Materialien, im Wesentlichen Holz und Stein, und natürlich auf Schwerkraft angewiesen. Die Kompositionsformen waren elementar, und sie glichen alle einem *Stapel*: Auf einem schweren, aus großen Quadern gefügten Sockel stehen Mauern und Säulen, auf diesen aufgesetzt ruht ein Architrav, der seinerseits wieder eine Balkenlage trägt, auf die ein geneigtes Dach aufgesetzt ist. Damit dieser Stapel nicht umfällt, ist er auf die großen Eigengewichte der gestapelten Teile angewiesen. Diese Schwere macht zuweilen das Melancholische an diesen klassischen Konstruktionen aus. Diese Melancholie wird in den Zeichnungen Piranesis oder später in

der Malerei Böcklins noch gesteigert, indem man die schweren Stapel ohne die Dächer und Balken als bloße Ruinen darstellt *(Fig. 11)*. Wir werden später auf die Elemente dieser klassischen Stapelkompositionen zurückkommen. Vorab aber sollten wir uns einige scheinbar selbstverständliche Eigenschaften klassischen, komponierten Bauens klarmachen. Erstens: ihre Viereckig-

Fig. 11

keit. So banal die Frage auch scheint, man sollte sie sich als Architekt doch schon mal gestellt haben: Warum sind diese klassischen Architekturen, von wenigen kreisrunden Ausnahmen abgesehen, immer rechteckig, oder wenn schon nicht im rechten Winkel, doch wenigstens viereckig? Oder: Warum sind heutige Architekturen, die ihren Charakter als „Design" demonstrieren wollen, eben unbedingt *nicht* viereckig oder kreisförmig, sondern elliptisch oder

cuales también se podrían construir sobre una línea curva o en una relación de ángulo libre. No, la rectangularidad tiene que ver con las piezas horizontales que son ensambladas por medio de vigas rectas o de arcos regulares. Estas uniones horizontales, tal y como vimos en nuestra mesa de madera, no se pueden realizar de forma libre. Las piezas portantes están colocadas de forma paralela y son de gran envergadura. Y aunque no exista la necesidad de un tejado con su correspondiente inclinación, se dará un lado de madera frontal y otro de madera al hilo; o en el caso de una construcción, un frontón y un alero. Es decir, habrá un lado hacia el cual transcurran las vigas y otro lado a lo largo de éstas. Se trata de bordes distintamente estructurados que requieren ser trabajados de distintas formas y bajo distintas condiciones. De este modo, en el caso de nuestra mesa, el lado de madera frontal no quedará siempre recto, sino que se alabeará y perderá la escuadra. Se necesitará por ello una cercha en sentido transversal para mantener este lado recto. En los costados de la mesa las cerchas no son imprescindibles. Sin embargo, como las cabezas de las cerchas transversales molestan, se ponen también cerchas longitudinalmente, a las cuales a veces se les añaden cajones, que por otro lado sirven también para sujetar las patas de la mesa. Con los tejados se presentan problemas parecidos. Tenemos así los lados en la dirección que transcurren las vigas, a las cuales se fijan los cabrios, y los lados que carecen de vigas. Si prescindimos de las vigas y sujetamos los cabrios simplemente a un tablón fijado sobre las paredes longitudinales, entonces el tejado sólo podrá sobresalir por los lados de los muros de soporte y no por los lados del frontón. Por lo tanto se dan siempre dos lados paralelos entre sí que presentan las mismas condiciones, dos lados longitudinales

frontón   gotera

sonstwie gekrümmt? Diese Viereckigkeit ist ganz offensichtlich typisch für die klassische, noch gebaute Architektur, und sie rührt sicher nicht von den sprichwörtlichen vier Wänden her, die doch auch auf einer krummen Grundlinie und in freien Winkeln zueinander gemauert werden könnten. Nein, die Viereckigkeit hat mit den horizontalen Teilen zu tun, die aus geraden Balken oder aus regelmäßigen Druckbögen gefügt werden! Und diese horizontalen Gefüge können, wie wir an unserer Tischplatte gesehen haben, nicht leicht in eine freie Form gebracht werden. Die tragenden Teile liegen parallel und haben eine gewisse Spannweite. Und selbst ohne ein Dach mit seinen geneigten Flächen entstehen eine Hirnholz- und eine Langholzseite oder, bei Bauten: eine Giebel- und eine Traufseite: jedenfalls eine, bei der die Balken oder Stichbögen ankommen, und eine, an der die Balken entlanglaufen bzw. die das Widerlager der Bögen bildet. Das sind aber verschieden strukturierte Kanten! Sie erfordern verschiedene Bearbeitungsweisen und stellen ganz verschiedene Bedingungen. So wird bei der Tischplatte die Hirnholzseite nicht auf Dauer gerade bleiben, sondern sich werfen. Sie braucht deshalb eine quer verlaufende Zarge, die die gerade Form geradehält. An den Längsseiten sind diese Zargen nicht unbedingt nötig, aber die beiden Zargenköpfe sind störend. Deshalb wurde hier häufig die Zarge herumgeführt und nahm dann an diesen Längsseiten, wo sie eigentlich unnötig war, eine Schublade auf. (Außerdem diente sie natürlich zur Fixierung der Tischbeine). Bei den Dächern haben wir ähnliche Probleme. Wir haben z.B. in der einen Richtung je einen Balken, auf dem die ankommenden Sparren fixiert werden, den wir in der anderen Richtung nicht haben. Oder wir können, wenn wir diese „Pfetten" nicht haben und die Sparren nur auf einer Bohle fixiert werden, die auf den längslaufenden

y dos lados transversales, que denominaremos de distintas formas, a pesar de que geométricamente apenas puedan diferenciarse, tal y como pasa en los tejados planos: dos *frontones* y dos *aleros*. Por supuesto que también existen formas en las cuales esta diferenciación no se da, debido a que el alero rodea todo el edificio y hace que éste adquiera una forma circular, como es el caso

Fig. 12

de esta casa de Anatolia *(Figs. 12 y 13)*. Estas formas acopeteadas son más complicadas de lo que parecen y, sin embargo, la redondez se consuma, como vemos en nuestro ejemplo de Turquía, a pesar de mantenerse la planta cuadrada. Las formas orgánicas libres no son por lo tanto tan naturales como se dice. No es que sean sólo difíciles de calcular técnicamente, sino que también son costosas en todos los sentidos, y cuando los costes no están en relación con el uso, entonces una construcción es irracional. La naturaleza no construye así, ella ya ha sobrepasado la dimensión de la construcción y por lo tanto no es comparable. La forma libre solamente saca de aquí sus ventajas, pues se desprende de las limitaciones y abandona la cárcel de la construcción cotidiana como una mariposa que abandona la crisálida y sale volando, como la Filarmónica de Scharoun o el museo de Gehry en Bilbao.

La otra característica condicionante, que está relacionada con composiciones de construcción y espacio, es evidentemente b) la verticalidad. Las construcciones –en esta forma clásica, apilda– se mantienen en pie por el efecto de la gravedad. De la misma

Mauern verankert ist, das Dach nur auf den beiden das Dach tragenden Mauern überstehen lassen, an den Giebeln jedoch nicht. Wir haben also immer zwei mal zwei sich gegenüberliegende Seiten mit je gleichen Bedingungen, zwei Längs- und zwei Querseiten, die wir deshalb, selbst wenn sie geometrisch kaum unterschieden sind wie bei den meisten Flachdächern, dennoch verschieden bezeichnen: nämlich als *Giebel* und *Traufen*. Natürlich gibt es auch hier Formen, die diesen Unterschied aufheben und die Traufe etwa herumführen und den Bau sozusagen rund machen wie bei dem sehr schönen Mattern-Haus in Kassel, das die Sparren der Pultdächer

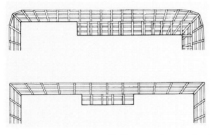

Fig. 13

fächerförmig ausbreitet und so „runde" Hauskörper bildet. Oder wie oft bei anatolischen Häusern *(Fig. 12/13)*. Diese abgewalmten Formen sind aber bereits komplizierter. Und sie vollziehen die Rundung doch, wie in unserem türkischen Beispiel, unter Beibehaltung der viereckigen Grundrissform. Freie, „organische" Formen sind also alles andere als natürlich, wie oft behauptet wurde. Sie sind nicht nur messtechnisch, sondern in fast jeder Beziehung aufwendig und – wenn diesem Aufwand kein angemessener Nutzen gegenübersteht – krampfhaft. Die Natur selbst baut in diesem Sinne ja nicht. Sie ist über das Stadium des Bauens schon hinaus und deshalb gar nicht vergleichbar. Die freie Form zieht daraus ihren Vorteil, weil sie sich aus diesen Begrenzungen löst, das Gefängnis des alltäglichen Bauens verläßt wie ein Schmetterling seine Puppe und munter davonfliegt: so wie Scharouns Philharmonie oder Gehrys Museum in Bilbao!

Die andere bedingende Eigenschaft, die mit räumlichen, gebauten Kompositionen verbunden ist, ist natürlich: die Senkrechte

forma que el peso del agua estabiliza un jarrón, el peso de los pilares, de las columnas y de los muros de piedra evita que este apilamiento vertical se derrumbe. Esta simple forma de estabilización, junto con la planta cuadrada, es la llamada forma cúbica, que es la normal y la natural en la construcción, y la que se abandonó, cuando a principios de siglo se creó un material, el hormigón armado, que no tenía por qué ser aplicado sólo vertical o rectangularmente ya que era capaz de absorber grandes fuerzas de tracción con tensores ocultos. Pero esto ya es «forma fundida», ya no es forma construida ni compuesta. Al igual que la planta libre, las construcciones expuestas a tracciones mayores, son ya «diseño» y, por lo tanto, ya no son descifrables con el repertorio conocido.

1.2 El paso al diseño: las casas en Biberach de Hugo Häring

No me gustaría finalizar esta introducción sin antes haber echado un vistazo a las ya mencionadas casas de Hugo Häring en Biberach. Estas casas tuvieron para mí durante mucho tiempo un significado misterioso. Yo las vi en 1958, justo un año después de la muerte de Häring, y a partir de ahí esas casas, que por aquel entonces tenían escasamente ocho años, se convirtieron para mí en un presagio, y en realidad aún lo siguen siendo. Durante todo este tiempo he podido aclarar lo que me fascinó en aquel momento: estas casas marcan justamente el paso entre la edificación compuesta y el diseño de edificios, pero no llevan a cabo esta tem-

oder Lotrechte. Die Bauten halten – in dieser klassischen, gestapelten Form – allein durch die Wirkung der Schwerkraft zusammen. Wie erst das Gewicht des Wassers eine Vase stabilisiert, so hindert das Gewicht der steinernen Säulen, Pfeiler oder Mauern den ganzen lotrechten Stapel am Umkippen. Diese einfache Form der Stabilisierung bedingt zusammen mit dem viereckigen Grundriß die kubische Form, die das Normale und ganz Natürliche im Bauen ist und die eigentlich erst verlassen wurde, als zu Beginn des Jahrhunderts mit dem Eisenbeton ein Material zur Verfügung stand, das weder lotrecht noch als Rechteck verbaut werden mußte, weil es mit verborgenen Zuggurten auch größere Zugkräfte aufnehmen konnte. Das aber ist schon „Gußform“, also nicht mehr nachvollziehbar gebaute, nicht mehr zusammengesetzte Form. Wie der freie Grundriß sind größere zugbeanspruchte Konstruktionen schon „Design“, nicht mehr entzifferbar mit dem vertrauten Repertoire.

1.2 Übergang zum Design: Hugo Härings Biberacher Häuser

Ich möchte diese Einführung nicht abschließen, ohne noch einen Blick auf die schon erwähnten Häuser Hugo Härings in Biberach geworfen zu haben. Diese Häuser hatten für mich lange Zeit eine mir selbst rätselhafte Bedeutung. Ich habe sie 1958 gesehen, gerade 1 Jahr nach dem Tod Härings, und von da an waren sie mein Menetekel und sind es eigentlich bis heute geblieben. Inzwischen scheint mir nur hinreichend klar, was mich daran immer fasziniert hat: Die Biberacher Häuser bezeichnen genau den Grat zwischen dem komponierten Bauen und dem Gebäudedesign, aber sie vollziehen diese frühe Passüberwindung nicht mit Heroismus und Showbusiness

41

Fig. 14

prana transformación con heroísmo y gran espectacularidad, tal y como se acostumbra a hacer hoy en día, sino todo lo contrario, en silencio y de tal forma nada llamativa a quien no sea conocedor de la materia. Aún me acuerdo perfectamente, siendo yo estudiante, de cómo subía en un Volkswagen por la carretera que nos habían descrito, con Rainer Hermann, un arquitecto de Oldenburg, sin conseguir dar con las casas. Finalmente nos tuvimos que bajar del coche y preguntar por las casas de Schmitz. «Pero si las tienen ahí delante», nos dijo una transeúnte. Y efectivamente acabábamos de detenernos ante la fachada de un modesto edificio de una sola planta y con un tejado de una sola vertiente. Por supuesto que nosotros habíamos esperado algo más moderno, algo sensacionalista, pero esto era poco vistoso. Tocamos el timbre. Nos abrió una agradable señora a quien le alegró mucho nuestro interés y que resultó ser la propietaria. Ella comentó que el interés de los arquitectos por la casa era más bien escaso considerando todo lo que podían aprender de una construcción como aquella. Nosotros nos encontrábamos en un pequeño recibidor, justo enfrente de la puerta de entrada *(Fig. 14)* y que daba a una modesta cocina en la que había una ventana desde la cual se tenía una vista, a lo largo de la pared de la casa que sobresalía lateralmente, de la iglesia de Biberach. A mí me sorprendió que todo fuera tan pequeño y compacto. «Pero miren aquí», nos dijo nuestra anfitriona pidiéndonos que diéramos un paso en ese estrecho recibidor. Ahora teníamos ante nosotros una perspectiva de casi diez metros y que al final formaba ángulo con la luz *(Figs. 15 y 16)*. Si se abría una puerta corrediza, se tenía otra perspectiva perpendicular a la anterior hacia el sur y hacia un mirador en ángulo y muy acristalado. De éste se podía

42

wie heute üblich, sondern im Gegenteil ganz leise und so, daß es kein Laie merkt. Ich kann mich noch gut erinnern, wie ich mit Rainer Herrmann, einem Oldenburger Architekten, die angegebene Straße hochfuhr und wie wir die Häuser nicht fanden. Wir mussten schließlich aus dem Auto heraus jemanden nach den Schmitzhäusern fragen. „Aber Sie stehen doch davor", sagte die Passantin. Und tatsächlich, wir hatten gerade vor der eingeschossigen Front eines ganz unscheinbar wirkenden Hauses mit leicht ansteigendem

Fig. 15

Fig. 16

Pultdach gehalten *(Fig. 14)*. Wir waren natürlich auf etwas Modernes eingestellt, also auf etwas ganz Auffälliges, Sensationelles! Wir klingelten. Eine nette Dame, wie sich später rausstellte, die Bauherrin, öffnete und freute sich über unser Interesse. Sie meinte, das Architekteninteresse sei eigentlich viel zu gering. Hier könnten die heutigen Architekten etwas lernen. Wir standen in einem ziemlich engen Vorraum, der geradeaus gegenüber der Haustür auf eine in den Abmessungen ebenso bescheidene Küche ging. Aber da gab es ein Küchenfenster, aus dem der Blick an der Wand des seitlich vorspringenden Hauses entlang gerade auf die Biberacher Kirche ging. Ich staunte, wie kompakt und klein alles sei. „Ja," sagte Frau Schmitz, „aber sehen Sie mal hier!" und sie bat uns aus dem engen Eingangsflur einen Schritt weiter. Und da standen wir in einer Perspektive, die fast 10 m weit und am Ende schräg zum Licht hin abgewinkelt war. Und wenn man eine Schiebetür öffnete, so ging eine fast ebenso weite Perspektive im rechten Winkel dazu nach Süden und in einen ebenfalls abgewinkelten und stark befensterten Erker, aus dem eine Fenstertür seitlich auf eine ganz und gar eingegrünte Terrasse führte, die den Blick talwärts nach Süden wieder seitlich rahmte *(Fig. 15/16)*.

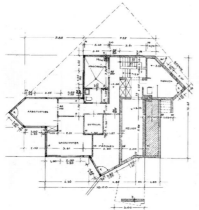

Fig. 17a

salir por una puerta acristalada a una terraza que en parte encuadraba otra vez la vista hacia el sur. Al contrario que en otras casas modernas, había muchos muebles. Pero no había un ambiente viciado, y pensamos que se debía al entramado de vigas de madera, lo que de cualquier manera nos asombró, ya que por fuera la casa estaba revocada. La división interior de las paredes por medio de jambas se hacía más densa hacia las ventanas, por debajo de la imposta. Esta división se encontraba desplazada en un tercio. La señora Schmitt remarcó que en realidad se trataba de casas prefabricadas sin muros portantes. Todo había ido muy de prisa y tampoco había sido caro.

Al describir todo esto noto lo difícil que es transmitir nuestra gran sorpresa, que de hecho había sido triple: en primer lugar era sorprendente el estar en una «verdadera casa de arquitectos», es decir en una casa en la que se notaba en todas partes la mano de un arquitecto, pero que desde el punto de vista arquitectónico no se podía denominar de miras estrechas o atrasada. Era, por así decirlo, como en casa, pero mucho mejor: habitable, nada fría, toda llena de los típicos muebles, libros y cosas de aquel tiempo *(Figs. 17a y b)*. En segundo lugar, en una simple casa cuadrada se daba en su interior una planta libre y que encima se podía cambiar por medio de dos puertas corredizas. La complejidad del espacio se había alcanzado con métodos clásicos: sobre los tejados de una sola vertiente cubiertos con uralitas se habían fijado grandes miradores

Fig. 18

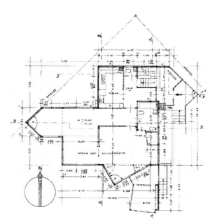

Fig. 17b

Ganz anders als moderne Häuser war alles sehr dicht möbliert. Aber es entstand dennoch keine muffige Atmosphäre, was wir uns mit dem sichtbaren Holzfachwerk erklärten, das uns ohnehin überraschte. Denn außen war das Haus geputzt. Die innere Teilung der Wandflächen durch Pfosten und Riegel verdichtete sich in den Fenstern, wo die Teilung unterhalb des Kämpfers um etwa ein Drittel versetzt war, so daß der Pfostenraster hier mehrfach gebrochen war. Frau Schmitz betonte, daß es sich eigentlich um ein vorfabriziertes Haus ohne massive Wände handele. Es sei alles sehr schnell gegangen…

Wenn ich das alles heute beschreibe, fällt mir auf, wie schwierig es ist, unsere damalige Überraschung verständlich zu machen. Sie rührte wohl daher: In einem ganz einfachen, viereckigen Haus gab es innen einen völlig freien und obendrein noch durch zwei Schiebetüren ganz und gar veränderbaren Grundriß *(Fig. 17a/b)*. Die Komplexität des Raumes ist mit klassischen Mitteln erreicht: An einen mit Welltafeln gedeckten Pultdachkern sind außen große, dreieckige, mit Dachpappe eingedeckte Erker angesetzt *(Fig. 18)*. Aber dieser Aufbau wird innen durch teilweise abgehängte Decken unkenntlich gemacht, um – unterstützt durch große Schiebetüren – Überlagerungen verschiedener Raumfiguren zu ermöglichen. Und um verteuernde und technisch riskante Details zu vermeiden, verschwindet außen alles unter einer winddichten, aber dampfdurchlässigen Putzschicht. Gerade diese Verkleisterung jedoch war damals ganz gegen den von Mies bestimmten Zeitgeist, der die technische Substanz, die „echte" Konstruktion immer zeigen wollte.

triangulares también cubiertos de uralita *(Fig. 18)*. Pero esta construcción en el interior está tapada con techos bajos para así, con la ayuda de las puertas corredizas, posibilitar distintas formas del espacio. Y tercero: para evitar detalles encarecedores y técnicamente arriesgados, se había cubierto el exterior con un revoque resistente al viento pero permeable. Esto se oponía verdaderamente a toda modernidad: Häring no mostraba la técnica constructiva sino que la utilizaba. También se podría decir que la técnica, la industrialización, no presentaban aquí un programa estético sino, por fin, ético. Pero dejemos que Häring hable: «La meta de la construcción de esta casa, y quiero acentuar esto, no es conseguir simplemente una vivienda accesible y barata, sino crear una nueva vivienda que parta de las nuevas ideas constructivas, que ofrezca una mayor y mejor habitabilidad que la vieja forma de construcción y que además, debido a su industriabilidad, no sea cara, sino más bien más barata».[2] Y otra cita: «No queremos mecanizar las cosas, sino sólo su fabricación. Mecanizar las cosas significa mecanizar su vida –o sea, nuestra vida– mecanizar es matar. Mecanizar la fabricación significa ganar vida».[3] Sobre esta formulación un tanto oculta podemos filosofar largo y tendido, pero por ahora vamos a dejarlo. Creo que junto con el ejemlo ilustrado, uno puede hacerse una idea de lo que se quiere decir. Y esto nos basta por ahora.

Häring aber zeigte nicht, er nutzte die Technik. Ihm ging es nicht um die Ästhetik einer Technik, sondern um ihre Nutzung für ein Maximum an Schönheit und Brauchbarkeit. Da haben wir den Moment des Übergangs wieder wie bei der Philharmonie, nur viel leiser und unspektakulärer: dies ist noch gebaut, aber auch schon vorgefertigt, montiert. Aber lassen wir Häring selbst sprechen. „Das Ziel dieses Hausbaus ist, es sei dies ausdrücklich betont, keineswegs, eine nur eben zulängliche Behausung für billiges Geld zu schaffen, sondern durchaus eine neue Hausform zu gestalten, die von neuen konstruktiven Überlegungen ausgehend, Wohnansprüchen besser und vollkommener zu genügen vermag, als die alte Haus- und Konstruktionsform, und dabei, durch ihre Industrialisierbarkeit nicht etwa nur 'nicht teurer, sondern erheblich billiger' ist."[2] Und an anderer Stelle: „Wir wollen aber nicht die Dinge, sondern nur ihre Herstellung mechanisieren. Die Dinge mechanisieren heißt, ihr Leben – und das ist unser Leben – mechanisieren, das ist abtöten. Die Herstellung mechanisieren heißt: Leben gewinnen."[3] Über diese etwas okkulte Formulierung könnten wir noch lange philosophieren. Aber das lassen wir jetzt. Ich denke, zusammen mit dem illustrierenden Beispiel ahnt man, was gemeint ist. Und das mag uns hier genügen.

2

primär

1

2 sekundär

ein(e) geschichte

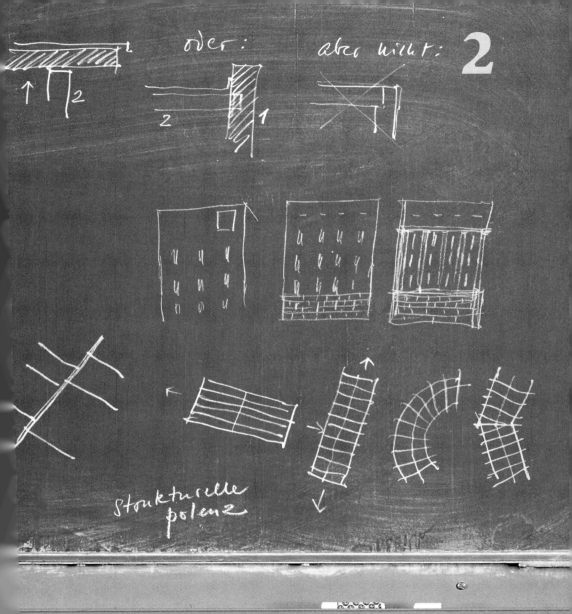

oder:

aber nicht:

2

strukturelle potenz

2. Sobre las dos formas clásicas de casas

 En la primera lección estuvimos buscando una aclaración para lo que en realidad ya sabíamos de antemano: que los edificios (de piedra) son cuadrados y tienen muros verticales. Además vimos que aunque sean rectangulares de todas formas tienen un lado corto y otro largo. El lado largo es el de la cornisa y el caballete, y el lado corto, el del frontón. Hoy vamos a tratar la casa clásica y sus normas, ya que aún conservan toda su validez, y aunque un edificio tenga una cubierta horizontal de hormigón, todavía sigue las normas de una casa clásica.

2.1 El tejado como forma determinante

Ya he hablado de cómo las piezas horizontales, la posición de las vigas y sobre todo el tejado, con su capacidad adicional de evacuación pluvial hacia afuera, *determinan* la planta de la casa. Especialmente si los tejados están formados por una bóveda de cañón o de crucería, las cuales desvían la carga a los pilares y a las columnas. Pero como aquí no se trata de hacer historia de la arquitectura y como debido al coste de la mano de obra no tiene sentido hoy en día construir bóvedas, me voy a limitar a los teja-

2. Über die beiden klassischen Hausformen

Wir haben in der ersten Lektion eine Erklärung für das gesucht, was wir eigentlich immer schon wußten: daß nämlich (steinerne) Gebäude viereckig sind und lotrechte Wände haben. Und wir haben gesehen, daß sie, auch wenn sie vielleicht quadratisch sind, dennoch eine „lange" Seite und eine „kurze" Seite haben, wobei die lange Seite in Trauf- und Firstrichtung liegt und die kurze in der Richtung des Giebels bzw. des „Ortgangs". Wir wollen uns nun eine Weile mit diesem klassischen Haus und seinen Regeln befassen. Es hat nämlich noch lange nicht ausgedient. Auch wenn ein Gebäude mit einem Flachdach gedeckt ist und Betondecken hat, folgt es doch den Regeln dieses klassischen Hauses.

2.1 Das Dach als bestimmende Form

Wie sehr die horizontalen Teile, die Balkenlagen und vor allem das Dach mit seiner zusätzlichen Bedingung, das Regenwasser nach außen ableiten zu müssen, den Grundriss *bestimmen*, habe ich bereits erläutert. Dies gilt umsomehr, wenn die Decken darunter durch Tonnen und/oder Kreuzgewölbe gebildet werden, die ihre Lasten auf Säulen und Pfeiler ableiten. Weil es hier aber nicht um Baugeschichte geht, und Wölbtechniken heute bei uns wegen des hohen Lohnkostenanteils nicht mehr sinnvoll sind,

dos clásicos inclinados de dos o varias aguas. Vamos a profundizar en la figura del tejado sobrepuesto y sobresaliente que decide sobre el cuerpo construido debajo. Lo desconcertante en esta relación es que paradójicamente el tejado se dispone sobre la edificación al final del todo, aunque de antemano ya haya *determinado* al edificio completamente en su rectangularidad. Se podría decir que el tejado ya existe previamente en forma de instancia invisible, mientras los muros aún están creciendo. Nos lo podríamos imaginar por lo tanto de la siguiente forma: el tejado viene primero y ya se encuentra allí colgado, por decirlo de alguna manera, de una especie de gancho, mientras que los albañiles van levantando la casa. En realidad los muros se terminan de construir y se emparejan, después del ajustamiento del tejado, exceptuando el caso en el que la armadura de la cubierta sea una pieza única que descansa sobre las paredes ya terminadas. Pero por lo general los muros, por lo menos los de la parte del frontón, se emparejan arriba con los cabrios. Por lo tanto aquí el tejado sí que existe realmente con anterioridad y limita con su geometría los muros. En el caso de las vigas del techo, esto es diferente, aquí son los muros los que limitan las vigas, que son del largo de la distancia (luz). Encontramos así un aspecto importante desde el punto de vista compositivo: *existe algo así como una secuencia, una disposición en capas de los hechos.* La construcción se realiza por capas, en una secuencia de pasos. Como vemos, la composición, no siempre se da de abajo hacia arriba, sino, como en este caso, también de arriba, desde el tejado, hacia abajo. Por esto decimos que el tejado *determina los muros*; o dicho de otra forma, el tejado es *la forma primaria*, y el cubo tapiado de debajo, *la forma secundaria*. Casi siempre, la forma primaria es más

beschränke ich mich hier auf die klassischen Walm- und Satteldächer. Diese Figur, das oben aufliegende und überstehende Dach, das den gemauerten Baukörper darunter *bestimmt*, müssen wir nun vertiefen. Das Irritierende in diesem Zusammenhang ist ja, daß das Dach ganz am Schluß auf das Gebäude kommt, daß es aber zuvor das Gebäude schon ganz in seiner viereckigen Form *bestimmt* hat. Es ist als unsichtbare Instanz schon da, wenn noch die Mauern hochwachsen. Ja, wir können uns diesen Zusammenhang einfach so vorstellen, daß das Dach als erstes kommt und schon da ist, wenn die Maurer das Haus hochziehen, von mir aus an den am Bau sogenannten „Siemens-Lufthaken" hängend. Tatsächlich werden die Mauern ja auch erst *nach* dem Richten des Daches fertiggemauert, „abgeglichen", – es sei denn, der ganze Dachstuhl bleibt eine eigene Figur, die tatsächlich oben auf den horizontal abgeschlossenen Wänden liegt. In der Regel aber wird das Mauerwerk, jedenfalls das des Giebels, oben mit den Sparren fertig „abgeglichen". Das Dach ist hier tatsächlich vorher da und begrenzt in seiner Geometrie das aufgehende Mauerwerk. Bei den Balkenlagen der Decken ist dies anders. Hier begrenzen die Mauern die eingelegten Balken, die auf das lichte Raummaß abgelängt werden. Wir begegnen hier einem Aspekt, der kompositorisch wichtig ist: *Es gibt so etwas wie eine sinnvolle Abfolge, eine „Geschichte" mit aufeinanderfolgenden Handlungen*: Vielleicht sollten wir hier besser von ein*em* Geschichte sprechen. Denn der Bau „schichtet" sich in bestimmten Schrittfolgen: wie man sieht, kompositorisch nicht immer von unten nach oben, sondern hier von oben, vom Dach her, nach unten. Wir sagen dann, das Dach *bestimmt die Wände* oder: Das Dach ist hier die *Primärform*, der gemauerte Kubus darunter die *Sekundärform*. Dabei ist es meist so, daß die Primärform

primär
1
2
sekundär

ein(e) Geschichte

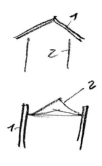

voluminosa, más ordenada, más regular y más pesada que la forma secundaria, que se acopla a la forma primaria. El tejado es, en todo caso, menos flexible que los muros, es decir tiene un mayor grado de *redundancia*, o bien, un menor *grado de libertad*. Pero este aspecto lo trataremos más adelante.

Constatemos la contradicción que supone que una casa de ladrillos con tejado siempre esté determinada por éste y viceversa que una casa donde los *muros* sobresalen claramente hacia arriba, los muros determinen el tejado. Esto queda claro cuando el tejado es idéntico al techo, y por encima no existe una voluminosa construcción de vigas, sino simplemente una losa de hormigón flexible, es decir, una losa que forma con los muros una batea plana y sellada, impermeable. En este momento histórico, en el que se inventa el hormigón armado y el cartón alquitranado, las plantas arquitectónicas se liberan de las formas rectangulares determinadas por el tejado. Es en este momento histórico cuando nace en Chicago el lema de *form follows function*. La planta adaptada a las funciones de uso determina ahora la forma del tejado y del techo, como por ejemplo en este prematuro diseño de vivienda de Hugo Häring *(Fig. 1)*, realizado casi treinta años antes de la casa de Biberach, que hemos visto antes. Aquí los muros ya no están limitados por el tejado que sobresale, sino que el tejado está limitado por los muros. Por fin se pueden construir casas en forma de verdaderos *cubos* y con un pretil abierto, como terraza. (Por lo tanto, como sarcásticamente lo expresó Martin Wagner, uno de los pioneros del modernismo clásico, este estilo es consecuencia del invento del cartón alquitranado).

sperriger, geordneter, regelmäßiger ist und meist auch schwerer als die Sekundärform, die sich ihr anschmiegt. Das Dach ist jedenfalls in seiner Form weniger „beweglich" als die Mauern. Wir können auch sagen, es hat einen höheren Grad an *Redundanz* bzw. weniger *Freiheitsgrade*. Aber auf diesen Aspekt werde ich später noch näher zu sprechen kommen.

Hier gilt es zunächst nur, diesen merkwürdigen Gegensatz festzuhalten, daß nämlich ein gemauertes Haus mit oben deutlich überstehendem *Dach* immer von diesem bestimmt wird und umgekehrt: daß bei einem Haus mit oben überstehenden *Mauern* das Dach von den Mauern bestimmt wird. Besonders deutlich wird das, wenn das Dach identisch mit den Decken ist und obendrein keine sperrige Balkenlage, sondern eine etwas flexiblere Betonplatte, also eine oben abgedichtete Flachdachwanne hat: In diesem historischen Moment, wo Stahlbeton und Teerpappe erfunden sind, lösen sich die Grundrisse aus ihrer vom Dach bestimmten Viereckigkeit und werden geschmeidig – in diesem historischen Moment wird in Chicago die Parole *form follows function* ausgegeben. Der den betrieblichen Funktionen angeschmiegte Grundriss bestimmt jetzt die Decken und das Dach wie etwa

Fig. 1

bei dem nebenstehenden Hausentwurf Hugo Härings *(Fig. 1)*, von dem wir zuletzt das eine der Biberacher Häuser gesehen haben. Die Mauern werden nicht mehr durch das (überstehende) Dach begrenzt, sondern das Dach durch die überstehenden Mauern. Jetzt kann man – endlich – auch das Haus als echten *Kubus* bauen mit einem oben offenen Attikageschoss. Die klassische Moderne ist deshalb, wie später einer ihrer Pioniere, Martin Wagner, sarkastisch festgestellt hat, eine Folge der Erfindung der Dachpappe gewesen.

2.2 La casa con tejado y la planta aditiva. La «potencia estructural»

Por ahora vamos a seguir con la figura clásica, lo que yo llamo casa con tejado. Quiero que entiendan de la mejor forma las posibilidades y condiciones arquitectónicas que nos ofrece esta simple figura clásica. Para ello, veremos un aspecto que es de gran importancia para la composición arquitectónica: *La estructura*. Y entonces nos preguntamos: ¿Qué *es lo que sabe hacer* una figura? ¿Qué posibilidades nos ofrece? La variedad de posibilidades está determinada por la relación entre los distintos elementos. Una configuración de piezas determinada, permite solamente una serie limitada de movimientos. Una persiana, por ejemplo, se puede enrollar solamente en una dirección y no en la opuesta, ya que cada elemento, cada una de las varas, sólo puede girar con respecto a la siguiente de forma paralela y determinada. Algunas cubiertas se pueden torcer como hipérbolas, pero no se pueden estirar ni tampoco encorvar. *Como diseñadores, tratamos una configuración realizando pruebas continuamente durante sus transformaciones*. Digamos que la ponemos en movimiento y examinamos como se comporta. Si cede, o si opone resistencia. Dicho de otra manera, examinamos su *potencia estructural*. Jugamos con ella y vemos qué posibilidades ofrece. Es importante que tengamos en cuenta estas posibilidades para no introducir por equivocación una rigidez donde en el fondo hay elasticidad. Por ejemplo, la posición de los cabrios es completamente libre con relación a la de los puntales bajo las correas. Por lo tanto deberíamos tener en cuenta esta libertad y no habría necesidad de relacionar los puntales y los cabrios. Estos apoyos casi siempre definen su posición con relación a las correas y su

Wir bleiben aber vorerst bei der klassischen Figur, bei dem, was ich das Dachhaus nenne. Ich möchte, daß Sie die architektonischen Möglichkeiten und Bedingungen dieser einfachen Figur besser begreifen. Wir werden dabei einen Aspekt kennenlernen, der für die architektonische Komposition wichtig ist: die *Struktur*. Wir fragen uns: Was *kann* eine Figur, welche Möglichkeiten stecken in ihr? Denn diese werden durch das Verhältnis der verschiedenen Elemente zueinander bestimmt. Eine bestimmte Konfiguration von Teilen läßt nur bestimmte Bewegungen zu. Ein Rolladen z.B. kann sich nur in einer Richtung krümmen, nicht in der anderen, weil die Elemente, die einzelnen Stäbe, sich nur parallel zueinander und nur in ganz geringem Maße gegeneinander drehen können. Bestimmte Dachdeckungen lassen sich windschief verdrehen, aber nicht strecken und auch nicht krümmen. *Als Entwerfer sehen wir eine Konfiguration in ständiger probehalber Verwandlung.* Wir setzen sie sozusagen in Bewegung und prüfen, wie sie sich verhält: ob sie nachgibt oder sich sperrt. Wir sagen: wir prüfen ihre *strukturelle Potenz.* Wir spielen mit ihr und probieren alle ihre Möglichkeiten aus. Wichtig ist, daß wir diese Möglichkeiten nicht aus dem Blick verlieren und nicht versehentlich eine Starrheit einführen, wo eigentlich Elastizität vorhanden ist. Zum Beispiel ist die Lage der Sparren gegenüber den Stützen unter den Pfetten ganz frei. Dann sollten wir diese Freiheit auch im Blick behalten und nicht unnötig Stützen und Sparren aufeinander beziehen. Überhaupt sind diese Stützen und Sparren in ihrer Lage meist nur von dem Rähm oder der Pfette bestimmt, unter der sie stehen, und natürlich von der maximal möglichen Spannweite. Sie können sich also auf dieser

capacidad portante, ya que se encuentran debajo de éstas. Es decir, se pueden mover a lo largo de este «riel» y no es necesario que estén ubicados a una distancia igual u ordenados como en un retículo, uno frente al otro. Pero en el caso de que esto sea así, entonces al diseñar, habría que expresar en el dibujo este grado de libertad para, dicho figurativamente, tenerlo visible en la mente: si una estructura es dócil y flexible, hay que expresarla de forma dócil y flexible, y no hay que otorgarle una rigidez inapropiada que nace del sentido de orden y de la carente capacidad imaginativa ubicada en la parte izquierda de nuestro cerebro. Es decir, le concedemos toda la flexibilidad posible. Si dos muros divisorios, separados por un muro central puesto en dirección perpendicular a estos, se encuentran, haciendo que aparentemente *se transformen en un sólo muro* que cruza el muro central, entonces deberíamos deshacer esta cruz para que la casualidad no cree un orden que no corresponde a la flexibilidad potencial de la estructura. En caso contrario, este muro, sin querer, jugaría un papel extraordinario y la estructura flexible quedaría trabada en este punto.

Habíamos visto ya que la casa con tejado, por su *estructura*, tiende a querer ser cuadrangular. También decíamos que, en caso de que el tejado no sea de más de dos aguas, tiene una parte larga, la del canalón y la cornisa, y una parte corta, la del frontón. Veamos qué pasa si a esta figura le pedimos otras formas: ¿Podemos ensancharla a nuestro gusto? No, se resiste. El tejado no cubriría más de doce metros. A partir de ahí tendríamos que añadir naves laterales. En un alargamiento esto sería distinto, ya que éste no le opone resistencia a la figura, siempre y cuando las paredes sean estables. Si éste no es el caso, tras una prolongación determinada, se pondría un muro perpendicular. ¿Es capaz de

„Schiene" bewegen und müssen sich auch nicht in genau gleichem Abstand oder in einem Raster gegenüberstehen. Wenn es aber so ist, dann sollten wir beim Entwerfen auch diese Freiheitsgrade in der Zeichnung ausdrücken, damit wir sie im Blick behalten! Bildhaft ausgedrückt: Wenn eine Struktur weich und beweglich ist, sollten wir sie auch weich und beweglich darstellen und sie nicht in eine ihr nicht gemäße Starrheit versetzen, die nur aus dem Ordnungssinn unserer linken Gehirnhälfte und ihrer geringen Vorstellungskraft herrührt. Wir belassen also lieber alles in der Beweglichkeit, die möglich ist. Wenn sich zwei Raumtrennwände diesseits und jenseits einer durchlaufenden Mittelwand gegenüberstehen, so daß sie scheinbar *eine* Wand werden, die die Mittelwand kreuzt, so sollten wir dieses Kreuz brechen, damit der Zufall hier nicht eine ungewollte Ordnung einbringt, die der potentiellen Beweglichkeit der Struktur nicht entspricht. Sonst spielt diese eine Wand eine ungewollte Sonderrolle – und die lockere Struktur klemmt an dieser Stelle.

Wir haben schon gesehen, daß das Dachhaus seiner *Struktur* nach viereckig sein will, daß es, wenn das Dach nicht abgewalmt ist, eine „lange" Traufseite und eine „kurze" Giebelseite hat. Beobachten wir, was passiert, wenn wir diese Figur bestimmten Formansprüchen aussetzen: Können wir sie beliebig in die Breite ziehen? Nein, dagegen sperrt sie sich. Das Dach überspannt nur etwa 12 m. Danach müßten wir Seitenschiffe anfügen. Anders ist es mit der Längenentwicklung. Ihr setzt die Figur keinen Widerstand entgegen, sofern die Längswände stabil stehen. Andernfalls muß hier nach einer bestimmten Längendehnung eine Querwand eingefügt werden. Läßt sich diese lange Figur auch krümmen? Nein, nur knicken. Die längslaufenden Pfetten lassen sich nicht krümmen,

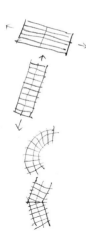

arquearse esta figura alargada? No, solamente es capaz de quebrarse. Las correas no se dejan arquear, y por su parte la cubierta con las tejas curvas probablemente tampoco lo permitiría. La cubierta de teja de caballete y de canalón o la plana de pizarra es mucho más elástica. ¿Es posible ensanchar esta figura por lo menos en un tramo? Se puede hacer si añadimos casas con tejado en dirección transversal, es decir formando *un crucero*. Quedaría así un espacio cuadrado en el que se cruzan dos naves. ¿Se puede aumentar una casa con tejado en altura? Sólo es posible hacerlo de forma limitada elevando la cumbrera. Los aleros se abren y por consiguiente los cabrios se alargan cada vez más, hecho que limita esta prolongación. (Existe una variante con cumbrera horizontal y cornisa desnivelada, en la que la planta sigue siendo un

trapecio). Sin embargo, el aumento de altura y el ensanchamiento son poco comunes y no existen prácticamente ejemplos históricos. Lo corriente en un aumento de altura es un escalonamiento de frontones, de tejados superpuestos. Una figura que podemos encontrar en las pagodas y monasterios de Siam *(Fig. 2)*. Un ejemplo moderno es la nave industrial de Poelzig en Guben *(Fig. 3)*. Exceptuando la

Fig. 3

dirección longitudinal, vemos que la casa con tejado se «mueve» solamente de forma aditiva o escalonada, es decir, sólo si añadimos naves laterales o perpendiculares y sobreponemos tejados. Cada uno de los tejados es siempre un rectángulo, independientemente de la forma de la planta inferior. Si esta forma sobresale, por lo general el tejado no sigue alargándose hacia abajo, sino que se forma una nueva nave con un tejado nuevo más pequeño o con un nuevo frontón. Por supuesto que existen también los te-

die Dachdeckung mit Dachpfannen z.B. läßt es womöglich auch nur begrenzt zu. Die Deckung mit Mönch und Nonne oder gar mit

Schindeln ist da schon sehr viel elastischer. Läßt sich die Figur wenigstens an einer Stelle verbreitern? Dies geht, indem wir beiderseits in Querrichtung „Dachhäuser" ansetzen und eine *Vierung* bilden: einen quadratischen Raum, an dem sich zwei Schiffe kreuzen. Kann man ein Dachhaus in der Höhe dehnen? Nur bedingt: indem wir die Firstpfette ansteigen lassen. Die Traufen weichen dann entsprechend auseinander, und die Sparren werden somit immer länger, was dieser Dehnung Grenzen setzt. (Eine Variante wäre die mit waagerechter Firstpfette und geneigten Traufen. Auch hier wäre

Fig. 2

der Grundriß ein Trapez). Diese Breiten- und Höhendehnung ist jedoch unüblich und kommt historisch so gut wie nie vor. Das Übliche bei einer Höhensteigerung ist die Abtreppung mit gestaffelten, hintereinander gestuften Giebeln, eine Figur, die wir z.B. bei den Pagoden und Klöstern in Siam *(Fig. 2)* bestaunen können. Ein modernes Beispiel ist die Fabrikhalle von Poelzig in Guben *(Fig. 3)*. Außer in der Längsrichtung „bewegt" sich das Dachhaus nur, wie wir sehen, additiv und in Stufen, indem es Seiten- oder Querschiffe ansetzt oder Dächer staffelt. Die einzelnen Dächer aber sind immer ganze Rechtecke, ungeachtet der Grundrißfigur unter ihnen. Springt diese plötzlich vor, wird das Dach darüber in der Regel nicht abgeschleppt, sondern ein neues Querschiff mit eigenem Giebel ausgebildet. Natürlich gibt es auch die wetterseitig abgeschleppten Dächer in manchen Gegenden, wenn dieser Querschnitt einen Sinn macht. Niemals aber folgt das Dach irgendwelchen kleinen Erkern oder Nischen des Grundrisses. Von denen „weiß es noch

jados en los que la cornisa se alarga y cambia de pendiente, siempre y cuando esto tenga sentido, por razones climáticas por ejemplo. El tejado, no obstante, nunca seguirá la figura de algún mirador o galería de la planta, ya que siguiendo con nuestra idea, de que el tejado viene primero, éste no puede saber nada de la existencia de ninguna galería o mirador. El tejado se encuentra ahí, como un barco volador volteado, recto y perfecto. Esta comparación hay que tomarla en serio: el techo a dos aguas *es un barco al revés*, y una figura así no soporta cortes ni cabriolas sobre su forma básica. Aquí les muestro una armadura de cubierta de la hermosa iglesia Santa María del Rosario, de la segunda mitad del siglo XVIII en La Habana (Cuba) *(Figs. 4 y 5)*. Esta forma, que también podemos encontrar en Andalucía, está ampliamente representada en la arquitectura colonial del caribe y parece ser obra de carpinteros navales, ya que muestra la utilización casi literal de la imagen del barco volteado.

Intentemos imaginarnos la situación en que se encontraban nuestros arquitectos antepasados, quienes se veían obligados a trabajar sin sellamiento para tejados planos, sin cristal y sin otros materiales modernos. Ellos disponían únicamente de una cubierta de tejas. Para ellos diseñar significaba crear una adición de tejados (y bóvedas), que debían dar respuesta a la situación, a la tradición y a las necesidades empresariales del momento. Más tarde veremos algunos ejemplos de este «trabajo de diseño» en unas obras que encontramos en zonas rurales del Himalaya. También las primeras fábricas, mataderos, y estaciones ferroviarias fueron diseñadas de esta forma, utilizando combinaciones de tejados que evitaban la formación de bolsas de agua. Los tejados interiores eran más altos que los exteriores. Si se daba el caso contrario,

nichts", denn es ist in diesem Sinne ja wie gesagt „vorher" da: ein umgekehrtes Schiff, gerade und makellos. Diesen Vergleich sollten Sie ernst nehmen: Das Satteldach *ist ein umgekehrtes Schiff*. So eine Figur verträgt keine kleinen Einschnitte und Kapriolen seiner

Grundform. Ich zeige hier einen Dachstuhl der wunderschönen Kirche *Santa Maria del Rosario* aus der zweiten Hälfte des 18. Jahrhunderts in Havanna, in Kuba *(Fig. 4/5)*. Diese Form,

Fig. 4/5

die man auch in Andalusien antrifft, und die in der Kolonialarchitektur der Karibik verbreitet und wohl von Schiffzimmerleuten erzeugt ist, zeigt eine fast wörtliche Anwendung des Bildes vom umgekehrten Schiff.

Versetzen wir uns einmal in die Lage unserer „Ahnen-Architekten", die ohne Flachdachabdichtung, Bleche und Dachverglasungen auskommen mussten und ganz auf eine gut geschuppte Dachdeckung aus Ziegelpfannen angewiesen waren: Entwerfen hieß, eine Addition von Dächern (und Gewölben) zu erzeugen, die der Lage, der Tradition und den betrieblichen Anforderungen gerecht wurde. Wir werden später noch ein Beispiel solcher „Entwurfsarbeit" kennenlernen, wie sie heute z.B. noch in entlegenen Gegenden des Himalaya vorkommt. Aber auch noch die ersten Fabriken, Schlacht- und Bahnhöfe sind so entworfen: Dachkombinationen, die nirgends Wassersäcke entstehen ließen, die inneren Dächer höher als die äußeren. War es umgekehrt, sollte etwa ein

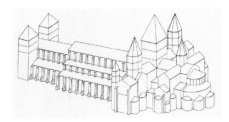

Fig. 6

por ejemplo que una torre tuviera que ir a un lado, ésta tendría que separarse por completo del cuerpo principal, como si se tratara de un *campanil* completamente independiente; o si no, había que añadir un edificio perpendicular, de cuyo costado salía la torre, a menudo alzándose junto a una torre gemela *(Fig. 6)*. De esta forma vemos cómo esta construcción se desarrolla aditivamente: poniendo tejado junto a tejado, uno tras otro, uno sobre otro, uno al lado del otro. Incluso a principios del siglo pasado, cuando en los países industrializados da comienzo la emigración del campo a la ciudad y las ciudades crecen en pocos años llegando a tener millones de habitantes, nos enfrentamos con una tremenda tarea constructiva con el instrumento de la antigua técnica de construcción: solamente añadiendo y sumando casas de tejados. Y además había que hacer lo posible para que la completa «fábrica urbana» continuara siendo comprensible y habitable para los exiliados recién llegados. Durante demasiado tiempo hemos contemplado este historicismo desde el punto de vista del modernismo, un modernismo cargado de prejuicios. Con excepción del palacio de cristal de Paxton, la crítica no salvó nada del historicismo. Y no obstante, todo este periodo está completamente impregnado del método de Paxton. Lo que está claro es que era imposible ubicar los mataderos, las cárceles y manicomios, los hospitales y las edificios administrativos en edificios de cristal. Pero en aquel momento tanto la racionalización como la prefabricación eran realidades existentes. Lo que en cambio todavía faltaba era el hormigón y el cartón bituminoso. Todavía había que solucionarlo todo con edificios de tejados.

Turm mehr an der Seite stehen, mußte er ganz raus aus dem Hauptbaukörper, seitlich neben dem Langhaus stehen, als völlig unabhängiger *Campanile*. Oder es musste erst ein Querhaus gebildet werden, aus dem er seitlich, dann oft mit einem Zwillingsturm, herauswachsen konnte *(Fig. 6)*. So sehen wir dieses Bauen additiv vorgehen, Dach an Dach reihen, hintereinander, übereinander, nebeneinander. Auch noch am Anfang des vorigen Jahrhunderts, als in den ersten Industrieländern die Landflucht einsetzte und die Städte in wenigen Jahrzehnten von der Kleinstadt zur Millionenstadt wuchsen, stand man den vielen neuen Bauaufgaben und diesem ganzen ungeheuren Bauvolumen mit dieser alten Dachhaus-Technik gegenüber: immer nur Additionen von Dachhäusern. Und noch dazu mußte man sehen, daß diese ganze neue „Stadt-Fabrik" für ihre zugereisten Exilanten noch einigermaßen begreifbar und wohnlich blieb. Wir haben diesen Historismus zu lange durch die voreingenommene Brille der Modernen gesehen: Paxtons Kristallpalast ausgenommen, ließen wir kein gutes Haar an ihm. Dabei ist diese ganze Zeit durchdrungen von der Paxtonschen Methode. Nur konnte man die Schlachthöfe, die Straf- und Irrenanstalten, die Krankenhäuser und Verwaltungen nicht in Glashäusern unterbringen. Aber Rationalisierung und Vorfertigung gab es damals überall. Nur noch keinen Gussbeton und keine Dachpappe. Man mußte das alles noch allein mit „Dachhäusern" bewältigen.

Seit 1823 gab es dafür wenigstens eine Mustersammlung. Im „Durand", einem Standardwerk der damaligen Zeit so wie 120 Jahre später der Neuffert, war dieses neuzeitliche Bauen vor der sogenannten Moderne auf vielen großen Bildtafeln zusammengefasst *(Fig. 7)*. Noch heute prägt es das Bild unserer Innenstädte. Zugegeben, dieser Historismus kann uns nicht begeistern.

A partir de 1823 se empezó por lo menos a disponer de una colección de modelos. En el *Durand*, el manual estándar de la época, como 120 años más tarde lo sería el *Neuffert*, se había recopilado en grandes imágenes toda la nueva técnica de construcción existente, anterior a la época que denominamos modernismo *(Fig. 7)*. Todas las formas de construcción de esta época todavía determinan la imagen de nuestros centros urbanos. Tenemos que admitir que este historicismo no nos puede entusiasmar porque implica demasiado falso patetismo (prefabricado), demasiado revestimiento y teatro. Pero por otro lado, esta es la inevitable expresión de esta rigurosa e inmensa obra de construcción y reconstrucción: tanto desarraigo, tanta profanación y desilusión, tanta injusticia y alienación no se podían crear sin tanta falsa figura de «los buenos viejos tiempos» y tanta engañosa y provisoria solemnidad. Podemos decir que se trata literalmente de un siglo demente. Pero aquí no queremos hacer historia de la arquitectura, sino hablar de los edificios de tejados. Y en el *Durand* se puede ver como los edificios de tejado se pueden ir juntando en diferentes formas.

Zuviel falsches (und vorgefertigtes) Pathos, zuviel Verkleidung und Theater. Aber das ist wohl auch der unvermeidliche Ausdruck dieses immensen und rigorosen Auf- und Umbaus: soviel Entwurzelung, so viel Entweihung und Ernüchterung, so viel Ungerechtigkeit und Entfremdung konnten ja nicht ohne entsprechende Attrappen der „guten alten Zeit" und ohne notdürftig vorgetäuschte Altehrwürdigkeit abgehen. Ein buchstäblich irrsinniges Jahrhundert. Aber wir betreiben hier keine Baugeschichte, eigentlich geht es ja nur um „Dachhäuser". Und bei Durand kann man auf vielen Bildtafeln sehen, wie man aus Dachhäusern alle möglichen Gebäude zusammensetzen kann…

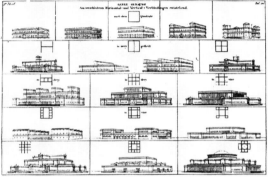

Fig. 7

2.3 La casa con pretil (o cúbica) y sus fachadas

Por último, y más bien como aclaración, contemplemos lo contrario de la casa con tejado: la casa con pretil. Por supuesto que esta casa también tiene una cubierta como todas las casas, pero la cubierta no es la pieza determinante. Muchas veces se esconde tras los muros elevados, de tal forma, que se nos presenta una casa de volumen macizo que parece un cubo tapiado. Aquí son los muros, a menudo torcidos o arqueados, los que determinan el tejado, que de alguna forma se acopla y muchas veces sólo se puede ver a vista de pájaro. En casas como éstas, los muros exteriores son los elementos predominantes, y sobresalen hacia la luz. Veamos un ejemplo famoso de una casa cubo: la villa Malaparte en Ibiza, un diseño del escritor Malaparte, realizado por el arquitecto Libera. Aquí el cubo ha sido formado como una gran escalera con terraza *(Figs. 8 a 10)*, y es un ejemplo de lo que más adelante conoceremos como «Gran Forma». La casa con pretil es un cubo, un cuerpo escultural, cuyos movimientos quedan claramente reflejados en este famoso ejemplo. Por cierto, el pretil que encontramos en el caso de la villa Malaparte es muy reducido, y ello nos permite ver más claramente el cubo, que es realmente crítico, por lo menos partiendo de los medios clásicos de la construcción *(Fig. 9)*. ¿Por qué crítico? Porque el paso de la superficie del tejado a la pared no puede ser solamente un quiebre, a no ser que toda la casa esté formada por un único tejado (quebrado). Debido a que aquí los cuerpos de la casa no están determinados por un tejado, sino que forman la figura principal,

Fig. 8

Fig. 9

Betrachten wir zum Schluß, um der Klarheit willen, das Gegenstück zum Dachhaus: das Attikahaus. Natürlich hat auch dieser Haustyp ein Dach wie jedes Haus, aber das Dach ist nicht der bestimmende Teil, tritt manchmal hinter das aufgehende Mauerwerk – eben hinter die Attika – zurück, so daß wir sehr klotzige Hausvolumen vor uns haben, die wie gemauerte Würfel erscheinen. Hier bestimmen die oft sogar gekrümmten oder schiefen Mauern das Dach, das sich ihnen „irgendwie" einpaßt und oft nur aus der Vogelperspektive zu sehen ist. Bei diesen Häusern ist die Außenwand das bestimmende Teil, und sie tritt ganz nach vorne ins Licht. Betrachten wir ein berühmtes Beispiel eines solchen Hauswürfels: die Casa Malaparte auf Capri, ein Entwurf des Schriftstellers Malaparte, von dem Architekten Libera umgesetzt. Hier ist der Kubus zu einer großen Treppe mit Terrasse geformt *(Fig. 8-10)* – ein Beispiel für etwas, was wir noch als „Großform" kennenlernen werden. Das Attikahaus ist ein Kubus, ein skulpturaler Körper, dessen Bewegungen sich – wie in diesen bekannten Beispiel – sehr deutlich mitteilen. Übrigens ist die erkennbare Attika im Falle der Villa Malaparte sehr reduziert, so daß der Kubus um so deutlicher wird *(Fig. 9)*. Eine solche Ausbildung der Dachkante ist – jedenfalls mit den klassischen Mitteln des Bauens – sehr kritisch: Der Übergang von der Dachfläche in

Fig. 10

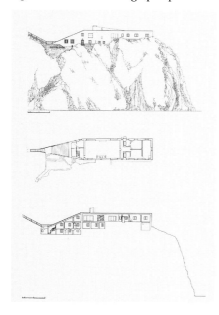

la fachada tiene un significado mayor que en el caso de la casa con tejado. Por ello vamos a echar un vistazo a este gran tema para recoger una primera idea de cómo se diseña una fachada.

Primero. Tenemos una casa pretil, es decir una casa donde los muros determinan el tejado. De esta forma los muros solamente pueden ser como en la villa Malaparte, *muros con ventanas*, o sea, con huecos (a no ser que ya nos hayamos convertido en diseñadores); y de esta forma hablamos de fachadas agujereadas. A algunos arquitectos estas fachadas de agujeros les parecen demasiado banales y comienzan a introducir grandes ranuras u otras aberturas que perturban considerablemente la estructura. De repente parece que la casa se parte en dos mitades, o casi en diferentes muros aparentemente independientes uno del otro. Sin embargo, en la parte superior se extiende discretamente el tejado de una parte a otra de la casa, detrás del pretil, el cual mantiene ahora unidos los dos cuerpos. El pretil tiene que ser lo bastante fuerte para aguantar el tejado y crear la batea. Esta parte superior de la fachada lógicamente es la más sensible frente a perturbaciones de este tipo. Es por esta razón que las aberturas en este tipo de casos en la parte de arriba son más pequeñas que en el resto de la fachada. Y existe además otro motivo, un motivo estético. Como los muros no están a la sombra de un tejado que los determine, que los limite, es la fachada la que tiene que limitarse por sí misma hacia arriba. Por ello se suavizan los contrastes y las asimetrías de la fachada en los pisos principales, en el ámbito del piso superior y del pretil, y todo el conjunto alcanza mayor estabilidad.

Las excepciones de estas normas llaman siempre la atención y muchas veces también cumplen la siguiente función: las abertu-

die Wand kann nicht nur ein Knick sein, es sei denn, das ganze Haus wird von einem (geknickten) Dach gebildet. Da der Hauskörper hier nicht von einem Dach „bestimmt" wird, sondern unverschattet die eigentliche Figur bildet, hat die Fassade hier eine viel größere Bedeutung als beim „Dachhaus". Wir werfen deshalb einen kurzen Blick auf dieses große Thema, um eine erste Vorstellung davon zu erhalten, wie man eine Fassade entwerfen kann.

Zunächst einmal: Haben wir ein Attikahaus, also eines, bei dem die Mauern das Dach „bestimmen", so können die Mauern eben fast nur – wie bei der Villa Malaparte – Wände mit Fensteröffnungen sein, mit Löchern also. Wir sprechen dann von Lochfassaden. Manche Architekten finden solche *Lochfassaden* zu banal und fangen dann an, irgendwelche großen Fensterschlitze (z.B. vor dem Treppenhaus) und ähnliche „Auflockerungen" in die Wände zu zeichnen, deren Zusammenhalt sie damit aber empfindlich stören. Plötzlich zerfällt das Haus scheinbar in zwei Körper oder in fast selbstständige Wandscheiben, aber oben schleicht sich das Dach von einem zum anderen Teil hinüber, hinter der Attika, die jetzt allein beide Körper noch zusammenhält. Die Attika muß dann wenigstens stark genug sein, um das Dach auffangen und die Dachwanne bilden zu können. Dieser obere Bereich der Fassade ist deshalb logischerweise am empfindlichsten gegenüber solchen Störungen. Die Öffnungen sind auch aus diesem Grund bei solchen Häusern hier oben kleiner als in der übrigen Fassade. Doch es gibt dafür noch einen anderen, ästhetischen Grund. Da die Mauern nicht „im Schatten" eines sie bestimmenden Daches stehen, das den Abschluß bildet, muß die Fassade sozusagen sich selbst nach oben hin begrenzen: Die Kontraste und Asymmetrien der Fassade in den Hauptgeschossen werden deshalb im Bereich des Oberge-

ras en la zona del pretil dispuestas asimétricamente, traen consigo un alto grado de perturbación. Y es por esta razón que las llamo «señaladores», puesto que reproducen el gesto de una mano que hace señas.[2] Por debajo, en el piso principal, las ventanas, a menudo en filas regulares, horizontales o verticales, están ordenadas de tal forma que los pilares entre ellas no se encuentren apoyados sobre una ventana del piso inferior. Si la necesidad de luz de las distintas habitaciones traseras lo permite, todas las ventanas serán del mismo tamaño y estarán colocadas una sobre otra. Sólo la planta baja reclama mayores exigencias. Aquí hay puertas, portones, o escaparates de tiendas. Aquí la superficie de la fachada está expuesta a un desgaste mecánico mayor. Es éste el motivo por el cual este piso está concebido como *zócalo*, protegido con un muro de piedra natural, que sobresale en relieve (almohadillado) y forma el remate inferior de la fachada, que se divide en tres partes: un zócalo de uno o dos niveles, una parte media de varios pisos y un pretil de un nivel, como en la ayuntamiento de Elias Holl en Augsburgo *(Fig. 11)*. Ésta es la razón por la cual esta estructura se ha comparado muchas veces con las columnas griegas y sus tres partes: base, fuste y capitel; o con los templos griegos compuestos por zócalo, columnas y arquitrabe. Hay muchos ejemplos clásicos en los cuales la zona media se encuentra separada del zócalo y del pretil por medio de columnas, que alcanzan la altura de dos plantas. Esta forma de unir las plantas, el llamado «orden colosal» es un invento del barroco y dio origen a muchas controversias entre arquitectos. Ya entonces había discusiones sobre la autenticidad y la verdad. Las columnas están para soportar la cubierta y no para estar sobrepuestas. Otras veces las tres zonas están separadas por una clara cornisa.

schosses und der Attika zur Ruhe und das Ganze zum Halten gebracht.

Ausnahmen von dieser Regel sind immer sehr auffällig und haben häufig auch diesen Zweck: Öffnungen in einem solchen Attikageschoß, asymmetrisch gesetzt, bringen ein hohes Maß an Unruhe. Ich nenne sie deshalb *Winker*. Es ist der Gestus einer winkenden Hand. Darunter aber, in den Hauptgeschossen, werden die Fenster in regelmäßigen Reihen angeordnet. Wenn vom Lichtbedarf der Räume dahinter nichts dagegen spricht, sind sie alle gleich groß und sitzen übereinander. Erst das unterste Geschoß stellt besondere Ansprüche: Hier sind Türen und Tore oder Ladenfenster, hier muß die Oberfläche der Fassade mechanischen Beanspruchungen widerstehen. Deshalb ist dieses Geschoß zuweilen als *Sockel* ausgebildet, mit einer abweisenden Wand aus vorspringenden Natursteinen (Rustica) gesichert und bildet einen unteren Abschluß der Fassade, die somit aus drei Schichten besteht: einem ein- oder zweigeschossigen Sockel, einem vielgeschossigen Mittelstück und einem eingeschossigen oberen Attikageschoß wie hier beim Rathaus des Elias Holl in Augsburg *(Fig. 11)*. Man hat sie deshalb oft mit der griechischen Säule und ihren drei Schichten Basis, Schaft und Kapitel oder mit dem griechischen Tempel und seinen drei Schichten Sockel, Säulen und Architrav verglichen. Es gibt viele klassische Beispiele, bei denen der mittlere Bereich tatsächlich durch Säulen (als Halbsäulen) zwischen Sockel und Attika gegliedert wird, die über die zwei Hauptgeschosse durchge-

Fig. 11

73

Las proporciones juegan aquí un papel importante, pero por lo general una fachada que está subdividida de esta forma, tiene algo natural y mientras nos ocupemos de una vivienda como ésta, es decir un diseño que aún se construye, que todavía no se funde, haríamos bien en no complicarlo sin motivo, solamente por el mero hecho de que los huecos de las ventanas nos parezcan aburridos. El problema en realidad radica en que en las viviendas del norte de Europa se necesitan muchas ventanas y las fachadas se transforman en filas de puntales. Esto les arrebata a las casas con pretil mucha de su fuerza, puesto que la fuerza de una casa como ésta se encuentra en su corporeidad y en la forma cómo se encuentra allí erigida.

Como en la música clásica existe en la composición de una fachada una convención, la cual, por su peculiaridad, hace que la fachada sea reconocible y entendible; es comparable con la regulación de los tres tiempos de un concierto. Tomemos como ejemplo la fachada de la villa Snellman de Asplund *(Figs. 12 y 13)*. Los

Fig. 12

suecos dicen, en un atisbo de burla bien intencionada, que en las casas de Asplund las ventanas del sótano siempre están debajo del tejado. Aquí en la villa Snellmann también es así. Aunque sea una casa con tejado, tiene también algo así como un pretil clásico, a pesar de que una de esas ventanas colocada de modo rítmico, tenga una forma distinta. Detrás se encuentra la biblioteca redonda que va hasta el tejado. El ritmo dado por esta fila del pretil no es seguido correctamente en la parte inferior. Las ventanas se salen aquí del compás. Esto fortalece el muro que de esta forma no se disgrega en la fila de pilares. Y no obstante, esta fachada alberga por esta razón algo misterioso. Asplund había

hen. Dieses Zusammenfassen der Geschosse, die sogenannte „Kollossalordnung", war eine Erfindung des Barock und unter Bauleuten lange umstritten. Schon damals gab es ja Diskussionen über Echtheit und Wahrheit: Säulen müßten schließlich die Decke tragen und nicht einfach davorgeklebt sein. Zuweilen werden die drei Bereiche auch durch je ein deutliches Sims getrennt. Dabei spielen natürlich die Proportionen eine wichtige Rolle. Im Allgemeinen aber hat eine Fassade, die so gegliedert ist, etwas Selbstverständliches. Und sofern wir es mit einem solchen Hausentwurf zu tun haben, einem, der noch „gebaut" und noch nicht „gegossen" wird, tun wir gut daran, hier keine unnötigen Komplikationen zu veranstalten, nur weil die Fensterlöcher uns langweilig erscheinen. Ein Problem ist eher, daß – bei Wohnhäusern im nördlicheren Europa jedenfalls – sehr viele Fenster nötig sind, und die Mauern unversehens zu Pfeilerreihen werden. Das nimmt solchen Attikahäusern viel von ihrer Kraft. Und die liegt allein in ihrer Körperhaftigkeit und in der Art, wie sie dastehen.

Fig. 13

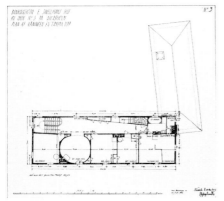

Ganz analog zur klassischen Musik gibt es also in der Komposition der Fassade eine Konvention, die eine einzelne Fassade erst in ihrer Besonderheit verständlich und erkennbar macht, vergleichbar der Regelung mit den drei Sätzen eines Konzerts. Nehmen wir nur als Beispiel die Fassade der Villa Snellmann von Asplund *(Fig. 12/13)*. Die Schweden sagen mit liebevollem Spott: Bei Asplunds Häusern sind die Kellerfenster immer unterm Dach. Auch bei der Snellmann-Villa ist das so. Obwohl ein „Dachhaus", gibt es

estado con anterioridad en Italia, y allí debió haber descubierto la posibilidad de crear tensión en una fachada por medio de este tipo de irregularidades. Esta irregularidad pone en un ligero movimiento los huecos de las ventanas y evita una rigurosidad innecesaria. Veamos como sería la fachada de Snellmann sin esta irregularidad. !Qué diferencia! Ahora es completamente rígida y sin movimiento. ¡Es sorprendente que se pueda hacer *sonreír* a una fachada! *(Figs. 14a y b)*

Fig. 14a

Fig. 14b

Es evidente que con estas pocas palabras se ha dicho poco sobre un tema tan amplio como es el de las fachadas; todavía no se ha dicho nada sobre la materialidad, nada sobre la relación interior-exterior, nada sobre el papel de la simetría, sobre proporciones y reguladores de medidas. Pero hemos conocido un primer aspecto que nos puede ayudar a experimentar por nuestra cuenta y a adquirir experiencias.

doch so etwas wie die klassische Attika. Wobei eines dieser rhythmisch gesetzten Fenster eine andere Form hat. Dahinter befindet sich die bis ins Dach gehende, runde Bibliothek. Der von dieser Attika-Reihe vorgegebene Rhythmus wird aber nun unten nicht korrekt befolgt: die Fenster laufen dort aus dem Takt. Das stärkt sozusagen die Wand, die dadurch nicht in eine Pfeilerreihe zerfällt. Dennoch hat die Fassade deshalb etwas Rätselhaftes. Asplund war vorher in Italien gewesen und muß dort wohl diese Möglichkeit entdeckt haben, mit solchen Unregelmäßigkeiten Spannung in eine Fassade zu bringen. Diese Unregelmäßigkeit bringt die Fensteröffnungen in eine leichte Bewegung und vermeidet unnötige Strenge. Sehen wir uns die Snellmann-Fassade an, wie sie ohne diese Unkorrektheit wäre *(Fig. 14a)*: Welch ein Unterschied! Jetzt ist sie ganz streng und ohne Bewegung. Erstaunlich, daß man auch mit einer Fassade *lächeln* kann! *(Fig. 14b)*

Natürlich ist mit diesen wenigen Bemerkungen über das grosse Thema Fassade nur wenig gesagt, nichts über die Materialität, nichts über die Innen-Außen-Beziehung, nichts über die Rolle der Symmetrie, über Proportionen und sogenannte „Maßregler". Aber wir haben einen ersten Aspekt kennengelernt, der uns helfen kann, selbst damit zu experimentieren und so Erfahrungen zu sammeln.

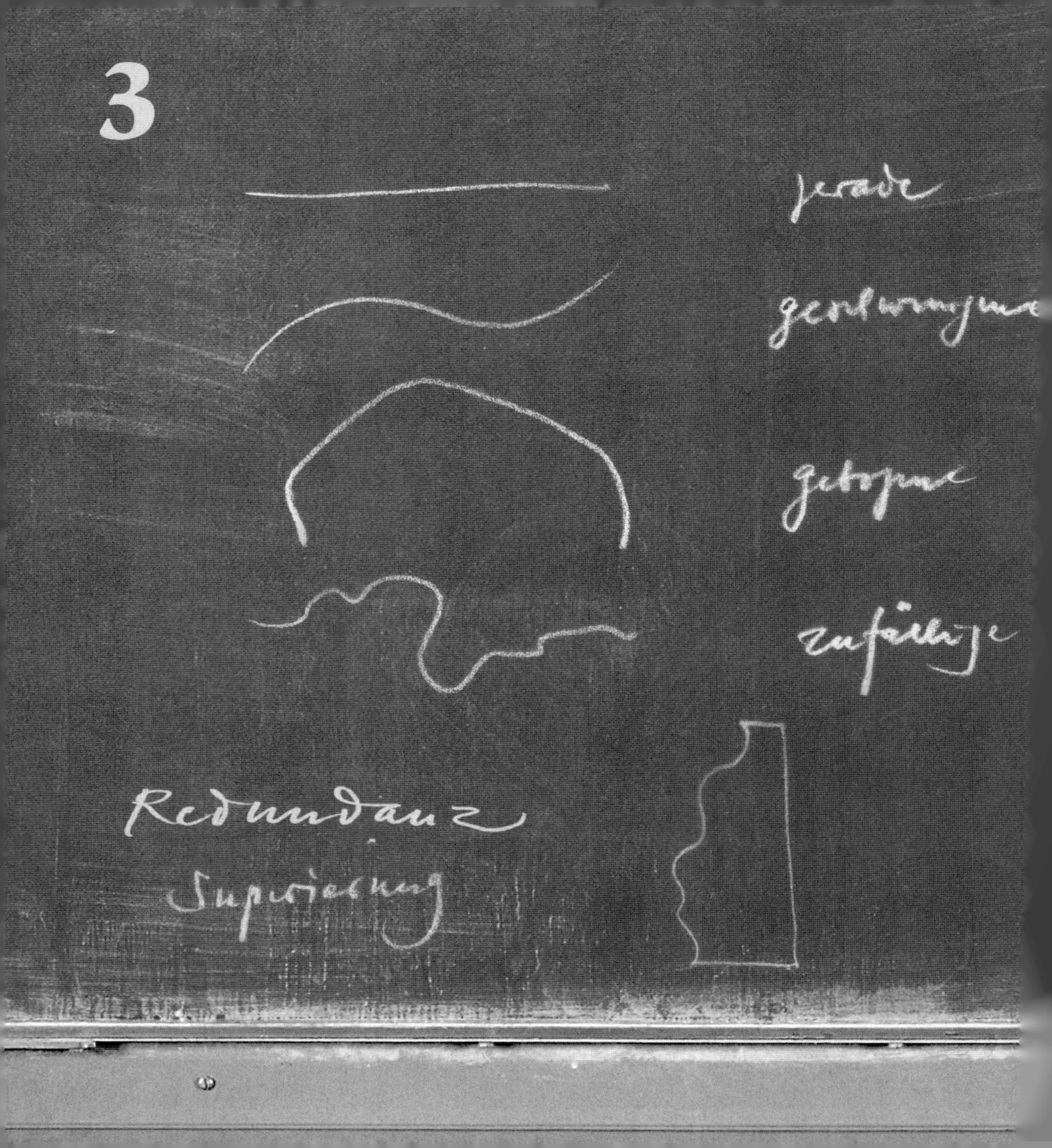
3
gerade
geschwungene
gebogene
zufällige
Redundanz

3

$$1 = \frac{1}{4}$$

3. Sobre la percepción de la arquitectura

Hasta ahora hemos llevado a cabo una aproximación al tema en términos más bien gráficos para entender primeramente a qué se hace referencia en la arquitectura con la palabra composición. Ahora trataremos algo de teoría para entender qué sucede cuando la arquitectura «habla». Para ello es necesario hacer una incursión en la teoría de la información y en las artes plásticas. Para la teoría de la información, el término clave es el de la *probabilidad*, o el que demuestra lo contrario. En otras palabras, el contenido de información de algo percibido o de una noticia se expresa matemáticamente de la siguiente forma I = 1 : p, es decir, el recíproco de la probabilidad de la aparición de una información. Cuanto menor sea la probabilidad, mayor será el contenido informativo, su novedad. Es precisamente por esta razón que este tema tiene mucho que ver con las sensaciones, las catástrofes y el caos. Puesto que, mientras nuestro entorno sea monótono y esté sujeto a un orden, contendrá pocas «novedades». Todo corresponde a nuestro prejuicio, a nuestro saber *a priori*. Todo está en su lugar, tal y como lo habíamos esperado. En realidad, conseguimos soportar nuestro entorno casi sin estrés, porque todo es relativamente probable y está relativamente ordenado. Y además, nuestros conocimientos previos sobre el mundo nos permiten sin esfuerzo completar la información que falta. Exactamente como en un texto al que le falta un trozo y en el que sin embargo ya

redundancia

3. Über die Wahrnehmung von Architektur

Wir haben uns bisher dem Thema in mehr anschaulichen Begriffen genähert, um erstmal zu verstehen, was wohl mit „Architektur als Komposition" gemeint sein könnte. Wir müssen uns jetzt mit etwas Theorie beschäftigen, um besser zu verstehen, was eigentlich vor sich geht, wenn Architektur „spricht". Und dazu ist ein Ausflug in die Informationstheorie – und die bildende Kunst – sehr nützlich. Für die Informationstheoretiker ist einer der Schlüsselbegriffe der der *Wahrscheinlichkeit* oder des Gegenteils davon. Kurz: Der Informationsgehalt I irgendeiner Wahrnehmung oder Nachricht wird rechnerisch ausgedrückt als I = 1 : p, also dem Reziprok der Wahrscheinlichkeit für das Auftreten einer Nachricht. Je geringer die Wahrscheinlichkeit, desto größer ist ihr Nachrichtengehalt, ihre „Neuigkeit". Deshalb hat das Thema viel mit Sensationen, Katastrophen und Chaos zu tun: denn soweit unsere Umgebung monoton und geordnet ist, enthält sie wenig „Neues". Alles entspricht unserem Vorurteil, unserem Apriori-Wissen. Alles ist an seinem Platz und so, wie wir es erwartet haben. Tatsächlich können wir nur einigermaßen stressfrei unsere Umwelt ertragen, weil alles relativ wahrscheinlich und geordnet ist. Ja, wir können aufgrund dieses Vorwissens über die Welt auch fehlende Information mühelos ergänzen. Wie bei einem Text, in dem ein Stück fehlt: wir wissen schon, welches Wort jeweils „auftreten" müsste. Diesen Anteil Vorinformation über sich selbst, der in einer Nachricht oder

$$I = \frac{1}{p}$$

Redundanz

sabemos qué palabra tendría que «aparecer». Esta parte de información previa sobre uno mismo, que encontramos en una noticia o en una percepción, se llama también su *redundancia.*

Veamos la plástica de Claes Oldenburg. Título: *Máquina de escribir* (Fig. 1). Esta plástica desconcierta nuestro proceso perceptivo, ya que las asociaciones o prejuicios importantes que se encuentran ligados a este objeto, son sustituidos precisamente por

el inesperado contrario. Una máquina de escribir es dura y tintinea al pulsar las teclas. Esta máquina es de fieltro y las teclas son solamente botones en una almohada o cuelgan –como en otro ejemplo de Oldenburg– en hilos de lana fuera de ella. Esta disminución de la redundancia transforma a esta máquina de escribir en algo «improbable»; y de esta forma, nos damos cuenta de lo mucho que confiamos en nuestros prejuicios a la hora de observar. Si todos los muebles se parecieran a esta silla de Rietveld (Fig. 2), la vida sería estresante. «Una silla es una silla es una silla»: No hay que preguntar antes. Uno simplemente toma asiento. Y si uno pulsa las teclas de una máquina de escribir, éstas teclean. Antes de la época de los ordenadores, allá por los años 80, este era un ruido familiar. Somos animales de costumbres, sabemos lo que es una ventana y una puerta. Sabemos que al abrir un grifo sale agua, y si saliese gas, nos encontraríamos ante una noticia de alto valor informativo. Nuestro mundo, en gran medida, está preestructurado, es *redundante*, y por eso lo podemos utilizar sin miedo. Tranquilamente podemos abrir el grifo, no va a salir gas, ni tampoco nata. Una redundancia como ésta tiene en el mundo que percibimos, que es el que aquí nos interesa, tres dimensiones: una geométrica, una organizadora y una asociativa. Las tres juegan un papel importante en la arquitectura.

Fig. 2

82

Wahrnehmung steckt, nennt man auch ihre *Redundanz*.

Sehen wir uns eine Plastik von Claes Oldenburg an. Titel: Schreibmaschine (*Fig. 1*). Sie irritiert unseren Wahrnehmungsapperat, indem sie wichtige Assoziationen oder Vorurteile, die mit diesem Gegenstand verbunden sind, gerade durch das unerwartete Gegenteil ersetzt. Eine Schreibmaschine ist hart und klappert beim Drücken der Tasten. Diese ist aus Filz und die Tasten sind nur Knöpfe an einem Kissen oder hängen – in einem anderen Beispiel Oldenburgs – an weichen Wollfäden aus ihr heraus. Diese Verringerung der Redundanz macht die Schreibmaschine „unwahrscheinlich", und wir nehmen so wahr, wie stark wir uns beim Betrachten auf Vorurteile verlassen.

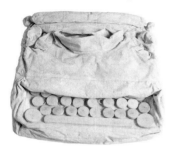

Fig. 1

Wenn Möbel so aussehen wie dieser Stuhl von Rietveld (*Fig. 2*), wird das Leben zum Stress. „Ein Stuhl ist ein Stuhl ist ein Stuhl": Man muß nicht erst fragen. Man kann sich draufsetzen. Und wenn man auf die Tasten einer Schreibmaschine drückt, schlagen die Buchstaben an. Vor der Epoche der PCs jedenfalls war das noch in den 80er Jahren ein vertrautes Geräusch. Wir sind Gewohnheitstiere. Wir wissen, was ein Fenster und was eine Tür ist. Wir wissen, daß Wasser kommt, wenn man einen Hahn aufdreht, und käme statt dessen Gas, so wäre das eine Nachricht mit hohem Informations- oder Nachrichtenwert. Unsere Welt ist weitgehend vorstrukturiert, *redundant*, und deshalb angstfrei zu gebrauchen. Man kann den Hahn ruhig aufdrehen, es kommt kein Gas und auch keine Schlagsahne. Solche Redundanz hat in der wahrgenommenen Welt, die uns hier interessiert, drei Seiten: eine geometrische, eine organisatorische und eine assoziative. Und alle drei Formen spielen eine wichtige Rolle in der Architektur.

3.1 La percepción geométrica

La primera forma de redundancia trata la complejidad de la imagen en nuestra retina. Cuanto más uniforme sea la figura, más redundante será.[1] La *recta* (a) aquí es más redundante que la *línea ondeada* (b). Ésta a su vez será más redundante que la *arqueada* (c), y esta última más redundante que la *casual* (d). En este mismo orden leemos las figuras. Nos aproximamos a las imágenes empezando por las más redundantes y avanzando hacia las menos redundantes. Si observamos ahora la arquitectura como un orden en un medio natural «salvaje», es evidente que son las grandes rectas las que crean ante todo este orden, mientras que las líneas casuales son las menos indicadas. Si con las dos clases de líneas se forma una figura, se crea un emocionante contraste entre la forma redundante básica y la forma «salvaje». Ésta última resaltará de una forma más dramática línea (e), y en comparación con la forma redundante, aparecerá como una herida, como una especie de accidente dramático, como si un rayo hubiese caído sobre la forma inicial. Esto se puede ver claramente con la ayuda de los dibujos correspondientes. Aquí se ve que la línea casual menos redundante juega un papel secundario: está *determinada* por las rectas, lo que sin embargo no significa que cause menos efecto. Por el contrario, la casual es el acontecimiento en el entorno redundante de las rectas ordenadoras.

Todo marco de un cuadro juega ese papel de ayuda o apoyo. Su forma redundante hace resaltar lo que es el cuadro en sí, pero también limitándolo al mismo tiempo. En la semiótica se denomina *superseñal* a este procedimiento de desciframiento, primero del material ordenado y después del material menos ordenado. Visto

superseñal

Die erste Art von Redundanz betrifft die Komplexität des Bildes auf unserer Netzhaut. Je gleichförmiger die Figur, desto redundanter.[1] Die *Gerade* (a) hier ist redundanter als die *Geschwungene* (b), die Geschwungene redundanter als die *Gebogene* (c), die Gebogene redundanter als die *Zufällige* (d). Wir lesen die Figuren in dieser Reihenfolge. Wir tasten uns an den redundanten Bildteilen entlang zu den weniger redundanten. Betrachtet man nun die Architektur als Ordnung im naturwüchsigen, „wilden" Umfeld, so ist klar, daß große Gerade diese Redundanz am ehesten herstellen, während die Zufälligen dazu am wenigsten geeignet sind. Formt man aus beiden Linienarten eine Figur, entsteht ein spannungsvoller Kontrast zwischen der redundanten Grundform und der „wilden Form", die umso dramatischer hervortritt (e). Gegenüber der redundanten Form wirkt sie als Verletzung, als eine Art dramatischer Unfall, so als sei der Blitz in die ruhige Ausgangsform gefahren. Man kann sich das an entsprechenden Zeichnungen klarmachen, und man wird sehen, daß die weniger redundante Zufällige nachrangig ist: Sie wird von den Geraden *bestimmt*. Das heißt aber nicht, daß sie in der Wirkung unwesentlich ist. Im Gegenteil: sie ist das Ereignis in der redundanten Umgebung der ordnenden Geraden.

Jeder Bilderrahmen spielt übrigens diese Rolle der Einstiegshilfe. Seine redundante Form hebt das Ereignis des Bildes hervor, begrenzt es aber auch gleichzeitig. Man spricht bei diesem Vorgehen der Entschlüsselung zuerst des geordneten und dann des weniger geordneten Materials in der Semiotik auch von der *Superierung zu Superzeichen*. So gesehen setzt ein Bilderrahmen das geometrische (und assoziative) Superzeichen „Bild", dessen Inhalt wiederum andere

de este modo, todo marco de un cuadro es una superseñal –imagen geométrica (y asociativa), cuyo contenido a su vez también contiene imágenes, etc. El proceso de pintar un cuadro, así como el de contemplarlo, comienza con las redundancias, es decir, en

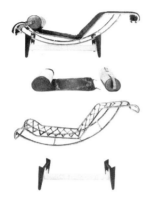

el cartel. Las grandes rectas vienen primero. Esto era lo nuevo en los grandes paisajes de Cezanne, el hecho de integrar grandes líneas en el cuadro, de mostrar los detalles con relación a una superseñal. Con un pequeño ejercicio, podemos aclarar esta idea: tratemos de hacer un dibujo con una recta, una línea ondeada, una curva y una casual. Le Corbusier, que desarrolló de la *abstracción* un método de composición, del cual nos ocuparemos más tarde, diseñó un mueble, que muestra este método de forma ejemplar, aunque seguramente de forma inconsciente: su tumbona (*Fig. 3*) –mecedora, un armazón recto, sobre éste una gran línea ondulada, y sobre ésta una ondeada. Este programa se puede encontrar ya mucho antes en sus cuadros y esculturas. Es, por así decirlo, su tema. Más tarde nos ocuparemos con mayor detalle de él.

Fig. 3

Aquí solamente me interesa a) entender el proceso de percepción que está ligado a la abstracción y b) presentar las cuatro formas de líneas que tratamos en la arquitectura. El modernismo, que se ocupa de forma abstracta de lo visible, nos ofrece ejemplos sobre la utilización de estas líneas. Podemos así nombrar, para las tres últimas de las cuatro formas (ya por eso líneas «modernas»), tres arquitectos que trabajaron cada una de ellas. «La ondeada», Mies van der Rohe. Basta con recordar la tumbona (*Fig. 4*). La ondeada está llena de elegancia y nobleza. Y es «segura». Se puede describir matemáticamente como segmento de un

Superzeichen enthält usw. Der Prozeß des Bild-Malens wie auch der des Bild-Betrachtens fängt bei den Redundanten, sozusagen beim Plakat an. Die großen Geraden kommen zuerst. Das war ja das Neue an den Landschaftsbildern Cezannes, daß er diese großen Linien in das ungeordnete Bild brachte, die Einzelheiten in einen übergeordneten, superierten Zusammenhang brachte. Man kann sich das in einer kleinen Übung selbst klarmachen: Versuchen Sie, eine Graphik aus einer Geraden, einer Geschwungenen, einer Gebogenen und einer „Zufälligen" zu verfertigen. Le Corbusier, der aus der *Superierung* eine Kompositionsmethode entwickelt hat, auf die wir später noch genauer eingehen, hat ein Möbel gezeichnet, das sie exemplarisch, aber sicher unbewusst, vorführt: seine Schaukel-Liege (*Fig. 3*). Gerades Gestell. Darauf die große Geschwungene. Darauf die athletisch Gebogene. Doch findet sich dieses Programm auch schon lange vorher in seinen Bildern und Skulpturen. Es ist sozusagen sein Thema. Wir werden später noch darauf zurückkommen.

Hier geht es mir zunächst nur darum, a) den Wahrnehmungsprozeß zu verstehen, der mit dieser Superierung einhergeht, und b) die vier Arten Linien einzuführen, mit denen wir es in der Architektur zu tun haben. Die Moderne, die sich bekanntlich „abstrakt"

Fig. 4

mit dem Sichtbaren beschäftigt hat, liefert vielfältige Beispiele für die Auseinandersetzung mit diesen Linien. So kann man in der Architektur etwa für jede der letzten drei Nichtgeraden (und schon deshalb „modernen" Linien) je einen Architekten benennen, der sich mit ihr besonders beschäftigt hat. Die Geschwungene: Mies van der Rohe. Man denke nur an seinen Sessel (*Fig. 4*). Die Geschwungene ist voller Eleganz und Noblesse. Und sie ist „sicher". Man kann sie mathematisch einfach beschreiben, als Kreissegment, Sinuskurve,

círculo, curva seno o parábola. Traducida al acero, este tipo de línea sería un hierro plano y elástico, un muelle plano. Se puede decir que su movimiento y gracia es elegante y clasicista. La encorvada es otro caso completamente distinto. Es la atleta entre las líneas. Se necesita disponer de una gran fuerza para hacerla de un hierro de perfil redondo. Para curvarla fuertemente, el herrero tiene que añadirle energía con el soplete, para poder doblar la resistente línea de acero. ¡No es de extrañar que el machista por excelencia de entre los arquitectos modernos haya trabajado mucho con ella! Él ha conseguido como ningún otro obtener el efecto de la energía de lo curvado. Las encorvadas de Corbu son excepcionales. Siendo su alumno y aprendiz traté de imitarlas. Desde entonces sé lo difíciles que son. Y por último, la casual. Una línea dócil casi sin sentido propio, muy pasiva, casi el resultado del corte de un plano con un paisaje de colinas, casi como la línea del borde de un charco. Como el vaivén de un movimiento simple y descontrolado. De la línea del charco se ocupó Aalto toda su vida (*Fig. 5*). O mejor dicho, con la contradicción que hemos expuesto antes: recta-casual. Y por supuesto que ellos a

Fig. 5

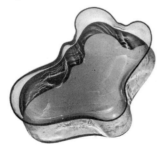

raíz de estas líneas siempre decían que se debía al paisaje finlandés, a los lagos con sus orillas casuales. Se puede repasar la obra de Aalto y se puede ver cómo cultivaba esta contradicción y evitaba que la casual con su fuerza barroca se introdujera en una arqueada, por ejemplo, introduciendo momentos de quiebra y articulaciones en la línea.

Parabel usw. Dieser Linientyp in Stahl übersetzt ist ein elastisches Flacheisen, eine Blattfeder. Und man kann sagen, ihre federnde Anmut und Eleganz ist klassizistisch. Ganz anders die Gebogene: Sie ist die Athletin unter den Linien. Man braucht alle Kraft, um sie z.B. aus Rundeisen herzustellen. Bei schärferen Kurven muß der Schlosser sogar mit dem Schweißbrenner Energie zuführen, um die widerspenstige Stahl-Linie zu biegen. Kein Wunder, daß sich der größte „Chauvi" unter den modernen Architekten mit ihr besonders beschäftigte! Wie kein anderer hat er die Kraft der Gebogenen zur Wirkung gebracht. Corbus Gebogene haben es in sich! Noch als Schüler und Corbu-Jünger versuchte ich sie nachzumachen. Seither weiß ich, wie schwer das ist. Und schließlich die Zufällige: eine sanfte Linie fast ohne Eigensinn, sehr passiv z.B. aus dem Schnitt einer ebenen mit einer hügeligen Fläche gebildet wie die Linie eines Pfützenrandes. Oder nur aus dem Hin und Her einer ganz lockeren und fast unkontrollierten Bewegung. Mit ihr, der „Pfützenlinie", hat sich Aalto sein Leben lang beschäftigt (*Fig. 5*). Oder besser mit dem oben schon angesprochenen Gegensatz: Gerade – Zufällige, und natürlich hat man das immer gerne auf die finnische Landschaft, auf die vielen Seen mit ihren zufälligen Ufern zurückgeführt. Man kann das Werk Aaltos daraufhin inspizieren und beobachten, wie er diesen Gegensatz kultiviert und wie er vermeidet, daß in die Zufällige die barocke Kraft einer Gebogenen eindringt: zum Beispiel, indem er quasi Sollbruchstellen und Gelenke in den Linienzug einbaut…

3.2 La percepción organizadora

Fue el matemático, y más tarde también arquitecto, Christopher Alexander, el que señaló por primera vez en los años sesenta la importancia de la percepción. En un artículo les pedía a sus lectores que memorizasen los objetos siguientes para poder llevar a cabo su experimento: una pelota de fútbol americano, un melón, una pelota de tenis y una naranja. Luego les preguntó cómo las habían asociado: ¿Las dos pelotas deportivas y las dos frutas? O ¿las dos esferas ovaladas y las dos redondas? Con ello quería demostrar que inconscientemente ordenamos las cosas de nuestro entorno, y que esta organización puede funcionar según *distintas* categorías y estrategias. En el sentido matemático quiere decir que aquí existen distintas gráficas de orden que juntas componen un «árbol» no definido, un árbol, cuyas ramas se juntan y se pueden clasificar como pertenecientes tanto a uno, como al otro tronco.[1] Estructuras o gráficas de varios significados como éstas, así se lo enseña Alexander a sus lectores; en las matemáticas se las denomina «mallas» o semiasociaciones. Alexander acusaba a los arquitectos de que sus proyectos urbanos funcionalistas se comportaban como clasificaciones claras; es decir, como «árboles», mientras que la verdadera urbe tolera abstracciones de varios significados, funcionando en el sentido de redes o mallas. Asimismo los acusaba de pensar en categorías de «árboles», cuando las ciudades vivas son redes, en el sentido de una estructura no definida y más compleja. Los arquitectos piensan en «árboles», las ciudades vivas son «semiuniones».

Este aspecto, al que Alexander hizo referencia en relación al urbanismo funcionalista, refiriéndose por ejemplo a proyectos

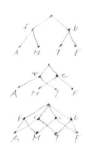

A   *Apfelsine*
M   *Melone*
T   *Tennisball*
F   *Fussball*
f   *Frucht*
b   *Ball*
r   *rund*
e   *oval*

A   *naranja*
M   *melón*
T   *pelota de tenis*
F   *footbal*
f   *fruto*
b   *balón*
r   *redondo*
e   *oval*

Auf die zweite Art der Wahrnehmung hat erst in den 60er Jahren der Mathematiker (und spätere Architekt) Christopher Alexander hingewiesen. Alexander bat in einem Aufsatz seine Leser, sich versuchsweise die Gegenstände Football, Melone, Tennisball und Orange zu merken, und fragte dann, wie sie es wohl gemacht hätten: die beiden Sportbälle und die beiden Früchte oder die beiden ovalen und die beiden runden Kugeln? Damit machte er klar, daß wir die Gegenstände um uns herum unbewußt ordnen, und daß dieser Zuordnungsvorgang nach jeweils *verschiedenen* Kategorien und Strategien funktionieren kann. Im mathematischen Sinne gibt es also hier zwei verschiedene Zuordnungsgraphen, die zusammen einen uneindeutigen „Baum" ergeben, einen Baum, dessen Äste zusammengewachsen sind und verschiedenen Stämmen zugeordnet werden können.[1] Solche mehrdeutigen Strukturen oder Graphen, so belehrte Alexander seine Leserschaft, bezeichnete man in der Mathematik als „Gitter" oder „Halbverbände". Und er warf nun den Architekten vor, daß ihre funktionalistischen Stadtentwürfe immer mit eindeutigen Zuordnungen organisiert wären, also „Bäume" – wohingegen die richtige Stadt immer mehrdeutige Superierungen im Sinne von „Gittern" zuließe. Architekten dächten in „Bäumen", lebendige Städte aber seien „Halbverbände".

Diesen Aspekt, den Alexander damals sehr stark auf den funktionalistischen Städtebau, auf Stadtentwürfe wie z.B. Brasilia bezog, können wir uns auch für unser Thema zunutze machen. Denn alle möglichen Strukturen – bauliche ebenso wie andere, etwa soziale oder biologische – können hoch oder weniger hoch organisiert sein. Immer zeichnen sich die hoch organisierten durch

como Brasilia, lo podemos utilizar ahora para tratar nuestro tema. Todas las estructuras, las constructivas, así como otras, por ejemplo las sociales o las biológicas, pueden estar organizadas en mayor o menor grado. Las de mayor grado de organización se destacan por su estructura de árbol, mientras que las de menor grado de organización representan redes o mallas. La biología nos enseña que las estructuras de alto grado de organización son altamente sensibles ya que poseen *un* centro, *una* cabeza, *un* tronco. Cuando el centro está herido, el sistema entero se destruye. La teoría de la organización distingue entre los organigramas en línea de una *única* dirección, en los cuales las cadenas de órdenes son claras y de forma lineal, y entre las de organizaciones de poca claridad. Como ya hemos dicho antes, si la claramente organizada pierde su centro, todo el sistema se desarticula. Pero tienen la ventaja de ser potentes y eficientes cuando la tarea es clara. Por otro lado, si la tarea es encontrar una meta o solucionar problemas, como por ejemplo en los departamentos de investigación de las empresas, las organizaciones de varios circuitos son más creativas. Traspasemos este aspecto a un edificios y veremos claramente que existen edificios de alto grado de organización, con un orden claro en cada parte del edificio. Y existen edificios de bajo grado de organización, lo que les capacita para dar respuesta a gran diversidad de necesidades.

El aspecto más importante en la organización de espacios es el sistema de entradas, accesos y salidas. Aquí nacen las diferencias decisivas en la organización. ¿Existe *una* entrada principal o existen dos, o tres entradas del mismo rango? ¿Existe *una* sala central, a partir de la cual se ramifican todos los grandes corredores? O ¿El edificio se compone de pabellones autónomos, de los

eine baumartige Struktur aus, während die schwach organisierten „Gitter" darstellen. Und jede hoch organisierte Struktur, lehrt uns die Biologie, ist auch hochempfindlich. Denn sie hat *ein* Zentrum, *einen* Kopf, *einen* Stamm. Wenn der verletzt ist, fällt das ganze System aus. Die Organisationstheorie unterscheidet auch die Linenorganigramme mit nur *einem* Befehlshaber, *einer* Leitung, bei denen die Befehlsstränge *ein*deutig und linear sind, von den vieldeutig organisierten. Auch hier gilt: Fällt bei den eindeutig organisierten das Zentrum aus, fällt das ganze System aus. Doch dafür sind sie schlagkräftig und effizient, wenn – und nur wenn – das Organisationsziel klar ist. Geht es aber um Zielfindung und Problemlösung wie etwa in den Forschungsabteilungen der Firmen, sind mehrdeutige Schaltungen kreativer. Wenden wir diesen Aspekt auf Gebäude an, so ist klar, daß es hoch organisierte Gebäude mit eindeutigen Zuordnungen der Gebäudeteile gibt, und solche, die nur sehr schwach und vieldeutig organisiert sind, was sie in die Lage versetzt, auf ungleich mehr Anforderungen reagieren zu können.

Der für die Organisation von Räumen wesentliche Aspekt ist das Wege- oder Erschließungssystem. Hier entstehen die organisatorisch entscheidenden Unterschiede: Also: Gibt es *einen* Haupteingang? Oder gibt es zwei oder gar drei gleichwertige Eingänge? Gibt es eine große, zentrale Halle, von der aus alle großen Korridore abzweigen? Oder besteht das Gebäude aus lauter freistehenden Pavillons, von denen keiner so richtig als der Hauptpavillon mit dem Haupteingang erkennbar ist? Schon bei dem Gegeneinanderhalten solcher verschiedenen Vorstellungen von irgendwelchen Fantasiegebäuden wird deutlich, wie verschiedenartig sie sind, wie sehr dieser Aspekt der Organisation und Zentralisierung einen

cuales ninguno es reconocible como pabellón central con una entrada principal? Ya al comparar las varias posibilidades de edificios imaginarios que se nos pueden ocurrir, quedan claras las diferencias existentes y también hasta qué punto los aspectos de la organización y la centralización determinan todo un diseño. ¡Cualquier película que quiera demostrar el poder de la burocracia, se servirá de escenas en grandes huecos de escaleras y en pasillos centrales!

Existe solamente una meta, una exigencia, un «enemigo», ¿está mejor equipado un sistema altamente organizado, con un orden explícito? Claro está que en un barco o avión solamente uno puede tomar decisiones y dar órdenes. También es evidente que los edificios que deben cumplir una única función, por ejemplo, la de llevar a un usuario a su tren o avión, tienen que estar perfectamente organizados. El sistema de acceso está claramente definido, como un árbol y por lo tanto es rápidamente comprensible. Pero cuanto más variadas y complejas sean las funciones a cumplir, más complejos deben ser también los accesos para poder cumplir con todas las exigencias. «Altamente organizado» no significa automáticamente «estable y fuerte», sino que más que nada tiene que ver con «terquedad, perseverancia y claridad». En la arquitectura de viviendas y en el urbanismo es éste, para mí, el aspecto clave de todas las reflexiones.[2]

A las estructuras con una organización del tipo árbol las reconocemos por dos características: tienen a) un centro claro (y a veces poseen una simetría axial), y b) el territorio, relacionado con el centro, se encuentra claramente delimitado. Esto también es un tema en la teoría de sistemas: cuanto más organizado esté un sistema, más clara será su centralidad y más sensible su peri-

ganzen Entwurf bestimmt. Jeder Film, der die Macht der Bürokratie zeigt, wird Szenen in großen zentralen Treppenhäusern und hallenden Korridoren zeigen!

Gibt es nur ein Ziel, eine Anforderung, einen „Feind", dann ist ein hochorganisiertes System mit eindeutigen Zuordnungen am besten gerüstet. Es ist so gesehen klar, daß auf einem Schiff oder in einem Flugzeug immer nur einer das Kommando haben kann. Und ebenso klar ist, daß etwa Gebäude, die nur eine Aufgabe haben: nämlich einen Benutzer möglichst schnell an seinen Zug oder sein Flugzeug zu bringen, eindeutig organisiert sein müssen. Das Erschließungssystem ist klar baumartig gegliedert und deshalb schnell zu verstehen. Aber je vielseitiger und komplexer die Aufgaben werden, desto mehrdeutiger muß die Erschließung organisiert sein, wenn sie all diesen Erfordernissen gerecht werden soll. „Hoch organisiert" ist also nicht gleichbedeutend mit „stabil und stark", sondern eher mit „starrsinnig aber zieltreu und übersichtlich". In der Wohn- und Stadtarchitektur stellt die Erschließung jedenfalls für meine Begriffe den Angelpunkt aller Überlegungen dar.[2]

Baumartig organisierte Strukturen erkennt man an zwei Merkmalen: a) Sie haben ein deutliches Zentrum (und sind zuweilen achsensymmetrisch) und b) das Territorium, auf das sich dieses Zentrum bezieht, ist deutlich nach außen abgegrenzt. Dies ist

auch in der Systemtheorie bekannt: Je höher organisiert ein System, um so deutlicher seine Zentralität und umso sensibler seine Grenze, seine Peripherie. Auf Gebäude angewendet, zeigt sich dies etwa bei absolutistischen Schloßanlagen nicht zufällig darin, daß a) der

Fig. 6

Haupteingang als das Zentrum der Anlage durch eine große Frei-

feria. Traspasado a los edificios, esto se puede ver en los palacios absolutistas. Aquí no es casual que, a) la entrada principal, como centro del complejo, esté caracterizada por una amplia escalera y por una torre o una cúpula y que, b) el territorio esté delimitado claramente del entorno desordenado y que tenga un sistema de protección múltiple (*Fig. 6*). Los palacios barrocos tienen desde el punto de vista arquitectónico un claro y amplio límite. Este tipo de palacios no pueden multiplicarse, solamente pueden expandirse, como los imperios. Y precisamente en esta centralidad estructural es dónde también el modernismo clásico se muestra frecuentemente como neobarroco, aunque carente de simetría axial. El centro desplaza del medio geométrico, pero la estructura, sobre todo la del acceso, se mantiene central y la figura en su totalidad se encuentra bien delimitada y en un equilibrio central.

En el siglo XX hemos visto muchas facetas de las características imperiales del modernismo. «Confiar es bueno. Controlar es mejor»: cada racionalismo arquitectónico, que no solamente en la

Fig. 7

Italia futurista de los años veinte y en Le Corbusier de los años treinta ha tenido un componente fascista, ensalza el sistema de acceso hasta convertirlo prácticamente en la columna vertebral de sus diseños. Descomunales naves de acceso y amplios ejes corredores degradan los espacios haciendo de ellos habitaciones subordinadas. A estos edificios de organización en forma de árbol, con sólo una entrada, los llamo «reformatorios». Este aspecto se puede aplicar también al revés, a edificios con varias entradas y una sola salida. Uno de estos reformatorios, al revés, se encuen-

96

treppe und einen Turm oder eine Kuppel deutlich gekennzeichnet ist, und daß b) das Territorium deutlich gegen die ungeordnete Umgebung abgegrenzt und mehrfach gesichert ist (Fig. 6). Barocke Schlossanlagen haben auch architektonisch eine klar ausgebildete, großformatige Grenze. Solche Anlagen können sich naturgemäß nicht vervielfachen, sie können sich nur – imperialistisch – ausdehnen. Gerade in dieser strukturellen Zentralität erweißt sich aber auch die klassische Moderne vielfach als Neobarock, wenngleich ohne Achsensymmetrie. Das Zentrum rückt zwar aus der geometrischen Mitte, aber die Struktur, vor allem die der Erschließung, bleibt zentralistisch und die Gesamtfigur nach außen gut abgegrenzt und in einem zentralistischen Gleichgewicht.

Die imperialen Züge dieser Moderne haben wir in vielfachen Facetten im 20. Jahrhundert kennengelernt. „Vertrauen ist gut. Kontrolle ist besser": Jeder architektonische Rationalismus, der nicht nur im futuristischen Italien der 20er Jahre und beim Le

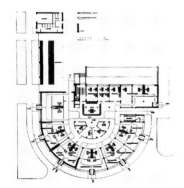

Corbusier der 30er Jahre ja auch eine faschistische Schlagseite hatte, erhebt das Erschließungssystem sozusagen zum Rückgrat seiner Entwürfe. Gewaltige Eingangshallen und große Korridorachsen degradieren die Adressen in diesem Erschließungssystem zu subalternen Amtsstuben. Solche baumartig organisierten Gebäude mit nur einem Eingang nenne ich „Anstalten". Wobei das Ganze auch umgekehrt gilt, bei Gebäuden mit vielen Eingängen aber nur einem Ausgang. Eine solche umgekehrte Anstalt findet sich in Dessau in Gestalt des vom Bauhaus-Direktor Walter Gropius 1926 gezeichneten Arbeitsamtes (Fig. 7/8). Diese „Anstalt" hat 6 Eingänge, die allerdings nur für je eine bestimmte

Fig. 8

tra en Dessau; un proyecto del director de construcciones, Walter Gropius, del año 1926 para realizar una oficina de empleo (*Figs. 7 y 8*). Este edificio tiene seis entradas que estaban asignadas a distintos grupos de desempleados. A la izquierda, dos entradas para mujeres que estaban clasificadas en dos tipos de oficios y las 4 restantes son para hombres de los siguientes oficios: minería, metalurgia, artesanos y oficios de grado superior. Por estas entradas se llega, pasando por varias estaciones, a la nave de la caja central. Los hombres toman entonces la salida de la derecha y las mujeres la de la izquierda. ¡Un edificio como los que la angustiada fantasía de Kafka habría podido imaginar! Tanto si son seis accesos o sólo uno, lo importante es el centralismo con estructura de árbol. Cualquier planificación funcionalista tiene ese único centro. La planificación funcionalista de complejo urbanístico preveía, por ejemplo, solamente un supermercado, aunque hubiese sido conveniente un segundo para la nivelación de precios. Había solamente una sala comunal, aunque dos más pequeñas habrían sido mejor. Es por esto que conviene tener claro que cuando proyectamos y creamos un espacio como centro, nuestro complejo, nuestra planta, nuestras viviendas, giran alrededor de un punto. Diseñando sólo *un* acceso, *una* sala principal, *una* nave central, tenemos que tener claro, que estamos diseñando un «reformatorio».

Este término que aquí describo, reformatorio, recuerda a Michel Foucault y su investigación sobre los manicomios de la época de la Revolución Francesa (machines à guérir), en la que desarrolla el término de heterotopía. Los lugares heterotópicos no son lugares ideales, como los utópicos, sino lugares *cualesquiera* que se crean a partir de un orden nuevo y casual de los términos

Gruppe von Arbeitsuchenden bestimmt waren: Links zwei Eingänge für Frauen, die jeweils nach zwei Berufssparten getrennt wurden, die restlichen vier Eingänge für Männer aus den Sparten: Bergbau, Maschinenbau, Handwerk und Höhere Berufe. Durch diese verschiedenen Eingänge führt dann der Weg durch mehrere Stationen auf die zentrale Kassenhalle. Männer müssen dann rechtsum und Frauen linksum abtreten. Ein Gebäude wie aus der beklemmenden Fantasie eines Franz Kafka! Ob also sechs Eingänge oder nur einer: wichtig ist dieser baumartige Zentralismus. Jede funktionalistische Planung hat immer dieses eine Zentrum. In funktionalistischen Quartiersplanungen gab es z.B. immer nur einen einzigen zentralen Supermarkt, obwohl doch ein zweiter gut für die Preisbildung gewesen wäre. Und es gab nur ein Volkshaus, obwohl doch zwei kleinere viel besser gewesen wären. Deshalb: Immer wenn wir beim Entwerfen eine Art Zentrum bilden, unsere Anlage, unser Grundriss, unser Quartier sich um *einen* Punkt herum gliedert, wenn wir nur *eine* Zufahrt zeichnen, *einen* Hauptraum, *eine* zentrale Halle usw., immer dann sollten wir uns darüber klar sein, daß wir gerade dabei sind, eine „Anstalt" zu zeichnen.

Fig. 9

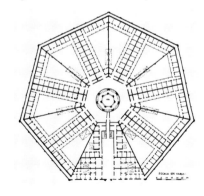

Dieser Begriff, wie ich ihn hier gebrauche: Anstalt, erinnert natürlich Kenner an Michel Foucaults Untersuchungen über Heilanstalten aus der Zeit der französischen Revolution (machines à guérir), an denen er seinen Begriff der „Heterotopie" entwickelt hat. Heterotopien sind keine idealen Orte, wie die Utopien, sondern einfach *andere* Orte, die aus einer willkürlichen oder zufälligen Neuordnung der Begriffe und Zuord-

en que se basan. En la investigación de Foucault, de principios de los años setenta, también se menciona, como en el caso de Alexander, la relación entre la sistematización de términos (clasificaciones) por un lado, y la organización de espacios por otro. En *Les mots et les choses* (Las palabras y las cosas) hace referencia a la increíble enciclopedia china inventada por Jorge Luis Borges, en la cual los animales se presentan como miembros de una de las catorce categorías: «a) animales que pertenecen al Emperador; b) animales de peluche; c) animales domados (...); k) animales pintados con un pincel de pelo de camello extremamente fino (...), m) animales que acaban de romper una jarra (...)». Foucault se interesaba por los antiguos «reformatorios» para saber cómo las categorías, ya sean meteorológicas, demográficas, estadísticas, médicas, higiénicas o de otro tipo, cada vez en nuevas y específicas combinaciones, sirven para la formación de estas heterotopías y también para la práctica y obtención de determinados intereses. Distintas combinaciones de normativas como éstas ofrecen variadas posibilidades de control. «Efectivamente, en todos los ejemplos [de instituciones] no se trata de tematizar tanto las formas arquitectónicas o de producción, sino más bien las tecnologías de poder.»[3] (*Fig. 9*) Visto así, el funcionalismo es un fenómeno de clasificaciones burocráticas abstractas y bastante absurdas.

Como expone Defert, esta crítica a la organización y clasificación funcionalista entró con bastante retraso en la discusión teórica sobre arquitectura y fue comprendida superficialmente por los arquitectos. Paralelamente a las ideas de Foucault, había dos tendencias parecidas que entraron en un debate crítico con las estructuras en forma de árbol. Una fue el descubrimiento de la productividad del desorden y la multicentralidad, una teoría que

nungen entstehen, mit denen sie konzipiert werden. Bei Foucaults Untersuchungen, die in den frühen 70er Jahren angestellt wurden, geht es also auch – wie bei Alexander – um den Zusammenhang von begrifflichen Zuordnungen (Klassifizierungen) einerseits und räumlicher Organisation andererseits. In *Les Mots et les choses* (Die Ordnung der Dinge) zitiert er gleich am Anfang eine von Jorge Louis Borges erfundene, unglaubliche chinesische Enzyklopädie, in der die Tiere als je einer von 14 Klassen zugehörig dargestellt werden: „a) Tiere, die dem Kaiser gehören, b) ausgestopfte Tiere, c) gezähmte Tiere (…), k) mit einem extrem feinen Kamelhaarpinsel gemalte Tiere (…), m) Tiere, die soeben den Krug zerbrochen haben (…)". Foucault interessiert an den frühen Anstalten nun, wie klimatische, demographische, statistische, medizinische, hygienische und andere Kategorien in jeweils spezifischer und neuer Kombination der Bildung solcher Heterotopien und darüber hinaus der Ausübung und Verfolgung bestimmter Machtinteressen dienen. Jeweils verschiedene Kombinationen solcher Normierungen bieten vielfältige Möglichkeiten der Überwachung: „In der Tat handelt es sich bei all diesen frühen Beispielen [von Anstalten] weniger um architektonische Formen oder Produktionsformen als um Technologien der Macht."[3] (*Fig. 9*) Der Funktionalismus ist so gesehen eine Erscheinungsform abstrakter und mehr oder weniger absurder bürokratischer Klassifikationen.

Diese Kritik an der funktionalistischen Organisation und Klassifizierung ist, wie Defert dargelegt hat, erst mit erstaunlicher Verspätung in die architekturtheoretische Diskussion eingedrungen und in der Architektur dann nur oberflächlich verstanden und verbildlicht worden. Doch parallel zu den Ideen Foucaults gab es zwei andere, ähnliche Tendenzen, die sich kritisch mit den baumartigen

ya hacía tiempo que era conocida.[4] Este principio tuvo su mayor expresión en la exposición de la «Mezcla de Kreuzberg», en la cual en 1984 Dieter Hoffmann Axt pudo demostrar a los responsables políticos de Berlín la asombrosa productividad del barrio berlinés con sus múltiples y poliformes actividades en minúsculos espacios.[5] Desde entonces la «Mezcla de Kreuzberg» es un concepto que describe mejor una línea de trabajo de mallas o redes que la posterior estetización del caos por medio del deconstructivismo. Lo que la teoría de sistemas describe con la regla de que la complejidad necesaria para que un sistema reaccione tiene que ser más alta que la del contrario, describe el efecto de la «Mezcla de Kreuzberg». Frente a numerosas exigencias y cambios, el orden multicolor, de distintas formas de pensar y trabajar, así como también el orden de distintos aparatos y materiales unidos en un espacio reducido, puede encontrar con mucha más rapidez una respuesta que el mundo laboral estructurado según una clasificación anticuada y jamás ordenada de forma adecuada.

Antes del descubrimiento del desorden creativo, más o menos al mismo tiempo en que Alexander y Foucault trataban la relación existente entre la clasificación de términos y la organización de espacios, se abrió en la arquitectura holandesa un debate sobre este tema bajo el lema *estructuralismo* en la historia de la arquitectura. Aunque no era el objetivo explícito que se perseguía, podemos decir *a posteriori* que de alguna forma sí se trataba de dotar a las obras en construcción de una serie de sistemas de acceso multifuncionales en forma de redes o mallas para evitar cualquier centralismo. Un grupo de jóvenes estudiantes de la facultad de arquitectura de Delft, vinculados al arquitecto y pro-

Ordnungsstrukturen auseinandersetzten: Das eine war die Entdeckung der Produktivität von Unordnung und Multizentralität, die in der Organisationstheorie schon lange vorher bekannt war[4]: Dieser Ansatz fand seinen wohl prägnantestens Ausdruck in der Ausstellung „Kreuzberger Mischung", in der es Dieter Hoffmann-Axthelm 1984 u.a. gelang, die Berliner Politiker auf die erstaunliche Produktivität des Berliner Stadtteils Kreuzberg mit seinen völlig über- und nebeneinander vermischten Nutzungen auf kleinstem Raum aufmerksam zu machen.[5] Seither ist die „Kreuzberger Mischung" ein Schlagwort geworden, das sehr viel handfester als die späteren Ästhetisierungen von Chaos durch den Dekonstruktivismus eine Arbeitsrichtung produktiver Gitter oder Netze umschreibt. Was die Systemtheorie mit der Regel benennt, daß die zum richtigen Reagieren erforderliche Komplexität eines Systems immer höher sein muß als die des Gegenspielers, beschreibt die Wirkung der „Kreuzberger Mischung": Auf vielfältige Anforderungen und Veränderungen vermag die bunte Anordnung verschiedener Denk- und Arbeits- weisen, aber auch verschiedenster Geräte und Stoffe auf engem Raum sehr viel rascher Antworten zu finden als die nach veralteten Klassifizierungen aufgebaute und „nie richtig" geordnete Arbeitswelt.

Noch vor dieser Entdeckung der Kreativität von Unordnung, etwa in der gleichen Zeit, in der Alexander und Foucault auf verschiedene Weise auf den Zusammenhang von begrifflicher und räumlicher Organisation hinwiesen, gab es in der holländischen Architektur eine andere, sehr architektonische Auseinandersetzung mit dem Thema, die unter dem Stichwort *Strukturalismus* in die Architekturgeschichte eingegangen ist. Obwohl es nicht explizit das Ziel war, kann man nachträglich sagen, daß es darum ging, bauli-

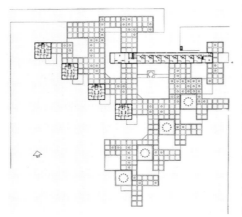

Fig. 10

Fig. 12

fesor Aldo van Eyck, diseñó –inspirándose en obras de, entre otros, filósofos como Lévi-Strauss y Saussure– proyectos que pretendían determinar el mínimo posible de antemano, dejando un amplio espacio de *interpretación* a los usuarios, sin que los edificios resultaran «desordenados», ya que eran diseñados en serie y robustos, pero en cambio sólo ligeramente organizados. Sus plantas parecían tejidos hechos de ganchillo o de punto (*Figs. 10 y 11*). Y de hecho, el término «tejido» desempeñó un gran papel para los estructuralistas. El estructuralismo en la arquitectura también es interesante por su método y por esto más tarde nos ocuparemos nuevamente de este tema. Este estilo se puso rápidamente de moda en Holanda, pero luego desapareció de repente. No obstante, esta forma compositiva de pensar, que al igual que el jazz, pretende que un tema pueda ser interpretado de forma *espontánea*, no se pudo desarrollar del todo y desapareció demasiado precipitadamente. Por esta razón fue muy acertado que Catherine David en la *Documenta* X le diera al viejo

Aldo van Eyck una vez más la posibilidad de presentarse entre los grandes iniciadores. Dejémoslo aquí. De cualquier forma, éste fue otro de los intentos de disolver el pensamiento funcionalista cotidiano. Y este intento fue mucho más abierto que la

che Anlagen mit einem möglichst vieldeutigen, gitterförmigen Erschließungssystem auszustatten, und jeden Zentralismus zu vermeiden. Eine Gruppe junger Absolventen der Architekturfakultät Delft um den Architekten und Hochschullehrer Aldo van Eyck zeichnete mit Berufung auf Philosophen wie Lévy-Strauss, R. Bartes u.a. Entwürfe, die möglichst wenig im voraus festlegen und möglichst viel der jeweiligen *Interpretation* der Gebraucher und Bewohner überlassen wollten, ohne daß die Gebäude selbst „unordentlich" waren: sie waren seriell und robust, nur eben schwach organisiert. Und sie sahen im Grundriß aus wie gestricktes oder gehäkeltes Gewebe *(Fig. 10/11)*. Tatsächlich spielte auch der Begriff „Gewebe" bei den architektonischen „Strukturalisten" eine wichtige Rolle. Dieser architektonische Strukturalismus ist auch methodisch interessant, weshalb wir uns später noch

intensiver damit befassen werden. Er wurde in Holland schnell zu einer Mode und verschwand dann plötzlich wieder von der Bildfläche. Aber diese kompositorische Denkweise, die darauf zielt, daß ein bestimmtes Thema – ähnlich wie im Jazz – *spontan* interpretiert werden kann, wurde dadurch nicht weiterentwickelt. Sie war vorschnell verschwunden. Und deshalb war es nur konsequent, daß die wackere Catherine David auf der *documenta* X den alten Aldo van Eyck in der Reihe der großen Anreger noch ein-

puesta en escena de un supuesto desorden espontáneo, creado al mismo tiempo por Lucien Kroll (*Fig. 12*), por ejemplo en sus residencias de estudiantes (*Fig. 13*) o, veinte años después, la arquitectura del caos de Coop Himmelb(l)au, Libeskind y otros, que casi no permiten contenido ni funciones y por lo tanto transforman el tema en su contrario.

3.3 La percepción asociativa

Bajo esta denominación entendemos la clasificación de la percepción que tenemos de las «noticias» a partir de cualquier tipo de prejuicio. Es decir, nosotros vemos lo que *esperábamos* ver; vemos aquello a lo que estamos acostumbrados y lo que hemos aprendido a ver. Un *contexto* determinado hace que veamos ciertos acontecimientos y que excluyamos otros. Las asociaciones vienen de distintas fuentes. Una fuente importante es la *historia*; tanto la general como la propia. Transporta acontecimientos, convenciones, regularidades que en última instancia ordenan las probabilidades de cada una de las percepciones en el contexto dado. Las desviaciones de estas convenciones llevan siempre a situaciones chocantes. Nuestro aparato perceptivo se pone en alerta, método con el que trabaja conscientemente la propaganda comercial y también el diseño de productos. El producto debe llamar nuestra atención y por lo tanto desviarse de lo convencional; en una palabra, es «moderno». El modernismo es,

mal auftreten ließ. Lassen wir es hiermit bewenden. Jedenfalls war dies ein wichtiger anderer Ansatz zur Auflösung des funktionalistischen Anstaltsdenkens, und er war weit offener als die Inszenierungen von spontaner Unordnung, die in der gleichen Zeit sehr eindrucksvoll von Lucien Kroll *(Fig. 12)* kreiert wurden, z.B. in seinem Studentenwohnheim *(Fig. 13)*, oder 20 Jahre später in den „Chaosarchitekturen" von Coop Himmelb(l)au, Libeskind und anderen, die kaum mehr noch Inhalt und Nutzung zulassen und damit das Thema in sein Gegenteil verkehren.

3.3 Assoziative Wahrnehmung

Hierunter verstehen wir die Zuordnung der eingehenden Wahrnehmungen, der „Nachrichten", nach allen möglichen Vorurteilen. Kurz: wir sehen, was wir *erwarten*. Wir könnten auch sagen, wir sehen, was wir gewohnt sind und gelernt haben zu sehen. Ein bestimmter *„Kontext"* läßt uns bestimmte Erscheinungen erwarten und grenzt andere aus. Dabei kommen solche Assoziationen aus ganz verschiedenen Quellen. Eine ganz wichtige ist dabei die *Geschichte*, die allgemeine wie die eigene. Sie transportiert bestimmte Erfahrungen, Konventionen, Regelmäßigkeiten, die schließlich die Wahrscheinlichkeiten bestimmter Wahrnehmungen in bestimmtem Kontext regeln. Abweichungen von solchen Konventionen führen immer zu Auffälligkeit. Unser Wahrnehmungsapparat geht in Hab-Acht-Stellung. Ein Mittel, mit dem die Werbung, aber auch das Produkt-Design bewusst rechnen. Das Produkt soll unsere Aufmerksamkeit erregen. Es ist deshalb von der Konvention abweichend oder – mit einem Wort – „modern"! Die Moderne ist

como su nombre indica, un estilo con aumento de valor de intercambio mediante inconvencionalidad. Ser moderno significa, desviarse de lo convencional, y esto significa: ¡Llamar la atención!

Aquí tengo que recordar que el postmodernismo, que lamentablemente sólo ha llegado a conocerse por sus llamativas mete-
duras de pata, fue una protesta contra lo llamativo, aislante y
comercial. El modernismo, superada la fase de colocación de
máquinas fuera de contexto por la ciudad y los detalles de Mies,
descubrió por fin otra vez la ciudad, el espacio público, lo cotidiano y lo típico. Por lo menos en sus mejores ejemplos, logró
entender de nuevo los edificios como parte del espacio público y
realizó reformas urbanas en el sentido de cerrar discretamente
huecos originados, orientándose en lo *tradicional*, pero sin falsifi-
caciones históricas. Como ejemplos tempranos tenemos los estudios de la clase de Unger en la Universidad Técnica de Berlín,
1964 – 66. Y el proyecto de rehabilitación urbana de Hilmer y
Sattler nacido del concurso iniciado por Nicola Dischkoff para el
«Dörfle» (casco antiguo) de Karlsruhe en 1970, del que se salvó
una parte del casco antiguo una vez ya empezadas las obras de
saneamiento. En el jurado había, junto a Bakema, dos protagonis-
tas del postmodernismo: Ungers y Lucius Burckhardt. Yo mismo
tuve la suerte de poder participar en el equipo de examen previo.
Este jurado fue dramático, y todos los que fueron testigos del
hecho saben que de alguna forma significó el inicio de una nueva
era en la historia de la planificación en nuestro país. Los premios
fueron otorgados a, por aquel entonces, miembros completamente desconocidos de una nueva generación de arquitectos. El primero a Hilmer y Sattler, dos arquitectos que se acababan de
licenciar, que de una forma relajada, hoy en día ya muy conocida,

schon ihrem Namen nach ein Stil der Tauschwertsteigerung durch Unkonventionalität. Modern sein heißt, von der Konvention abweichen. Und das heißt: Auffallen!

In diesem Zusammenhang möchte ich daran erinnern, daß die Postmoderne, die leider nur mit ihren auffälligen Fehltritten bekannt geworden ist, ja eigentlich ein Protest gegen diese marktgängige und isolierende Auffälligkeit war. Die Postmoderne entdeckte endlich – nachdem die Moderne zunächst zusammenhanglose Maschinen überall in die Stadt gestellt und sich dann zunehmend in „Mies-Details" verrannt hatte – die Stadt wieder, den öffentlichen Raum, den Alltag und das Typische. Sie begriff – jedenfalls in ihren besten Beispielen – die Gebäude endlich wieder als Teil des öffentlichen Raums und betrieb Stadtreparatur in dem Sinne, daß sie entstandene Löcher unauffällig, am *Typischen* orientiert, aber ohne historistische Verfälschung schließen wollte. Früheste Beispiele in Westdeutschland sind die Studienarbeiten der Ungers-Klasse an der TU Berlin 1964–66 und der von Nikola Dischkoff initiierte Wettbewerb um das Karlsruher Dörfle 1970, der ein Stück Altstadt vor der schon begonnenen Flächensanierung bewahrte und schon in der Ausschreibung explizit die Stadt mit Straßen und Plätzen verlangte. Im Preisgericht saßen neben Bakema zwei Protagonisten der Postmoderne: Ungers und Lucius Burckhardt. Ich selbst hatte das Glück, in der Vorprüfmannschaft mitzuwirken. Dieses Preisgericht war dramatisch und alle, die es miterlebt haben, wissen, daß es sozusagen einen Wendepunkt in der Planungsgeschichte unseres Landes markierte. Die Preise gingen denn auch fast nur an damals noch ganz unbekannte Größen einer neuen Architektengeneration, der erste an Hilmer und Sattler, zwei gerade diplomierte Architekten, die danach in ihrer inzwischen unverwechselbar unaufgeregten

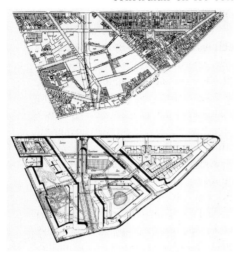

Fig. 14

construían en los solares vacíos de la ciudad, investigaban casa por casa, rehabilitaban y planificaban de forma elegante cada nueva calle que fuera imprescindible (*Figs. 14 y 15*). Esta forma de proyectar, como rehabilitación de la ciudad, más tarde se denominó contextualismo y cayó en descrédito al transformarse en una adaptación a las modas y en un modo de citar cualquier forma que se podía encontrar en el entorno. Como siempre, el concepto global hacia una nueva planificación ética se ridiculizó transformándose en una moda estética. Y el *genius loci*, alabado en todos los jurados, tendía a evitar todo lo nuevo y lo extraño para cuidar la imagen de la ciudad y preservarlo de lo foráneo. Lo típico se transformó en una simple fórmula estética y en el rechazo de la urbanidad pública, que se caracteriza precisamente por la perturbación de estereotipos como éstos por medio del intercambio y la tolerancia de lo extraño.

En los años sesenta esta forma de redundancia se asoció con otra esperanza. Se esperaba hacer accesible la arquitectura, es decir, ponerla a disposición de todos y no solamente de la intelectualidad por medio del uso de términos sacados de figuras. La arquitectura tenía que componerse de símbolos comprensibles para todos y trabajar de forma pictográfica; de esta forma tenía que conectar nuevamente con la comprensión general. Una calle tenía que aparecer nuevamente como una calle, una casa como

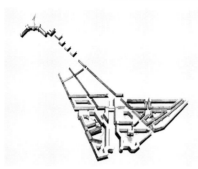

Fig. 15

Art Baulücken schlossen, Haus für Haus untersuchten, reparierten und die erforderliche neue Straße elegant einfügten (*Fig. 14/15*). Diese Art des Entwerfens als eine Art Stadtreparatur, später auch Kontextualismus genannt, geriet allerdings zurecht in dem Maße in Mißkredit, in dem sie zu einer wenig zeitbewussten Anpasserei wurde und sich im Zitieren von irgendwelchen Formen und Förmchen übte, die man in der Umgebung aufgelesen hatte. Es war wie immer: Der umfassende Ansatz zu einer veränderten Planungsethik wurde rasch zu einer ästhetischen Mode verballhornt. Und der in jedem damaligen Preisgericht beschworene genius loci neigte zuweilen dazu, alles Neue und Fremde aus dem Bild zu verbannen und die Stadt vor Fremdem zu bewahren. So wurde das Typische schnell zur bloß ästhetischen Formel und zur Verhinderung von ziviler Stadtöffentlichkeit, die ja gerade durch die Störung solcher Stereotypen, durch Austausch und Toleranz des Fremden charakterisiert ist.

In den 60er Jahren war mit dieser Art von Redundanz aber noch eine andere Hoffnung verbunden: Man hoffte, die Architektur damit, also durch Nutzung der in bestimmten Figuren enthaltenen zeichenhaften Begriffe, besser und eindrücklicher für eine nicht bloß intellektuelle Öffentlichkeit zugänglich zu machen. Die Architektur sollte sich aus allgemein verständlichen Zeichen zusammensetzen, sozusagen piktographisch arbeiten und damit wieder Anschluss an das allgemeine Vorverständnis bekommen. Also eine Straße sollte wieder „wie eine Straße" erscheinen, ein Haus „wie ein Haus" und eine Säule „wie eine Säule". Dies war, wie schon einmal in anderem Zusammenhang dargestellt, das Thema von Aldo Rossi, der eine

una casa, una columna como una columna. Este fue el tema de Aldo Rossi, que como ningún otro desarrolló la capacidad de

hacer de edificios copias pictográficas de la memoria colectiva propia. «En mis bosquejos busco siempre el significado de la arquitectura: el significado se expresa en la forma. Por esto la expresión arquitectónica tiene que basarse en la historia y en el diseño.»[6] Se trata de una especie de arquitectura etimológica que no escenifica el pasado como algo pasado, tal como lo hace el romanticismo, sino que usa los símbolos traídos desde el pasado, los términos transformados en símbolos (*Fig. 16*). Relacionado con esto hay una tradición en la arquitectura revolucionaria, que trabaja con términos transformados en formas primarias de la geometría y la historia. Sobre este tema recomiendo el

Fig. 15

libro de Adolf Max Vogt, *Arquitectura revolucionaria*. Una variante americana de este racionalismo pictográfico fue el libro *Learning from las Vegas*, de 1968. Sus autores Venturi y Scott buscan un camino para la masa siguiendo el ejemplo del movimiento de Civil-Rights, hacia un entendimiento más directo esperando así romper el aislamiento del estamento intelectual. Según ellos, al igual que la propaganda comercial, la arquitectura tenía que usar el lenguaje directo y reducido de símbolos asociativos (*Fig. 17*).

Aquí hay un gran fondo de posibilidades de expresión que podemos utilizar. Ya que no debe de ser por descuido que nuestro edificio se parezca a una fábrica, o a un monasterio, o a una granja, o a una iglesia. Por el contrario, por medio de asociaciones como éstas podemos despertar una gran cantidad de cualidades, que pueden ser utilizadas análogamente en nuestra obra

112

hohe Kunst darin entwickelte, Bauten zu solchen piktographischen Abbildern der allgemeinen und auch der eigenen Erinnerung zu machen (*Fig. 16*): „In meinen Entwürfen suchte ich immer nach der Bedeutung der Architektur: diese Bedeutung (…) drückt sich durch die Form aus; deswegen muß die architektonische Ausbildung auf der Geschichte und auf dem Entwurf beruhen.“[6] Es handelt sich also um eine Art ethymologischer Architektur, die nicht wie die Romantik das Vergangene als Vergangenes und Vergängliches neu inszeniert, sondern nur die aus der Vergangenheit mittransportierten, zu

Fig. 16

Zeichen gewordenen Begriffe verwendet. In dieser Beziehung gibt es eine Tradition in der „Revolutionsarchitektur“, die ebenso mit zu Grundformen eingeschmolzenen Begriffen aus der Geometrie und der Geschichte arbeitete. Hierzu empfehle ich das Buch von Adolf Max Vogt: Revolutionsarchitektur! Eine amerikanische Variante dieses piktographisch–begrifflichen Rationalismus war 1968 das Buch „Learning from Las Vegas“. Auch dessen Autoren Venturi und Scott suchten im Gefolge der Civil-Rights-Bewegung nach einem Weg einer direkteren Verständlichkeit für die breite Masse und hofften auf diese Weise die Isolation des intellektuellen Mittelstands zu durchbrechen. Wie die Werbung sollte sich die Architektur dieser direkten und verkürzten Sprache der assoziativen Zeichen bedienen (*Fig. 17*).

Tatsächlich liegt in unserer Erinnerung ein ganzer Fundus an Ausdrucksmöglichkeiten bereit, den wir nutzen können. Denn ob unser Gebäude aussieht „wie eine Fabrik“ oder „wie ein Kloster“ oder „wie ein Gutshof“ oder „wie eine Kirche“, es sollte nicht aus Versehen so sein. Ganz im Gegenteil: durch solche Assoziationen können ganze Bündel von Eigenschaften angesprochen werden, die

para darle así justamente este carácter. Éste, si lo he entendido bien, fue también el mensaje de Fabio Rainharts con el término de «diseño análogo» aquí en Kassel. Se investiga qué cualidades integran la asociación; se recopilan fotos; se observan las obras de este tipo y se copian los dibujos, con todos los detalles. ¿Cómo es la evacuación pluvial de un tejado de diente de sierra de una fábrica? No vaya a ser que lo vayamos a hacer exactamente igual, que lo copiemos, sí vamos a examinar este tipo de edificios. Todas estas cualidades se encuentran unidas por una relación lógica, plausible. Se complementan, condicionan según el lema de «cuando se empieza, se termine». Quien dibuja un tejado en diente de sierra, también tiene que idear el drenaje, etc.[7] Después de todo, hay aquí un importante instrumento para encontrar un inicio. Escogemos uno de estos tipos de edificio y nos damos así un tema para un proyecto. Además, esto lo argumentamos (más tarde hablaremos de ello). Antes de tirar la primera línea, habremos anotado todo, habremos descrito nuestro diseño y explicado por qué diseñamos, por ejemplo, nuestra escuela como una fábrica.

Podemos seguir más allá en vez de utilizar la asociación convertida en símbolo. Podemos hacer un duplicado, reconstruir un edificio o conjunto de edificios apreciado por los ciudadanos. Muchos arquitectos lo consideran incorrecto, como una especie de estafa. En la arquitectura como en la música existe la reconstrucción literal de edificios o parte de ellos, es un instrumento compositivo legítimo y no puedo entender por qué los arquitectos se niegan a representar de nuevo una pieza antigua. ¿No es maravilloso que aún «exista» el antiguo museo en Berlin? –Una reconstrucción. El museo estaba casi totalmente derruido *(Figs. 18 y 19)*. En Nuremberg a la gente le pareció fatal que quisiéramos edificar

wir *analog* auf unser Bauwerk anwenden können, um ihm einen spezifischen Ausdruck zu geben. Dies war wohl, wenn ich es richtig verstanden habe, auch die Botschaft des Rossi-Schülers Fabio Reinhart unter dem Stichwort „Analoges Entwerfen" an der Kasseler Uni. Man erforscht, welche Eigenschaften die Assoziation ausmachen. Man sammelt Fotos und sieht sich Bauwerke dieser Art genau an. Man zeichnet sie ab mit allen Details. Wie werden die Sheddächer der Fabrik entwässert? Nicht, daß wir es genauso machen. Aber wir sehen uns in diesen Gebäudetypus ein. Denn alle diese Eigenschaften stehen in einem oft ganz plausiblen Zusammenhang zueinander. Sie bedingen sich gegenseitig etwa nach dem Motto: Wer A sagt, muß auch B sagen. Wer ein Sheddach zeichnet, muß dann auch diese Entwässerung zeichnen usw.[7] Hier liegt jedenfalls ein wichtiges Mittel, einen Anfang zu finden. Wir rufen einen solchen Gebäudetypus auf und geben uns damit eine Art Entwurfsthema. Und – aber darauf kommen wir später noch zu sprechen – wir schreiben es auf. Wir „be-schreiben" unseren Entwurf, bevor wir den ersten Strich gezeichnet haben. Wir erläutern darin, warum wir etwa die Schule „fabrikartig" gestalten.

Wir können auch noch einen Schritt weiter gehen. Anstelle der zum Zeichen gewordenen Assoziation oder Erinnerung können wir auch einen Nachguß der Sache selbst verwenden und ein bei den Bürgern noch geliebtes Gebäude oder ein Ensemble von Gebäuden „rekonstruieren". Viele Architekten halten das für geradezu anstößig, für eine Art Betrug. Dabei ist in der Architektur – übrigens wie in der Musik auch – die wortwörtliche Rekonstruktion in bestimmten Situationen doch ein legitimes kompositorisches Mittel, und ich verstehe überhaupt nicht, weshalb Architekten sich so zieren, ein altes Stück einfach neu aufzuführen. Ist es nicht schön, daß

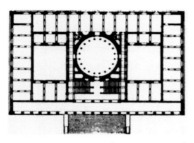

Fig. 18

una nueva torre en el casco viejo, tan cerca de una torre de la Edad Media en las muralles de la cuidad. ¡Falso! Dicha torre fue inventada ahí copiando una vieja postal de Dürer. Se trataba incluso de una reconstrucción en el falso lugar que la gente tomaba ya como orginal. Tropezamos así con un gran tema que ha sido esquivado temerosamente por los arquitectos. En vez de reírnos de los parques de Walt-Disney, con su arquitectura cinematográfica, como arquitectos nos deberíamos de preguntar, sino es hora de ocuparnos seriamente de las posibilidades que nos ofrece la «redundancia asociativa».

Pero no solamente existen asociaciones de edificios; mucho más profundas y obligatorias son las asociaciones con nosotros mismos. Queramos o no, las cosas a nuestro alrededor «nos miran», tienen «pies» o «espaldas», «son bizcas», «están de pie» o «acostadas» etc. Decimos que son *antropomorfas* (del griego *anthropos* «Ser humano», y *morphä* «Forma». Justamente los edificios funcionalistas son muchas veces, también involuntariamente, cuerpos orgánicos con cabeza y extremidades. Es bueno tener en cuenta este aspecto antropomorfo de las cosas. Un pequeño ejercicio nos ayudará a imaginárnoslo: ¿Cómo sujetamos un tejado en voladizo con dos tensores diagonales? ¿Cómo dibujamos este punto? ¿Cómo A, cómo B? Las dos soluciones son técnicamente correctas, pero la forma antropomorfa B es la que nos brinda la mayor confianza, pues la entendemos de forma espontánea. Sostendríamos el tejado con nuestras propias manos. Algo parecido pasa con los puentes del edificio arquitectónico de Hermkes, que es estáticamente plausible, pero no es antropomorfo. Y como no nos

Fig. 19

Schinkels Altes Museum in Berlin „noch steht"? – eine Rekonstruktion (*Fig. 18/19*). Das Museum war fast vollständig zerstört. In Nürnberg regten sich die Leute auf, daß wir da einen Turm in die Altstadt bauen wollten. So dicht neben dem mittelalterlichen Turm in der Stadtmauer! – Falsch! Dieser Turm war beim Wiederaufbau nach einer alten Dürerpostkarte da hineinfantasiert worden. Eine Rekonstruktion am falschen Platz, die die Leute längst für das Original nehmen. Hier jedenfalls liegt ein großes und bislang von Architekten ängstlich gemiedenes Thema. Allzu schnell wird das als Walt-Disney-Kitsch abgetan! Aber selbst da sollten wir, anstatt die Walt-Disney-Lands mit ihrer Kinoarchitektur zu belächeln, uns als Architekten schon fragen, ob wir uns nicht ernsthafter mit den Möglichkeiten „assoziativer Redundanz" befassen müssen.

Nun gibt es aber nicht nur Assoziationen zu Gebäuden. Viel tiefer in uns und viel zwingender sind Assoziationen zu – uns selbst. Ob wir wollen oder nicht, die Dinge um uns „sehen uns an", haben „Füße", oder einen „Rücken", sie „liegen", „stehen", sind „o-beinig" usw. oder sie „schielen". Wir sagen dazu, sie sind *anthropomorph* (von *anthropos* – griech. der Mensch, und *morphä* griech. Form). Gerade funktionalistische Gebäude sind häufig – auch unfreiwillig – solche organischen Körper mit Kopf und Gliedmaßen. Und es ist gut, sich diesen anthropomorphen Aspekt von Formen deutlich zu machen. Wir können uns das an einer kleinen Aufgabe vergegenwärtigen: Wir müssen ein Vordach an zwei Hängestreben befestigen. Wie zeichnen wir diesen Aufhängepunkt? So wie A? Oder wie B? Oder wie C? Alle drei Lösungen sind technisch gleich gut. Aber die anthropomorphe Form C ist die, die am verlässlichsten erscheint,

Fig. 20

podemos colgar como monos de los pies, sólo podemos hacer un puente arqueado hacia arriba. Por esta razón, estos puentes nos desconciertan de entrada porque tienen un aspecto raro, como un cuerpo arqueado hacia abajo. Se podrían poner muchos ejemplos. Un cubo sobre pilares, o algo orgánico corpóreo (*Fig. 20*). En el caso de los muebles, sobre todo en el de los asientos, podemos ver este aspecto claramente. Muchas veces las patas tienen verdaderas formas de zarpas, como en los asientos de Schinkel. El ejemplo muestra también que lo antropomorfo no significa solamente con forma de ser humano, significa sencillamente: *como un ser orgánico, parecido a nosotros*. Y por supuesto implica el aspecto tectónico de estar de pie, cargar, etc.

No hay que abusar de este aspecto, aunque haya que tenerlo siempre presente. La descripción verbal nos servirá de ayuda. Aquí tenemos que buscar una expresión para describir que nuestro edificio al final del camino está «de pie», «acostado», «se alza», «nos muestra el hombro», «nos da la espalda», o simplemente, «se encuentra». ¿Cuál de estas descripciones es más adecuada para nuestro objetivo? En el momento en que describimos nuestro diseño asociativamente, o lo describimos como un poeta, ya estamos proyectando.

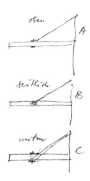

weil wir sie spontan verstehen. So würden wir das Dach mit unseren Händen auch halten. Ähnlich verhält es sich mit den hängenden Brückenbögen von Hermkes im Berliner Architekturgebäude der Technischen Universität, die zwar statisch plausibel sind, nicht aber anthropomorph. Denn da wir uns nicht wie Affen mit den Füßen und Händen zugleich fest anhängen können, können wir auch nur eine nach oben gewölbte Brücke bilden. Deshalb sind solche körperhaften Brücken mit einer „falschen" Haltung zunächst nur irritierend. Aber man kann hier viele Beispiele bringen: Ein auf Stützen stehender Kubus z.B. wird ein „Kopf", wenn man ihn nur etwas anschrägt. Das ist das Eigentümliche an Ludwig Leos Berliner Versuchsanlage, daß sie diese Anschrägung hat (*Fig. 20*). Plötzlich ist dieser Kubus etwas Organisches, Körperhaftes. Bei Möbeln, vor allem Sitzmöbeln, ist dieser Zusammenhang ganz offensichtlich. Häufig wurden die Füße dann auch wirklich wie Tatzen ausgebildet wie bei verschiedenen Sitzmöbeln Schinkels. Das Beispiel macht auch deutlich: anthropomorph heißt nicht unbedingt menschenförmig. Es heißt einfach: *wie ein organisches Wesen, ähnlich uns selbst.* Und natürlich enthält das den schon erwähnten tektonischen Aspekt des Stehens, Tragens usw.

Den anthropomorphen Aspekt sollten wir nicht überstrapazieren. Aber er sollte uns bewusst sein. Und dazu verhilft uns wieder die verbale Beschreibung. Wir müssen dann nämlich einen Ausdruck finden dafür, daß unser Gebäude zum Beispiel am Endpunkt des Weges „steht", „liegt", „sich erhebt", uns „die Schulter" oder „den Rücken zukehrt" oder eben auch nur „sich befindet". Was davon? Welche Beschreibung trifft auf das zu, was wir erreichen wollen? Indem wir unseren Entwurf assoziativ und wie ein Dichter „be-schreiben", entwerfen wir schon.

4

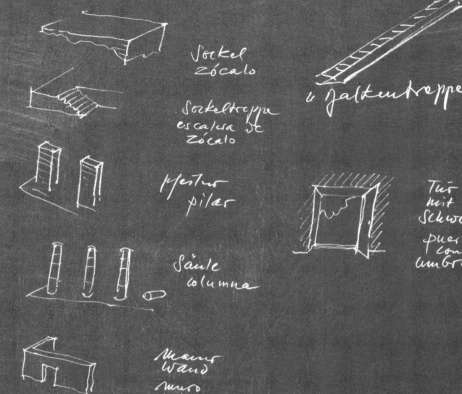

Sockel
zócalo

Sockeltreppe
escalera de
zócalo

Pfeiler
pilar

Säule
columna

Mauer
Wand
muro

Faltentreppe

Tür
mit
Schwelle
puerta
con
umbral

komponenten
|
morpheme

"Worter"
|
"Silben"

'Tor'

'Treppe'

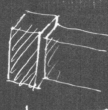

'Turm'
ode
'Pavillon'

'Remise'

'Langhaus'

'pergola'

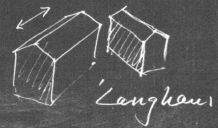

4. Componentes y formas de la composición

La última vez nos ocupamos de cómo percibimos nuestro entorno, de cómo digerimos las informaciones de este medio. Destacamos el gran papel que juegan, entre otros, los términos de redundancia, abstracción y subordinación. Según éstos, las piezas se ordenan en superformas palpables e inteligibles, que podemos *descomponer* nuevamente. Al componer figuras dimensionales, juntamos piezas para dar lugar a una información comprensible, descifrable. ¿Cuáles son los *morfemas* con los cuales creamos las *formas* dimensionales? Dicho de otra manera, ¿cuáles son las sílabas con las que *formamos* las palabras, que formarán las frases?

4.1 Componentes espaciales

Vayamos paso a paso, de abajo hacia arriba: vemos que no son muchas las piezas, en el fondo son siempre las mismas. Algunas las describiré minuciosamente, otras en parte ya las hemos mencionado, como por ejemplo el tejado y la cubierta de vigas. Primeramente veamos lo que siempre precede: el *zócalo*, que hasta hoy se ha ido degradando y convirtiendo en un simple fundamento. El zócalo desempeña un papel importante tanto en la

4. Komponenten und Kompositionsformen

Wir haben uns in der letzten Lektion mit der Art und Weise beschäftigt, wie wir unsere Umwelt wahrnehmen, wie wir die „Nachrichten" aus der Umwelt verarbeiten. Dabei spielte der Begriff der Redundanz bzw. der Superierung oder Unterordnung (unter Begriffe) eine große Rolle. Danach ordnen sich die einzelnen Teile zu bestimmten und begrifflich faßbaren Superformen, mit denen wir sie wieder *dekomponieren* können. Beim Komponieren räumlicher Figuren setzen wir also die Teile so zusammen, daß sich eine verständliche, entschlüsselbare Nachricht ergibt. Welches sind nun die *Morpheme*, aus denen wir die räumlichen *Komponenten* zusammensetzen, also sozusagen die Silben, aus denen wir die Wörter *formen*, die wir dann zu ganzen Sätzen komponieren?

4.1 Räumliche Komponenten

Gehen wir der Reihe nach vor, von unten nach oben: Wir werden sehen, es sind nicht viele Teile, eigentlich immer die gleichen. Einige werde ich genauer darstellen, andere, wie das Dach und die Balkendecke, haben wir teilweise schon etwas näher inspiziert. Als erstes betrachten wir – was immer zuerst kommt – den *Sockel*, der inzwischen meist zum bloßen Fundament degeneriert ist. Sockel spielten in der klassischen, (komponierten) Architektur eine eben-

arquitectura clásica (compuesta) como en la escultura. Son los escenarios en los cuales acontecen los espectáculos formados por pesadas piedras y vigas. Hoy por hoy, viéndolo desde nuestra forma de vida sobre superficies planas y pulidas, no nos hacemos a la idea del increíble lujo que significaba un zócalo cuando no

Fig. 1

se contaba con los medios tecnológicos de nuestra época. Cruzar los campos abiertos era penoso y era difícil caminar por esos caminos pedregosos y en mal estado, que muchas veces no eran más que ríos secos, sendas de mulas o bueyes. Luego, a medio camino, allí dónde los griegos creían que vivían los dioses, un zócalo de mármol blanco, de medida exacta, intacto tras dos mil años, como el de la isla Kea *(Fig. 1)*. Tras una penosa caminata de horas bajo un sol de justicia llegamos a él, desde el medio de la isla sobresale unos 70 m sobre el mar Egeo. Allí ni siquiera hay mármol. Así que fue traído en barcos hasta la costa y desde allí se transportaron las monumentales piedras hasta arriba. O el zócalo del Taj Mahal *(Fig. 2)*, en lo alto del Wadis del Ganges, cerca de Agra. Es el soporte de un jardín paradisíaco con agua y frondosos árboles tropicales entre los que se vislumbran las cúpulas del mausoleo brillante como porcelana. Detrás, tranquilas aguas y bandadas de garzas, riberas e islas hasta el nebuloso horizonte. Un verdadero valle de río virgen, en el cual se levanta sobre un zócalo este mundo artificial del mausoleo. Sí, el zócalo representa un mundo hecho por seres humanos dentro del mundo. Es un triunfo sobre la naturaleza salvaje. Si se quita el zócalo, y se apoyan los pilares y edificios sobre

so bedeutende Rolle wie in der Bildhauerei. Sie sind die Arena, auf der das komponierte Spiel mit schweren Steinen und Balken stattfindet. Wir haben heute, auf all den blanken und planierten Flächen lebend, keinen Begriff mehr von dem unglaublichen

Fig. 2

Luxus, den ein solcher Sockel außerhalb unserer technischen Zeit darstellte. Das offene Land war ja zu jener Zeit nur mühselig zu durchqueren: diese zerfurchten und holperigen Wege, die oft nur ausgetrocknete Flüsse waren, diese Maultier- oder Büffel-Pfade! Und dann, auf halber Höhe, wo die alten Griechen die Götter wähnten, ein exakt vermessener, noch nach zweitausend Jahren vollkommener Sockel aus weißem Marmor wie auf der kleinen Insel Kea! *(Fig. 1)* Nach stundenlangem, beschwerlichem Fußmarsch durch zikadenschwirrende Hitze habe ich ihn einst auf einer Wanderung erreicht, vom Inneren der Insel kommend, etwa 70 m hoch über der Ägäis! Den Marmor findet man dort gar nicht. Er kam also mit Schiffen an die Küste. Und von dort wurden dann die gewaltigen Steine da hochgeschafft. Oder der hoch über die Wadis des Ganges aufragende Sockel des Tadsch Mahal in der Nähe von Agra *(Fig. 2)*: Er trägt einen Paradiesgarten mit Wassern und üppigen tropischen Bäumen, durch die die Kuppeln des Mausoleums wie Porzellan glitzern. Und darunter träge Wasser, Schwärme von Reihern, Ufer und Inseln bis an den dampfenden Horizont: wirklich ein „Urstromtal", aus dem die Kunstwelt des Mausoleums auf den Sockel gehoben wurde! Ja, der Sockel stellt eine menschengemachte Welt in der Welt her. Er ist ein Sieg über die wilde Natur. Wenn man ihn wegläßt, die Bauten auf Pfählen über dem wilden Boden aufstelzt, drückt das eine ganz andere Haltung der Natur gegenüber aus. So wie in Japan – wo es nicht diesen harten Horizont zwischen Him-

el suelo salvaje, tenemos otra posición con respecto a la naturaleza. Así como en Japón, donde no existe este duro horizonte entre el cielo y la tierra, y dónde la palabra para azul y verde es la misma. Los japoneses, al igual que muchos otros pueblos de Asia, tienen (o tenían) una relación más flexible con la naturaleza. Ellos colocan sus templos y edificios sobre la naturaleza sin la necesidad de esas amplias tarimas, es decir de puntillas *(Fig. 3)*.

El acceso a los zócalos se da por medio de una rampa o escalera, pero a veces en una situación de pendiente se accede desde arriba. El más grandioso ejemplo de una escalera de zócalo es la

Fig. 3

que se encuentra sobre la bahía de Salamis y sube a los Propileos. Los escalones son macizos y empinados. No se trata de una simple escalera patriarcal, ¡es que los pasos de los dioses tienen otra medida! Otro ejemplo son las rampas y escaleras del Palacio de Potala, en el Tíbet. Tienen casi cien metros de altura y suben, por detrás de pequeñas balaustradas escalonadas, desde el valle de Lasa a la planta 24. ¡Qué construcción! Por desgracia no lo llegué a ver nunca antes de que lo iluminaran con lámparas de neón para el turismo *(Fig. 4)*. El más hermoso, y antes ya mencionado ejemplo del siglo XX, es sin embargo la escalera del zócalo de la villa Malaparte en la isla de Capri, elevada por encima del Mediterráneo (pg. 68). Por supuesto que también es un bonito ejemplo la escalera del zócalo del pabellón de Barcelona de Mies. Y si sobre el zócalo hay algo, se tratará siempre de un «templo», aunque sólo sea para el arte.

En el paso del exterior al interior encontramos *umbrales*. En un principio son simplemente zócalos impuestos por el clima sobre el zócalo de base para impedir la entrada del agua de lluvia en la vivienda y en la construcción. A veces los umbrales también

mel und Erde gibt – das Wort für Blau und Grün das gleiche ist! Die Japaner haben (oder hatten!) – wie überhaupt die Völker Ostasiens – ein anderes, flexibleres Verhältnis zur Natur. Die setzen ihre Tempel und Häuser also ohne solche breiten Sohlen in die Natur, sozusagen auf Zehenspitzen *(Fig. 3)*.

Sockel werden über *Sockelrampen* oder eine *Sockeltreppe*, zuweilen auch – bei Hanglagen – nur einfach von oben her

Fig. 4

erschlossen. Das wohl großartigste Beispiel solcher Sockeltreppen ist die über der Bucht von Salamis hinauf zu den Propyläen. Die Stufen sind mächtig – und steil! Das ist nicht einfach eine herrschaftliche Treppe. Götter haben ein anderes Schrittmaß! Oder die hinter nur niedrigen, gestuften Brüstungsmauern fast 100 Meter hoch aus dem Tal des Lhasa zum obersten der über 24 Geschosse aufsteigenden Sockelrampen und -treppen des Potala in Tibet! Was für ein Bauwerk! Leider bin ich, bevor es, mit Neonlampen bestückt, für den Tourismus zugänglich gemacht wurde, nie dorthin gekommen *(Fig. 4)*. Das wohl markanteste Beispiel aus dem 20. Jahrhundert ist die Sockeltreppe der schon anfangs erwähnten Casa Malaparte auf Capri, hoch über dem Mittelmeer (S. 68). Aber natürlich ist auch die Treppe zum Sockel von Mies' Barcelona-Pavillon ein schönes Beispiel. Und, was immer auf diesem Sockel steht, es ist immer ein „Tempel", und sei es einer für die Kunst.

Beim Übergang von draußen nach drinnen gibt es *Schwellen*. Sie waren ursprünglich ja nur ein witterungsbedingter Sockel auf dem Sockel, der den Eintritt des Regenwassers in das Haus, aber auch in die Konstruktion vermeiden soll. Auch dienten Schwellen zuweilen als Anschlag für das große Tor, auf jeden Fall markierten

servían como fijaciones del gran portalón. En todo caso, siempre han marcado el paso de dentro hacia fuera, por lo que en el trato social siempre han tenido hasta hoy un alto significado simbólico. Si se suprimen y su papel técnico se sustituye por ranuras cubiertas, se quiere prescindir explícitamente de dicho límite. En otra ocasión ya he mencionado lo importante que son estas delimitaciones, estos umbrales simbólicos en la construcción de viviendas.[1] La literatura está llena de ejemplos en los cuales el extraño cruza este umbral. La foto muestra al emir Kachtan Ahmed por quien fui invitado, en el imponente umbral de su puerta en Tigris *(Fig. 5)*.

Sobre el zócalo (o el fundamento) se sustentan los *muros* con sus orificios, los *portones*, las *puertas* y *ventanas* y los *pilares de los muros*. Los muros, los puntales y las columnas no se

Fig. 6

mantienen en pie gracias a una rigidez impuesta por la edificación, sino gracias a su propio peso, ya que eran de piedra labrada o sin labrar, o de adobe o arcilla, a veces cocida y otras sin cocer, pero siempre altamente compactada. En todo caso, los pilares inclinados que tienen que ser apuntalados durante la edificación, con excepción de los contrafuertes góticos, escasean en la historia de la construcción, debido seguramente a lo trabajosos que son. A mí sólo se me ocurren ejemplos de Antonio Gaudí, como los pilares inclinados del parque Güell *(Fig. 6)*. Nuestros tiempos ya no tienen respeto a estos muros, al esfuerzo y al tormento que costó levantarlos. ¡Ese esfuerzo de seres humanos y de mulas expresado en cada piedra! El martirio de la cantera, los arres y los soos durante el transporte, el trabajo inhumano al levantar y mover los

Fig. 5

sie immer den Übergang von draußen nach drinnen. Deshalb kommt ihnen auch im sozialen Umgang – bis heute – eine hohe symbolische Bedeutung zu. Wenn man sie wegläßt, also ihre technische Rolle durch verdeckte Rinnen ersetzt, will man diese Grenze ausdrücklich vermeiden. Ich habe an anderer Stelle dargelegt, wie wichtig diese Grenzziehungen, diese symbolischen Schwellen im Wohnungsbau sind.[1] Die Literatur ist voll von Beispielen, in denen der Fremde über die Schwelle tritt. Das nebenstehende Foto zeigt Scheich Kachtan Achmed, dessen Gast ich ein paar Tage war, auf der mächtigen Schwelle seines Hauses am Tigris *(Fig. 5)*.

Auf dem Sockel (oder dem Fundament) gründen die *Mauern* mit ihren Öffnungen, den *Toren*, *Türen* und *Fenstern*, die *Mauerpfeiler*. Die Mauern, die Pfeiler und Säulen standen ursprünglich nicht dank einer ausgekügelten Aussteifung des Gebäudes, sondern allein dank ihres Gewichts. Denn sie waren aus behauenem oder unbehauenem Fels oder gebranntem, manchmal auch ungebranntem, dann aber hochverdichtetem Ton. Jedenfalls sind schiefe Pfeiler, die während des Baus durch ein Gerüst gestützt werden mußten, von den gotischen Strebepfeilern abgesehen, wohl schon wegen dieses Aufwands in der Baugeschichte selten. Mir fallen dafür nur Beispiele von Antonio Gaudí ein – wie die schiefen Pfeiler im Park Guell *(Fig. 6)*. Unsere Zeit hat keinen Respekt mehr vor diesen Mauern und Pfeilern, vor der Qual und der Anstrengung, die sie gekostet haben. Diese Mühsal der Menschen und der Pferde, die in jedem Stein steckt! Die Schinderei im Steinbruch, die Jüha und Brrr des Transports, die sogenannte Knüppelarbeit beim Heben und Verschieben! Heutzutage werden solche Mauern, weil es billiger ist, achtlos und in wenigen Stunden – so wie kürzlich in

129

bloques de piedra. Hoy en día, como es más barato, un muro como éste es demolido en pocas horas y sin respeto, así como ocurrió hace poco aquí en Kassel con los restos de las antiguas fortificaciones, en un santiamén fueron demolidas para construir un garaje. Todos los días son demolidos muros de este modo –muchas veces, demasiadas– con la participación de renombrados arquitectos. Pero tenemos que tener claro una realidad: muros, muros de verdad, no los va a haber nunca más. A cambio vamos a tener solamente cartón.

Ahora viene el tema de las grandes *aberturas en los muros*: *portales, puertas, ventanas,* pequeñas, grandes, alargadas, semicirculares, con repisas, con arcos, aisladas, unidas, etc. Un gran tema. Ya que por estas aberturas entra la luz en el interior. Las ventanas median entre el interior y el exterior, y por ello nos ofrecen dos formas de acción: en el interior es a lo mejor la única abertura, mientras que desde el exterior es uno más de esos «agujeros» oscuros en la pared. Hoy en día ya existen paredes de membranas transparentes o translúcidas. Pero éstas pertenecen ya al reino del diseño. Por ello vamos a seguir con nuestros huecos en los muros. Y verán que tanto las simples aberturas sin relleno, es decir sin marco, como las contraventanas, los toldos o las barandillas son un gran tema. Ya sólo la diferencia entre las ventanas verticales y acostadas: el formato vertical era antiguamente el más simple, ya que no trae problemas en la estructura de los muros. Por su parte, los formatos horizontales, acostados, tenían que ser embovedados con arcos de construcción complicados. Los formatos verticales sin embargo son más sensibles a nuestros movimientos en el espacio: al movernos, la ventana forma una especie de enmarcación de los distintos panoramas.

Kassel die Ravellin-Spitze der alten Stadtbefestigung – ratz-fatz für eine Tiefgarage weggerissen. Jeden Tag werden solche Mauern zerstört – häufig, viel zu häufig – unter Mitwirkung prominenter Architekten! Und man muß sich klarmachen: Mauern, solche „richtigen" gemauerten Mauern, kommen nie wieder! Wir werden dafür nur Pappe kriegen!

Dann das große Thema der verschiedenen *Maueröffnungen*: *Tore, Türen, Fenster*, kleine, große, stehende, liegende, halbrunde, mit Balkenstürzen, mit Sturzbögen, einzeln, zusammengefasst usw. – ein großes Thema. Denn durch diese „Löcher" tritt das Licht in den Innenraum. Das Fenster vermittelt deshalb zwischen dem Innen- und Außenraum, und es hat zwei ganz verschiedene Wirkungsweisen: Für den Innenraum ist es vielleicht die einzige helle Lichtöffnung, für den Außenraum ist es eines von mehreren dunklen „Löchern" in der Wand. Heute gibt es auch Fensterwände, transparente oder transluzente Membranen. Aber die gehören schon in das Reich des „Designs". Wir bleiben deshalb bei den Maueröffnungen. Und Sie werden sehen: schon die rohe Öffnung ohne die Füllung, also Rahmen, Flügel, Markise, Gitter, ist ein reiches und großes Thema. Allein die Differenz von stehenden und liegenden Fensterformaten: Das stehende Format war natürlich früher das einfachere, weil es keine Probleme im Tragverhalten der Mauer brachte. Liegende Formate mußten aufwendig mit Druckbögen überwölbt werden. Die stehenden Formate sind aber gerade in bezug auf unsere Bewegung im Raum sensibler: wenn wir uns bewegen, stellt das Fenster ein Passepartout für ständig wechselnde Blicke dar. Gerade für Ausblicke in die Weite sind die Hochformate schön. Unvergesslich eine Fenstertür am Ende eines Korridors in einem alten Hotel auf Gomera, auf das die Wogen des Atlantiks

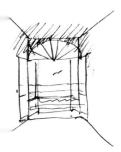

Precisamente son los formatos verticales los más indicados para mirar a lo lejos. Inolvidable una puerta vidriera de un viejo hotel en Gomera, al final de un pasillo, en la que se mecían las olas del Atlántico. Los marcos de las ventanas en los muros anchos hacían antiguamente de bellas enmarcaciones de las vistas y al mismo tiempo desviaban y quebraban la luz, como en los gruesos muros (en realidad de cemento) de la Capilla de Ronchamp. En los muros exteriores relativamente delgados de hoy en día, las aberturas de luz están como perforadas, por lo que la superficie de luz deslumbra. Pero los muros gruesos ocupan espacio, y sólo son rentables en zonas rurales. Y la necesidad de ganar luz natural nos lleva, por lo menos en nuestras latitudes, a tener un porcentaje relativamente alto de aberturas en los muros; lo que en la construcción de viviendas representa un importante obstáculo a

Fig. 7

la hora de delinear, puesto que es difícil diseñar un volumen dimensional y plástico con paredes agujereadas. Y en la Europa central pobre en luz, todo interior un poco amplio necesita por lo menos dos ventanas. Se está poniendo de moda entre algunos diseñadores el volver a los formatos acostados, los cuales tienen en la edificación de viviendas la desventaja de que reducen el espacio para la colocación de muebles. Este tema es complicado, y además hay que tener en cuenta que los bomberos también tienen sus exigencias ya que cada ventana es también una salida de socorro.

Nuestra lista de piezas de construcción no está finalizada. La pieza más noble y bella de todas, de la que se compone la arquitectura, es la *columna*. En la cultura oriental se dice que es la hermana bella del pilar.

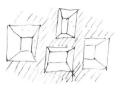

zurollten! Die Fensterlaibungen waren früher bei den dicken Wänden schöne Umrahmungen für diese Bilder, und zugleich lenkten sie das Licht und brachen es, wie die in den meterdicken (in Wirklichkeit hohlen Spritzbeton-) Wänden der Ronchamp-Kapelle. Bei den relativ dünnen Außenwänden heute sind die Lichtöffnungen wie ausgestanzt, wodurch die Lichtfläche blendet. Aber dicke Wände kosten zuviel Platz und sind deshalb nur noch auf dem flachen Land bezahlbar. Und die Notwendigkeit, überall genügend Tageslicht hinzubringen, führt – jedenfalls in unseren Breiten – zu einem relativ hohen Anteil an Öffnungen in der Wand, was im Wohnungsbau hierzulande ein gestalterisches Handicap bedeutet. Denn es ist schwer, mit durchlöcherten Wänden ein räumlich und plastisch volles Volumen zu entwickeln. Und im lichtarmen Mitteleuropa braucht jeder größere Raum schon zwei Fenster. Derzeit bringt die Mode hier manchen Entwerfer wieder zu liegenden Formaten, die im Wohnungsbau ja noch den weiteren Nachteil haben, daß sie die Stellfläche für die Möblierung weiter verringern. Dieses Thema hat es jedenfalls in sich, ganz abgesehen davon, daß auch die Feuerwehr noch Ansprüche stellt. Denn Fenster sind eben im Notfall auch Fluchtwege…

Aber unsere Liste der Bausteine ist damit noch nicht vollständig. Die Schönste und Edelste unter all den Komponenten, aus denen Architektur gemacht wurde, war die *Säule*. Sie gilt in der abendländischen Baukunst als die schöne Schwester des Pfeilers. Auch sie stand dank ihres Gewichts, ist deshalb nicht mit einer heutigen Stütze zu verwechseln. Sie wuchs von unten nach oben, von der Basis sich allmählich verjüngend zu ihrem oberen Abschluss, dem Kapitel, der Verbreiterung, die die Last von oben aufnahm. Die Säulen der griechischen Tempel lassen ihr Gewicht

öffnungen
2 geteill

3 geteilt

La columna también se mantenía de pie gracias a su peso, y por lo tanto no debe confundirse con un puntal de la actualidad. Crecía de abajo hacia arriba *y se* iba rejuveneciendo desde la base hasta la parte final: el capitel, el ensanchamiento que sostenía el peso desde arriba. Las columnas de los templos griegos hacen olvidar por completo su peso. En especial las columnas jónicas poseen tanta ternura y gentileza como los coros de las vírgenes de los templos corintios en la acrópolis de Atenas. Uno cree que se pueden levantar por sí solas *(Fig. 7)*. En el norte de Italia encontramos más tarde ejemplos de gran belleza. Aquí las columnas soportan los arcos sobre las aberturas en los fuertes y toscos muros, dividiéndolas así en un número par de espacios abiertos de tal forma que una ventana queda justamente sobre la columna central. Eso le da agilidad: como si se tratara de una bailarina haciendo una pirueta sobre una pierna. En el medio una abertura o también una columna –es decir una o dos divisiones–, lo que en arquitectura son dos cosas muy distintas.

Sobre los muros y columnas se encuentran las *vigas* y se apoyan los *arcos*, las *bóvedas* y *cúpulas*, las cuales desvían el peso hacia los lados en los *puntales* o estribos y se estabilizan por medio de su propio peso. Por encima las correas, las que sostienen los cabrios y la cubierta, es decir todos los componentes que, como habíamos visto, establecen la rectangularidad de las figuras arquitectónicas. Además existen también las escaleras de zancas, que deben contemplarse en relación con las vigas ya que necesitan de un hueco de escalera, y la carga es soportada por el tejado.

He juntado todos estos morfemas en este dibujo. Como vemos, no son más que una docena de piezas. Con ellas se construyeron, paso a paso y durante siglos, los componentes arquitec-

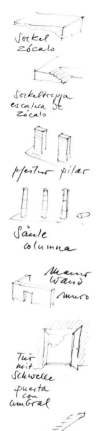

Sockel
zócalo

Sockeltreppe
escalera de
zócalo

Pfeiler pilar

Säule
columna

Mauer
Wand
muro

Tür
mit
Schwelle
puerta
con
umbral

« Balkentreppe »

ganz vergessen. Besonders die ionischen Säulen wie die Koren (Jungfrauen) des Korentempels auf der Akropolis sind von solcher Anmut und Zartheit, daß man meint, sie könnten sich von selbst aufrichten *(Fig. 7)*. Besonders anmutige Beispiele finden wir später in Italien, wo solche Säulen in einem rauhen und wehrhaften Mauerwerk die Bögen über den Öffnungen tragen und das Fenster oft in eine gerade Zahl von Öffnungen teilen, so daß immer eine der Säulen – oder die eine – genau in der Mitte steht. Das ist dann sehr graziös: wie eine Tänzerin, auf einem Bein eine Pirouette drehend. In der Mitte eine Öffnung oder aber eine Säule – also zwei- oder dreigeteilt, das macht jedenfalls in der Architektur einen Unterschied!

Auf den stehenden Mauern und Säulen liegen die *Balkenlagen*, stützen sich die *Sturzbögen*, die *Tonnen und Kuppeln*, die ihren seitlichen Druck in *Strebepfeiler* oder durch hohes Eigengewicht stabilisierte *Widerlager* geben, obendrauf die *Pfetten*, die die Sparrenlage mit der Dachdeckung tragen, also alle die Komponenten, die – wie wir gesehen haben – die Viereckigkeit der architektonischen Figuren begründen. Dazu gibt es noch die *Wangen- oder Balkentreppen*, die wegen des nötigen Treppenauges und der Belastung der Decke in einem Zusammenhang mit den Balkenlagen gesehen werden müssen.

Ich habe all diese Morpheme hier zusammen skizziert: es sind nicht mehr als ein Dutzend Elemente. Daraus also wurden, Schritt für Schritt, jahrhundertelang die architektonischen Komponenten gebaut, aus denen dann – wieder Schritt für Schritt – große Architekturen komponiert wurden. Schritt für Schritt: diese typische Abfolgegebundenheit fand sich nicht nur in den Wörtern, die die einzelnen Teile nach ihrer Funktion und Rolle in dieser Schrittfolge bezeichnen – die *Pfette* ist ein Balken, der vor den Balken kommt,

135

tónicos que posteriormente y poco a poco dieron lugar a la gran arquitectura. Paso a paso: esta típica secuencia la encontramos no solamente en las palabras que describen las piezas según su función y su papel –el *cabrio* es una viga que sale de las vigas que llamamos contrete, la última piedra va al final en un arco abovedado, etc.–, sino también en la organización de los oficios que se disponen uno sobre otro y que dan una secuencia lógica. Por ejemplo en los orificios, el albañil los hacía, luego venía el carpintero que tomaba medidas, hacía las ventanas y las colocaba. Después se ponían las piezas forjadas, y finalmente venían los vidrieros a poner sus finos cristales de vidrio soplado. En algunas partes de la construcción de hoy, en donde no tenemos más que seis metros luz entre los apoyos, y dónde no es posible hacer series, trabajamos en un principio con los mismos componentes y sistemas de construcción. (La estática y el grosor de una losa de hormigón es comparable con un techo de vigas de madera). Es en la actualidad que la problemática de los puentes térmicos nos obliga a utilizar nuevos componentes, así como apoyos colgantes o mamparas portantes. Hace tiempo que las edificaciones como naves industriales y los edificios de varios pisos y rascacielos ya no son factibles con estos componentes. Los nuevos componentes son complejos, menos jerárquicos y por lo tanto no descifrables. Son delineados, por así decirlo, como «cajas negras». De todas formas, para una gran parte de la construcción podemos utilizar aún esta gama de la construcción compuesta.

Diferenciamos una serie de figuras básicas o de *componentes* a partir de las cuales se forman composiciones arquitectónicas. Pero esta diferenciación de las piezas que he enumerado antes no ha quedado clara del todo. La principal diferencia (entre compo-

die man *Sparren* nennt, der *Schlußstein* kommt am Schluß in einen Wölbbogen, usw.; aber auch in der Organisation der Bauhandwerke, deren Gewerke immer eines auf dem andern aufbauten, gab es diese selbstverständlichen Reihenfolgen. Bei den Öffnungen etwa: der Maurer legte sie an. Dann kam der Fenstertischler, nahm Maß, fertigte das Fenster und baute es ein. Daraufhin wurden die geschmiedeten Beschläge angebracht. Dann kam der Glaser, dessen handgeblasene Scheiben ein feines Sprossenwerk erforderten. In Teilen des heutigen Bauens, wo wir es mit normalen Raumgrößen von nicht mehr als etwa sechs Metern Stützweite zu tun haben und wo Serien nicht möglich sind, arbeiten wir im Prinzip immer noch mit diesen wenigen Teilen und aufeinander aufbauenden Gewerken. (Dabei ist eine normale Betondecke ihrem Tragverhalten und ihrer Dicke nach durchaus einer Holzbalkendecke vergleichbar.) Erst die Problematik von Wärmebrücken erzwingt in letzter Zeit auch in diesem Bereich neue Teile wie Hängestützen oder tragende Wandschotten. Fertigungshallen, Hochhäuser usw. sind mit den klassischen (druckbeanspruchten) Bauteilen schon lange nicht mehr machbar. Sie sind komplex, weniger hierarchisch organisiert und deshalb auch für den Betrachter nicht entschlüsselbar. Sie werden sozusagen als *black boxes*-„*designed*". Aber für einen Großteil des Bauens kommen wir mit diesem Repertoire des komponierten Bauens immer noch aus.

Wir unterscheiden nun eine Anzahl von Grundfiguren oder *Komponenten*, aus denen architektonische Kompositionen entstehen. Dabei ist deren Unterscheidung von Baugliedern oder Elementen, die ich eben aufgezählt habe, nicht eindeutig. Der wesentliche Unterschied (zwischen Komponenten und Baugliedern) ist lediglich der, daß die Komponenten auch als selbstständiges Gebäude

'Treppe'

'Tor'

'Turm' ode 'pavillon'

nentes y piezas) es que los componentes también pueden existir como edificios independientes. El *zócalo*, por ejemplo, es un componente de este tipo, ya que también puede existir por sí solo. La Galería Nacional de Berlín es –casi– solamente un zócalo. Una *escalera* o un portón pueden ser también componentes independientes. Al igual que un *muro*, que sin embargo también podría hacernos pensar en una serie de rebanadas a modo de pisos que formarían un edificio. También el *cubo* o la *torre*: composición de cuatro muros sin apenas ventanas y con forma de chimenea, pesada y fija. Una *loggia* sin embargo es un tejado «redondo» sobre cuatro o seis pilares. Un quiosco o templete es también «redondo» en el sentido visto al principio y «mira» hacia los cuatro lados. La *casa estirada*, sin embargo, tiene un lado corto, el del frontón, y uno largo, el del canalón. Es, por así decirlo, un perfil estirado a lo largo. Algo parecido sucede con la *pérgola* y la *remise*: casas estiradas que no tienen paredes con ventanas, sino largas hileras de pilares o columnas. Una remise es un tejado largo que da sombra y bajo el cual antiguamente se aparcaban las carrozas. Una pérgola se compone casi exclusivamente de hileras de pilares. Todavía podríamos enumerar más figuras como las pasarelas, los atrios, etc. Pero aquí no se trata de hacer una morfología de la edificación clásica, sino simplemente de una enumeración de los componentes de edificación más pequeños e indivisibles («palabras»), que ya solamente se pueden descomponer en las piezas mencionadas o los morfemas («sílabas»).

Veremos ahora en algunos ejemplos como se pueden unir estos componentes. Para ello distingo algunas estrategias típicas o métodos, aunque no pretendo crear una sistemática perfecta. Otros diseñadores seguro que conocen otras estrategias. Para mí

138

'Langhaus'

'Remise'

'pergola'

existieren können. Der *Sockel* z.B. ist eine solche Komponente, die auch für sich stehen kann. Die Nationalgalerie in Berlin ist – fast – nur ein solcher Sockel. Auch eine *Treppe* oder ein *Tor* kann eine selbstständige Komponente sein. Ebenso wie eine *Mauer*, wobei wir darunter auch eine vielgeschossige Gebäudescheibe verstehen könnten. Dann der *Kubus* oder *Turm*: ein fast fensterloses, kaminartiges Mauergeviert, schwer und fest. Die *Loggia* dagegen ist ein „rundes" (z.B. quadratisches) Dach auf vier oder sechs Pfeilern oder auch Säulen. Das *Pavillon-Haus* ist ebenfalls „rund" in dem anfangs entwickelten Sinn und „sieht" nach allen vier Seiten. Das *Langhaus* dagegen hat eine kurze Giebel- und eine lange Traufseite, ist ein in die Länge gezogenes Profil. Ähnlich die *Pergola* und die *Remise*: Langhäuser, die aber keine Wände mit Fenstern, sondern nur lange Pfeiler- oder Säulenreihen haben. Die *Remise* ist ein „langes", schattenwerfendes Dach ursprünglich zum Unterstellen von Kutschen und Wagen, während die Pergola fast nur aus diesen Pfeilerreihen besteht. Man könnte noch weitere Figuren aufzählen wie Passagen, Atrien. Hier geht es aber gar nicht um eine Morphologie des klassischen Bauens, sondern nur um die Aufzählung kleinster, nicht mehr teilbarer Baukomponenten („Wörter"), die selbst nur noch in die aufgezählten Bauglieder oder Morpheme („Silben") dekomponiert werden können.

Wir werden nun an Beispielen verfolgen, wie diese Komponenten zusammenkommen können. Ich unterscheide dabei einige typische Aktionen oder Methoden, allerdings ohne den Anspruch einer vollständigen Systematik. Andere Entwerfer kennen sicher noch ganz andere. Mir geht es hier insbesondere darum, das Verständnis für solche Methodik – auch bei der Rezeption von Architektur – zu wecken. Eine entscheidende Rolle spielt in allen Fällen,

se trata más que nada de despertar el interés por un método como éste, y aprender a aplicarlo también en la arquitectura. En todos los casos, juega un papel importante la forma en que cada una de las piezas se determina entre sí, tal y como lo hemos visto ya en la casa con tejado; qué grado de libertad mantienen los componentes en el proceso, o cómo son de independientes las piezas. Ahora presentaré seis estrategias típicas: el apilamiento, la acumulación, la multiplicación, la abstracción, la penetración, la sobreposición y la confrontación. Estas estrategias distintas se diferencian entre sí por la forma de cómo el próximo componente se une al anterior. La siguiente tabla lo muestra:

Acción	El próximo componente es/está...
Capas, añadiduras, *apilamiento*	...portado/apoyado por el anterior
Acumulación, *rebaño* También: compactación	parecido al anterior pero más bajo y más alejado del centro
Multiplicación, *cadena, tejido*	...como los anteriores, pero con otro uso
Simplificación	(Todos los componentes son órganos de un todo.)

wie weit sich die Teile einseitig oder gegenseitig bestimmen, so wie wir es schon einmal beim Dachhaus gesehen haben; also wieviele *Freiheitsgrade* die Komponenten im Prozess behalten oder wie selbstständig sie sind. Ich werde im Laufe der nächsten Lektionen nun sieben solche typischen Strategien vorstellen: die *Stapelung*, die *Anhäufung*, die *Vervielfachung*, die *Vereinfachung*, die *Superierung*, die *Durchdringung/Überlagerung* und die *Konfrontation*. Dabei unterscheiden sich diese Methoden oder Aktionen vor allem durch die Art, wie die jeweils nächste Komponente oder auch das nächste Bauglied sich zum vorherigen fügt. Die folgende Übersicht zeigt das:

Aktion	Die nächste Komponente ist…
Schichten, Anlehnen: *Stapel*	…getragen/gestützt von der vorherigen
Addieren, Verdichten: *Herde, Mühle*	…ähnlich wie die vorherigen, aber niedriger und weiter vom Zentrum
Vervielfachen: *Ketten, Gewebe*	…wie die vorherigen, nur anders genutzt
Vereinfachen	(Alle Komponenten sind Organe eines Ganzen.)

Superación, complicación *La planificación tridimensional, orden colosal*	…delimitado/determinado/ dominando por el anterior La primera forma es la gran forma
Penetración/sobreposición *Cruz, («Ge-schichte» = historia en capas)*	…determinado por al anterior y viceversa: orden cambiado de forma ambigua
Confrontación, *escenario*	…autodeterminado. Se encuentra libre frente a los demás

No queda claro si se trata de cada una de las piezas, es decir las «sílabas» o los morfemas, o si se trata de las figuras básicas, las «palabras» que llamo componentes. A veces las frases arquitectónicas están formadas igual que las palabras.

4.2 La forma de composición más simple: apilar

Comencemos con esta simple acción. De esta forma puedo aclarar mejor lo que significa una acción compositiva. Amontonemos una pieza sobre otra. Cada componente tiene que ser elegido de tal forma, que la fuerza de la gravedad mantenga el conjunto en pie. Los altos edificios son a menudo estos apilamientos: Sobre un zócalo se encuentra un cubo en forma de torre, sobre el cual se encuentra otro no tan compacto. Y encima del todo se halla otra pieza más ligera, una *loggia*, como coronación. Con ello no hemos descrito aún toda la acción compositiva. Existe una gran diferencia si el montón está ordenado de forma rígidamente simé-

Superieren, Verkomplizieren: *Raumplan, Kollossalordnung*	…vom vorherigen bestimmt/beherrscht. Die erste Form ist die *Großform*
Durchdringen, Überlagern: *Kreuz, Ge-schichte*	…teilweise von der vorherigen bestimmt und umgekehrt: vertauschte Reihenfolge
Konfrontation: *Bühne*	…selbstständig, steht der anderen frei gegenüber

Es bleibt dabei unentschieden, ob es sich um die einzelnen Bauglieder, also die „Silben", oder die Morpheme handelt oder um die Grundfiguren, die „Wörter", die ich Komponenten nenne. Meist sind die architektonischen Sätze nach der gleichen Methode zusammengefügt wie die Wörter.

4.2 Die einfachste Kompositionsform: Stapeln

Beginnen wir mit der einfachsten Aktion – ich kann dabei auch besser erklären, was mit einer kompositorischen Aktion gemeint ist: Wir stapeln ein Teil auf das andere. Jede einzelne Komponente muß deshalb so gewählt sein, daß das Ganze von der Schwerkraft aufeinandergehalten wird. Hohe Gebäude sind oft solche „Stapel": Auf einem Sockel steht ein turmartiger Kubus, auf den ein weiterer, nicht ganz so gedrungener Kubus, aufgesetzt ist. Und ganz oben ist noch ein leichtes Teil aufgesetzt, eine Loggia als krönender Abschluß. Damit ist die ganze kompositorische Aktion allerdings noch nicht beschrieben. Es macht einen großen Unter-

trica o no. Si es estable, o si se encuentra al límite de la estabilidad. Para nosotros aquí solamente importa que una pieza se ponga sobre otra menos débil, que soporte y que cree el zócalo. Ya se ve, por un lado, que ésta es la forma original de la construcción, por lo menos mientras no se utilicen tensores, y que el término apilar es válido casi siempre. Pero acordémonos de lo dicho al principio, cuando hablábamos de lo que significaba composición. Hablamos de composición cuando ya no se piensa solamente en la construcción, pero a su vez, aún no se piensa únicamente en la expresión. Pero se habla de apilamiento o disposición en capas cuando con una *reconocible* actitud compositiva se coloca una pieza sobre la otra; un zócalo sobre otro, sobre una pieza casi inestable otra pieza.

La dirección del procedimiento carece de importancia: también nos lo podemos imaginar como una pila de libros de distintos formatos sobre una plataforma. La única condición es que el primero sea lo suficientemente estable como para formar el principio, el zócalo, sobre el cual se coloca el segundo libro, que a su vez soportará el siguiente y así sucesivamente. Si este amontonamiento de los distintos componentes se da de tal forma que, por así decirlo, todo se cayera si se quitara una pieza, es decir que una pieza se apoya sobre la precedente –como un castillo de naipes–, entonces hablo de apilamiento. Al hablar de apoyo no me refiero solamente al apoyo estático, sino más bien de forma análoga a la desviación de carga. Cada una de las acciones crea una base para la siguiente, y según va aumentando el número de pasos, las piezas tendrán que ser mas ligeras y serán menos estables. Un ejemplo fascinante es el nuevo ayuntamiento en la plaza de Murcia de Moneo *(Figs. 8 y 9)*, un edificio con la incon-

schied, ob der Stapel streng symmetrisch geordnet ist oder nicht, ob er stabil ist oder dicht an der Grenze zur Instabilität. Für uns ist hier im Moment nur wichtig, daß immer ein etwas schwächeres Teil auf ein anderes kommt, das es trägt und den Sockel herstellt. Man sieht schon, daß das Stapeln eigentlich die Urform allen Bauens ist, jedenfalls solange keine Zuggurte verwandt werden, und daß der Begriff Stapelung so fast überall gilt. Aber erinnern wir uns an das anfangs Gesagte, als wir davon sprachen, was mit Komposition hier gemeint ist. Von Komposition sprechen wir, solange nicht mehr nur die Konstruktion und noch nicht allein der Ausdruck gemeint ist. Wenn also mit kompositorisch *erkennbarer* Absicht ein Teil auf das andere kommt, auf jeden Sockel noch ein Sockel, auf ein fast schon schwankendes Teil noch ein Teil, dann sprechen wir hier von Schichtung und Stapel.

Dabei ist die Richtung des Vorgangs nicht unbedingt wichtig: man kann sich das Stapeln auch als ein Aneinanderreihen vorstellen, wie einen Stapel verschiedenformatiger Bücher auf einer Platte, immer vorausgesetzt, daß das erste stabil genug ist, den Anfang und Sockel zu bilden, an den sich das nächste anlehnen kann, das dann seinerseits dem nächsten noch etwas Halt gibt usw. Wenn dieses Auf- oder Aneinanderstapeln der Komponenten so erfolgt, daß alles sozusagen oder tatsächlich umkippt, wenn ein vorheriges Teil herausgenommen würde, wenn also jedes Teil sich auf das vorgängige stützt, das Ganze wie ein Kartenhaus aufeinanderbaut – dann spreche ich von einem Stapel. Dabei ist das „Sich stützen" nicht allein statisch gemeint, sondern mehr analog zum statischen „Stützen", „Lastabtragen". Jede Aktion schafft eine Basis für die nächstfolgende, wobei mit wachsender Zahl der Schritte die Teile leichter und instabiler werden. Ein faszinierendes Beispiel ist Moneos neues

Fig. 8

fundible mezcla española de fuerza y gracia, ubicado con orgullo frente a la iglesia barroca de enfrente. Desde mi punto de vista, un acierto parecido al de la edificación del ayuntamiento de Göteborg por Asplund, que fue hace casi cincuenta años mi primera gran experiencia arquitectónica. Moneo antepone, tal y como es tradición en ese tipo de plazas, una especie de edificio-fachada ante lo que es el verdadero volumen del edificio: un apilamiento hacia arriba cada vez más liviano compuesto de agrupamientos de pilares, el agrupamiento inferior simétrico, los tres siguientes sincopados; una sucesión de ritmos diferentes. Pero la fuerza barroca no proviene de este apilamiento, sino que se debe a que la figura apilada es a su vez también una superforma de grandes contornos con una abertura que abarca más de dos pisos con un gran ventanal y dos ventanas más pequeñas en la parte inferior masiva. El gran formato así creado le otorga esa concentración de fuerza.

Deberían de intentar alguna vez, cuando estén esperando el tren, de dibujar los edificios funcionales a partir de las piezas de edificación clásicas que acabo de describir. Es como dibujar desnudos arquitectónicos. Es importante que cada una de las piezas esté suelta, es decir que sean móviles. Solamente el propio peso las aguanta en su sitio. Esto queda más claro si movemos uno de estos «morfemas» de su posición: acostar una columna o inclinar un pilar como en este dibujo del escultor Heerich *(Fig. 10)*.

146

Rathaus am Marktplatz von Murcia in Andalusien *(Fig. 8/9)*, ein Gebäude mit der unverwechselbar spanischen Mischung aus Kraft

und Grazie, voller Stolz der Barockkirche gegenübergestellt. In meinen Augen ein ähnlicher Glücksfall wie der Rathausanbau in Göteborg von Asplund, der vor fast 50 Jahren mein erstes großes Architekturerlebnis war. Moneo setzt, wie es an solchen Stadtplätzen Tradition ist, eine Art Fassa-

Fig. 9

dengebäude vor das eigentliche Gebäudevolumen: einen nach oben leichter werdenden Stapel aus verschiedenen Pfeilerordnungen, die unterste im Gleichmaß, die drei darüber synkopisch, eine Folge verschiedener Rhythmen. Die barocke Kraft kommt aber noch nicht aus diesem Stapel, sondern daher, daß die gestapelte Figur gleichzeitig *auch* als eine superierte Großform aus einem großem Umriß, aus einer über zwei Geschosse durchgehenden Öffnung mit großem Fenster und zwei kleineren und verschieden hoch gesetzten Fensterlöchern im massiven unteren Teil, ausgebildet ist. Das so entstehende Großformat verleiht ihr die konzentrierte Kraft.

Sie sollten einmal, wenn Sie in der Bahn sitzen oder warten, sich die Zeit damit vertreiben, ganz zwecklose Gebäude aus den klassischen Bauteilen zu zeichnen, die ich vorhin aufgezeichnet habe. Das ist so etwas wie architektonisches Aktzeichnen. Dabei ist wichtig, daß die Teile nur lose aufeinander (oder aneinander) stehen. Sie sind also im Grunde noch *beweglich*. Nur das Eigengewicht hält sie an ihrer Stelle. So wie in der nebenstehenden Studie des Bildhauer-Architekten Heerich, von dem später noch die Rede sein wird *(Fig. 10)*. Die Beweglichkeit und Identität der

Debido a la perturbación de este orden original por medio de esos pequeños cambios, se puede reconocer qué piezas se encuentran sueltas y son potencialmente móviles y cuáles no.

Komponenten wird dadurch deutlicher, daß eine aus ihrer Position gedreht ist. Durch solche Störung der „ursprünglichen" Ordnung in Form dieser kleinen Lageveränderung läßt sich zeigen, welche Teile nur lose aufeinander stehen und potentiell beweglich sind und welche nicht.

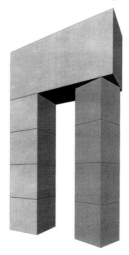

Fig. 10

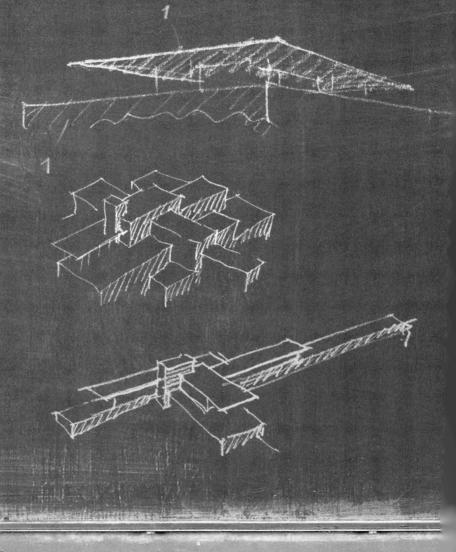

5. Formas de composición: compactación y multiplicación

5.1 Acumulación, compactación

Esta acción no es más que un apilamiento equilibrado en varias direcciones, pero sobre todo en horizontal. Paso a paso se van añadiendo construcciones. Por ejemplo: a la casa matriz se le acopla un ala lateral, a la que se le añade otro elemento y así continuamente. Ya vimos una casa como ésta cuando hablamos de las formas aditivas y de las plantas determinadas por el tejado o por bóvedas. La obra crece en la superficie como un árbol, pero no de forma tan redonda y orgánica, sino a partir de cuadrados y en perpendicularidad. A menudo hay un centro de crecimiento, una torre o un punto que de alguna forma es importante y decisivo. Aquí siempre hay un centro de crecimiento, un zócalo, un lugar marcante, desde donde comienza el proceso de construcción. Este punto también lo podemos ver como punto de cristalización, *hacia el cual* se dirigen las partes exteriores, como las ovejas de un rebaño se dirigen hacia el pastor. Independientemente de qué dirección se tome, se darán siempre dos condiciones constructivas necesarias: el centro de crecimiento o de densificación, y el amplio espacio vacío; y las partes que se suman, obligatoriamente se subordinarán en un rango inferior, cuanto más tarde se añadan. Ya que una adición no puede ser de rango más alto que el núcleo al que se añade. De esta forma,

5. Kompositionsformen: Verdichtung, Vervielfachung

5.1 Anhäufung, Verdichtung

Diese Aktion ist eigentlich nichts anderes als ein wohlausgewogenes Stapeln in mehrere Richtungen, vor allem in die Breite und Weite. Dabei wird schrittweise immer angebaut: An das Stammhaus kommt z.B. ein Seitenflügel, an diesen wird wiederum ein Trakt angehängt und so fort. Wir haben das ja schon im Zusammenhang mit dem additiven, von den Dächern (oder Gewölben) bestimmten Grundriß gesehen. Das Bauwerk wächst in der Fläche wie ein Baum, freilich nicht so rund und organisch, sondern aus Vierecken und Lotrechten – beim Bauen aus den schon besprochenen Gründen fast unvermeidlich. Oft gibt es ein Wachstumszentrum, einen Turm, oder eine sonstwie markante und gewichtige Stelle, von der aus sich dieser Anbauprozess in Gang setzt. Man kann diesen Ort auch als Kristallisationspunkt sehen, *auf den hin* sich die Teile von außen zu bewegen wie die Schafe einer Herde auf ihren Hirten. Welche Richtung man auch annimmt: Man hat immer diese zwei notwendigen Voraussetzungen: das Wachstums- (oder Verdichtungs-) Zentrum und den weiten, leeren Raum. Und die addierten Teile werden zwangsläufig, je später sie hinzugefügt werden, buchstäblich untergeordneter, niedriger. Denn ein Anbau kann eigentlich nicht höher sein als der Bau, an den er anschließt. So haben wir also ein zu den Rändern hin abfallendes, flacher werden-

Fig. 1

tenemos un crecimiento de volúmenes cuadrados que decae hacia el borde, que va perdiendo en altura. Un hermoso complejo, como un pueblo que se encuentra agrupado alrededor de una alta iglesia, como los de los montes de Liguria. Esta figura no tiene a su alrededor nada más que un espacio vacío en el que va creciendo. Es algo solitario, que se proyecta de dentro hacia fuera, tal y como nos lo pedían nuestros maestros en los años cincuenta y sesenta. En realidad, si sus piezas adosadas fueran transformadas en órganos de un organismo mayor, esta figura sería el método ideal del diseño funcional, de forma pintoresca, como lo llamaba Corbu. Pero en un principio sólo de esta forma, como un crecimiento de casas que se expande.

En el arte, fue Mondrian el primero en desarrollar un método comparable, cuyo modelo, como vemos, fue en un principio un árbol frutal *(Figs. 1 y 2)*. Los cuadros de

Fig. 2

Mondrian fueron cada vez más arquitectónicos y crearon pronto las grandes rectas, que eran importantes para este procedimiento *(Fig. 3)*. Se extienden desde un centro de crecimiento hacia la planicie donde juntan al rebaño de casas y al pastor en su centro.

Esta estrategia no es obligatoriamente un logro del modernismo clásico. Los maestros barrocos utilizaban la misma estrategia para dominar el espacio, con una única y vital diferencia: las figuras espaciales que desarrollaban eran de simetría axial, avenidas rectas y muros largos que se extienden por la gran superficie, sobre

154

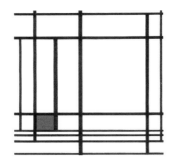

Fig. 3

des Gewächs von viereckigen Baukörpern vor uns: eine sehr malerische Anlage wie ein um eine hoch aufragende Kirche gruppiertes und ganz und gar aneinandergebautes Dorf. Und diese Figur hat nichts um sich herum als einen leeren, wilden Raum, in den sie hineinwächst. Sie ist ein ausgesprochener Solitär, und sie wird „von innen nach außen entworfen" – so wie es unsere Lehrer in den 50er und 60er Jahren immer von uns gefordert haben. Ja, sie ist in Wahrheit, wenn ihre angebauten Teile zu Organen eines größeren baulichen Organismus ausgeformt werden, *die* Ideal-methode funktionalistischen Entwerfens, „pittoresk", wie Le Corbusier sie später genannt hat. Aber anfänglich ist sie nur als dieses sich in den weiten Raum ausbreitende „Hausgewächs" aufgetreten.

In der bildenden Kunst ist ein vergleichbares Verfahren zuerst durch Mondrian entwickelt worden, dessen Vorlage anfangs und, wie man hier sieht, sicher nicht zufällig ein großer Apfelbaum war *(Fig. 1/2)*. Mondrians Bilder wurden rasch architektonischer und entwickelten bald die großen Geraden, die für dieses raumgreifende Verfahren immer wichtig sind *(Fig. 3)*. Sie strecken sich vom Wachstumszentrum in die weite Ebene hinein, von wo sie die „Herde" der Häuser um den Wächter in ihrem Zentrum versammeln.

Diese Strategie ist jedoch nicht unbedingt eine Errungenschaft der klassischen Moderne. Die gleiche Strategie wandten die Barockbaumeister auch an, um den weiten Raum zu beherrschen, nur mit einem nicht unwesentlichen Unterschied: sie entwickelten die raumgreifenden Figuren achsensymmetrisch. Gerade Alleen und lange Mauern spannten die große Fläche auf, über die sich dann der Herrensitz erhebt. Ohne Achsensymmetrie ist dieses Verfahren zwar viel ziviler, aber nicht anders. Immer die Ausstrahlung in die Weite!

la cual se levanta la casa señorial. Sin las simetrías axiales este procedimiento podría parecer mucho más civil, pero en todo caso no sería muy distinto, ¡siempre esa irradiación hacia lo amplio! Imaginémonos la siguiente película de dibujos animados: desde la lejanía de las praderas se van acercando tejados y muros alargados desde los cuatro puntos cardinales. No llegan justo al centro, sino que pasan de largo. Los muros y espacios se densifican alrededor de un centro, creando mesetas y colocándose unos sobre otros. En el punto de gravedad de este rebaño que se está formando hay una figura cúbica e inmóvil; se trata de una gran chimenea. Reconoceréis enseguida en esta arquitectura una de las casas de la pradera de Frank Lloyd Wright, quien en su tiempo estaba impresionado por los grabados japoneses en madera. Pero contemplemos el diseño de Frank para los cristales de las ventanas en una de sus casas, la de Avery Coonley-house de 1907 *(Fig. 4)*. ¡Aquí existe un gran parentesco con los cuadros de Mondrian! Éste sólo es un ejemplo entre muchos. Si nos imaginamos estas figuras de forma isométrica y algo mas cúbicas, llegamos a la arquitectura de Malevitch o de van Eesteren, a principios de los años veinte.

Cuando aparecieron las casas de la pradera de Frank Lloyd Wright en 1909, en Alemania despertaron gran interés, sobre todo en el joven Mies, cuyos diseños de villas contrastan con las amplitudes naturales sobre las que se desarrollan por medio de largas plataformas de zócalo, igualando la desigualdad del terreno. Hay que tomar nota del contraste entre las líneas alpinas y las rectas extensas en el diseño de la villa en los Alpes *(Fig. 5)*. También encontramos «pastores» en los diseños que ampliaron esta estrategia.

Man stelle sich diesen Trickfilm vor: Aus der Weite der Prärie „fahren" einige Dächer und langgestreckte Mauern zusammen, nicht punktgenau auf das Zentrum, sondern leicht seitlich daran vorbei, und nicht aus allen, sondern nur aus den vier Hauptrichtungen. Die Wände, die Räume und Zwischenräume verdichten

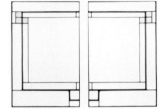

Fig. 4

sich dabei zu einer Mitte hin, bilden Plateaus, schieben sich dabei an- und übereinander. Im Schwerpunkt des entstehenden rechtwinkligen Clusters, der kubischen „Herde", *steht* eine Figur – unbeweglich und kubisch: ein großer Kamin. Nun? Sie werden unschwer in dieser Architektur eines der Prairie-Häuser Frank Lloyd Wrights entdecken. Der seinerseits war wohl durch alte japanische Holzschnitte beeindruckt. Sehen wir uns Franks Entwurf für die Fenster-Verglasungen in einem dieser Prairie-Häuser, im Avery-Coonley-House von 1907 an *(Fig. 4)*: Hier zeigt sich die innere Verwandtschaft zu den Bildern Mondrians! Und dies ist nur ein Beispiel von vielen! Denkt man sich diese Figuren isometrisch und etwas kubischer, kommt man zu den Architekturen Malewitschs und Van Eesterens aus den frühen 20er Jahren.

Als Frank Lloyd Wrights Prärie-Haus-Entwürfe 1909 bei Wasmuth in Deutschland erschienen, stießen sie hier auf ein großes Echo bei den Architekten, besonders beim jungen Mies, dessen Entwürfe für Villen nun auch die „wilde Weite" kontrastieren, in die sie sich hineinentwickeln, mit lang gestreckten Sockel-Plattformen die Unebenheiten des naturwüchsigen Terrains ausgleichend. Man beachte den Kontrast der wilden alpinen Linien zu den gestreckten Geraden in der Skizze für die Villa in den Alpen *(Fig. 5)*. Und auch den „Hirten" finden wir in den Entwürfen, in denen er diese Strategie weiterentwickelt hat, immer wieder.

Para esta estrategia es importante el ángulo recto al igual que en los cuadros de Mondrian. ¿Por qué? Para explicarlo mejor,

dibujemos la casa de Coonley de Frank Lloyd Wright en un ángulo erróneo. Por ejemplo así: No es difícil ver que los elementos se independizan y crean un apilamiento de piezas o bien se densifican hacia el centro, o bien explotan partiendo de este cen-

Fig. 5

tro. Mientras que en ángulo recto el espacio se cierra, los espacios y los espacios intermedios se entraman, ahora se trata de una especie de encuentro de volúmenes libres. En vez de Mondrian, se podría decir *también Malewitsch (Fig. 6)*. Esta otra forma libre no se usó en el modernismo clásico. Aparece más tarde en el postmo-

Fig. 6

dernismo. El terreno como retículo, como tabla de ajedrez, en el

que cada número se puede codificar, parece que es la categoría espacial del modernismo. La categoría, en la que los espacios en bloques, de forma simple y sin complicaciones como en un mapa militar, se relacionaban entre sí. Universidades y hospitales, cuarteles, asentamientos o campos de concentración, la naturaleza a su alrededor siempre aparece como salvaje, como un nada desordenado, pacífico, un paisaje hermoso que se puede consumir en el tiempo libre. La naturaleza es el resto bello e infinito, lo salvaje, la contradicción de la cultura, de la civilización, algo con lo que la arquitectura no tiene ninguna relación.

Für diese Strategie ist jedenfalls zu Anfang – wie bei den Bildern Mondrians – der Rechte Winkel ganz wichtig. Warum? Gut ist es, sich hierzu eine schiefwinklige Verdichtung anzusehen: Versuchsweise zeichnen wir das Coonley-Haus von Frank Lloyd Wright schiefwinklig. Es fällt nicht schwer zu erkennen, daß sich die einzelnen Trakte jetzt stark verselbständigen und so einen Haufen von zu einem Zentrum hin sich verdichtenden oder aber von einem Zentrum aus explodierenden Einzelteilen bilden. Während sich in der rechtwinkligen Form der Raum insgesamt verdichtet, Räume mit Zwischenräumen verschränkt sind, handelt es sich jetzt um eine Art Begegnung freier Volumen oder – wenn wir die Bewegungsrichtung andersherum denken – um eine dramatische Explosion von Einzelteilen aus einem Zentrum. Statt Mondrian also eher Malewitsch (*Fig. 6*). Diese andere, freie Form ist in der klassischen Moderne nicht angewandt worden. Sie taucht eigentlich erst in der Postmoderne auf. Das rechtwinklig, auf den Plänen schachbrettartig gerasterte Terrain, auf dem jeder Punkt alfanumerisch kodiert werden kann, ist offenbar die ideale Raumkategorie der Moderne gewesen, auf dem die Räume und Trakte einfach und unkompliziert wie auf einer militärischen Landkarte in eine funktionale Beziehung zueinander gebracht werden konnten: Universitäten ebenso wie Krankenhäuser, Kasernen, Siedlungen oder Zwangslager – immer erscheint die Natur ringsum als Wildnis, als ungeordnetes Nichts, das bestenfalls als schöne Aussicht, friedliche Natur und Freizeitumgebung konsumiert wird. Die Natur ist sozusagen der schöne und unbegrenzte Rest, das wilde, schöne Gegenteil von Kultur und Zivilisation, mit dem die Architektur keinerlei konkreten Zusammenhang hat.

Ich halte mich nicht lange bei dieser „pittoresken" Kompositionsform auf, obwohl oder gerade weil sie große Wirkung besonders

No seguiré con esta forma de composición «pintoresca», aúnque tuvo gran influencia sobre el funcionalismo de postguerra, el cual siempre se interesaba por diseñar desde el área privada hacia el espacio público. Más tarde volveré a este tema. De todas formas, se puede decir, que esta forma de proyectar es enemiga de la ciudad y tiende a construirse sus propias «planicies salvajes», por lo menos en forma de parques para evadir la ciudad.

Las casas de la pradera de Frank Lloyd Wright, y sobre todo la casa de Rooby en Nueva York, estaban unidas a una figura que tendríamos que tener en cuenta. La cubierta en voladizo sobre el zócalo *(Fig. 7)*, estas dos partes son de un mismo rango. Ni la cubierta determina el zócalo y su forma, ni el zócalo la cubierta. En su contraste mutuo, las dos piezas están relacionadas la una con la otra. De allí nace la gran fascinación que esta figura causa al observador. Importantes son las fachadas casi completamente acristaladas, diagonales, en forma de proa, que se liberan por completo de la geometría del zócalo y evitan que el zócalo determine la cubierta. La cubierta vuela. Esta figura la realizó Mies de forma ideal abstracta en el pabellón de Barcelona veinte años más tarde. Un fuerte zócalo unido por una amplia escalera. Por encima

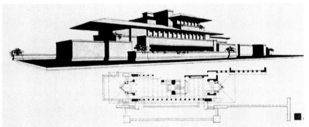

Fig. 7

la placa de la cubierta, lisa, sin división estructural portante alguna. Algo nunca visto, un rectángulo volador, increíble. Uno estaba acostumbrado a cúpulas o estructuras portantes complicadas, artesanales de madera o por lo menos pesadas vigas. Aquí nada

auf den Nachkriegs-Funktionalismus gehabt hat, dem es immer darum ging, von innen, von den privaten Ansprüchen des Grundstücks her, nach außen in den öffentlichen Raum hinein (und fast immer auf dessen Kosten) zu entwerfen. Darauf werde ich in anderem Zusammenhang später noch einmal zurückkommen. Jedenfalls kann man sagen, daß diese Entwurfsweise eigentlich stadtfeindlich ist und dazu neigt, sich die „wilde Weite" wenigstens als Park selbst herzustellen und sich die Stadt buchstäblich vom Leibe zu halten.

Die Prairiehäuser Frank Lloyd Wrights, besonders das Rooby-Haus in Chicago, waren mit einer Figur verbunden, die wir uns merken sollten, und die wir uns genauer ansehen wollen: dem fliegenden, schattenwerfenden Dach über dem Sockel (*Fig. 7*). Beide Teile dieser Konfiguration sind sozusagen gleichwertig. Weder *bestimmt* das Dach den Sockel und seine Form noch umgekehrt. Aber beide Teile sind in ihrer Gegensätzlichkeit aufeinander bezogen. Daraus erwächst die große Faszination, die diese Figur noch heute auf die Betrachter ausübt. Ganz wichtig dabei die diagonalen, bugförmigen und weitgehend verglasten Giebelfassaden, die sich völlig frei von der Geometrie des Sockels machen, so daß der Sockel in keiner Weise das Dach bestimmt, das er doch trägt: das Dach fliegt. Diese Figur hat Mies dann zwanzig Jahre später im Barcelona-Pavillon sozusagen in eine abstrakte Idealform gebracht. Ein massiver Sockel, der durch eine breite Sockeltreppe parallel zu einer seiner Längskanten erschlossen wird – und darüber die glatte, von keinerlei sichtbarem Tragwerk zergliederte Dachplatte. Das war ja damals etwas noch nie Gesehenes! Einfach ein fliegendes, glattes Rechteck – unglaublich! Man war ja noch eher an Gewölbe gewöhnt, handwerklich aufwendige, hölzerne Tragwerke

más que esta placa flotante y abstracta y con apoyos revestidos de cromo. Una hermosa variante de figuras compositivas. Una variante de esta figura compositiva, de especial belleza, es la villa Tugendhat en Brno (República Checa). Fue un éxito parecido, pero se encuentra a medio camino entre el concepto de un cubo con terraza y una figura de cubierta con zócalo. ¡No se pueden poner dos placas flotantes una sobre otra, y mucho menos ponerles paredes y muebles encima! Por eso, el zócalo se tenía que transformar de alguna forma en una placa flotante, si se quería crear un espacio entre el zócalo y la placa.

Hace algunos años en una conferencia[1], conté cómo en 1967 durante el alzamiento hidráulico del tejado de la gran Galería Nacional de Berlín, de cuya obra he hablado al principio, discutí con Mies después de haberle retratado, sentados en el Mercedes oficial con el tejado a medio alzar, sobre mi crítica a la villa Tugendhat *(Figs. 8 y 9)*. Le comenté que los interiores eran bonitos, la composición, en cambio, indecisa *(Figs. 10 y 11)*. ¡Un pabellón de Barcelona sobre un zócalo de Barcelona! Mies escuchaba con paciencia y no intervenía, parecía estar contento de que justo aquí, donde la policía había relegado a los curiosos tras las barreras, a gran distancia, encontrase a alguien que sin recelo se atrevía a criticar su arquitectura. Yo había cruzado las barreras policiales, ya que me había dado a conocer como miembro de su equipo, hablando con acento americano. Mientras él se encendía un puro, me ofreció uno diciéndome que tenía que tener en cuenta la época en la que había construido la villa. «Era una época en la que no tenía trabajo y Grete quería una habitación grande y el sitio estaba en una pendiente, por lo tanto el zócalo tenía que pasar a estar en el piso principal». «Por supuesto», comenté,

oder wenigstens schwere Balkenlagen. Hier nun nichts weiter als diese abstrakte, glatte, schwebende Platte (eigentlich eine unterseits mit Drahtgewebeputz verkleidete Konstruktion aus weitspannenden Stahlträgern) über kaum sichtbaren, chromblech-verkleideten Stützen! Eine Variante dieser bestechend schönen Kompositionsfigur, die Villa Tugendhat in Brünn, war zwar ein ähnlicher Erfolg, ist aber unentschieden zwischen dem Konzept eines terrassierten Kubus und dieser Dach-Sockel-Figur. Man kann die schwebende Platte schließlich nicht zweimal aufeinanderstellen und schon gar nicht Wandscheiben und Möbel daraufstellen! Und deshalb mußte sich hier der Sockel unten, wenn dieser Raum auch zwischen Sockel und Platte fließen sollte, wieder „irgendwie" in eine schwebende Dachplatte verwandeln.

Vor ein paar Jahren habe ich in einem Vortrag[1] erzählt, wie ich 1967, bei der hydraulischen Anhebung des Daches der großen Nationalgalerie in Berlin, von deren Baustelle ja anfangs schon mal die Rede war, wie ich an diesem Tag mit Mies, nachdem ich ihn portraitiert hatte, im Senats-Mercedes unter dem erst halb angehobenen Dach sitzend, diese Kritik an der Tugendhat-Villa *(Fig. 8/9)* diskutiert habe: Die Interieurs, hatte ich gesagt, seien ja sehr schön, aber die Komposition doch sehr unentschieden *(Fig. 10/11)*. Ein „Barcelona-Pavillon" in einem Barcelona-Sockel! Mies hörte sich das alles gnädig an. Und er widersprach nicht. Es schien fast, daß er froh war, ausgerechnet hier, wo die Polizei ihm das neugierige Publikum hinter eigens aufgestellten Barrieren auf große Distanz hielt – ich war nur durch die Polizeisperre gekommen, weil ich mich mit starkem amerikanischen Akzent als sein Mitarbeiter ausgegeben hatte –, also ausgerechnet hier jemanden zu treffen, der ganz unbefangen seine Architektur kritisierte. Jedenfalls bot er mir

«y con la escalera en espiral inversa jugó Usted a la gallinita ciega con la gente. Cuando se acaban las vueltas, la gente se encuentra en el zócalo, *bajo* la placa flotante en un pabellón de Barcelona».

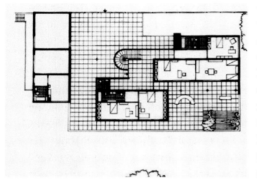

«¡Correcto! Este era el compromiso, y de ahí se puede bajar al jardín por la escalera lateral del zócalo, como en el pabellón. Pero el pabellón de Barcelona no era el ejemplo a seguir, eso es lo que se dice. Lo diseñamos al mismo tiempo, por cierto, allí en frente», dijo mostrando con la mano hacia las casas en dirección al Landwehrkanal. «Ya lo sé», le dije, «Usted tenía allí su oficina con Hugo Häring». «Así es», comentó, y luego añadió: «Pero Usted tiene razón», dijo, fumando su Monte Christo, «el pabellón quedó mejor. Allí las condiciones eran mejores». Y después de una pausa prosiguió: «Pero si Tugendhat hubiese insistido en tener aquellos agujeros de puerta, yo no los habría construido». «¿No quería él sus puertas altas?», le pregunté. «Quería esos huecos, ya que creía que las puertas altas se iban a doblar». «Y Usted hubiese querido tener sólo una ranura entre el techo y

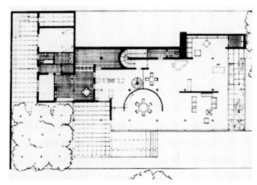

el zócalo».[2] El auditorio de estudiantes escuchaba impresionado; hasta que al final de mi increíble narración les confesé que la conversación había sido *en realidad* muy corta: había estado

sogar eine Havanna an, während er sich selbst eine ansteckte. Ich müßte bedenken, sagte er, in welcher Zeit er das gemacht habe. Er

hätte doch damals kaum Aufträge gehabt! „Und die Grete wollte so einen großen Raum! Das Gelände fiel ja von der Straße steil ab. Deshalb musste der Sockel das Hauptgeschoss werden." – „Ja klar", sagte ich. „Und Sie haben dann mit der abwärts gewendelten Treppe sozusagen Blinde Kuh mit den Leuten gespielt: Wenn die Drehung aufhört, nehmen Sie ihnen die Augenbinde ab und sie finden sich unversehens auf dem Sockel *unter* der

Fig. 8

schwebenden Dachplatte in einem Barcelona-Pavillon wieder." – „Richtig! Das war der Kompromiß. Und von dort kam man über die gleiche seitlich angefügte Sockeltreppe wie beim Pavillon zum Garten runter. Aber der Barcelona-Pavillon war nicht das Vorbild.

Das wird oft behauptet. Den zeichneten wir ja in der gleichen Zeit, übrigens da drüben", sagte er und zeigte über seine Schulter auf die Häuser auf der anderen Seite des Landwehrkanals. „Ich weiß", sagte ich, „Sie hatten da drüben Ihr Atelier – mit Hugo Häring!" „Richtig. Aber Sie haben recht", sagte er, und zog an seiner Montecristo, „der Pavillon wurde besser. Da hatten wir ja auch einfachere Bedingungen." Nach einer Pause fuhr er fort:

Fig. 9

„Aber wenn der Tugendhat länger auf seinen Türlöchern bestanden hätte, hätte ich nicht gebaut." – „Wollte der Ihre raumhohen Türen nicht?" fragte ich. „Der wollte die Löcher, weil er meinte, die

esperando *fuera*, delante del mercedes donde él se encontraba. Yo le retraté con su Montecristo y *realmente* dijo sólo una palabra un poco de mala gana: «¡El lápiz!», dijo cuando le pasé mi dibujo, habiéndole preguntado previamente si podía dar fe con su firma de que el del dibujo era él *(Fig. 12)*.

Fig. 12

Después del proyecto realizado para la firma Bacardí en Santiago de Cuba, que a causa de la revolución cubana no se llegó a realizar, en la Galería Nacional fue la primera vez en que Mies volvía al concepto de *zócalo-techo* después de treinta y cinco años. Algo sorprendente. Primero el edificio administrativo para el productor de ron y luego la Galería Nacional. Tanto en la propuesta para Cuba, como para la de Berlín sucede todo en el subterráneo, en el alto zócalo. Arriba, superpuesto, un «templo».

Me parece que la capilla Ronchamp de Le Corbusier –quince años antes de la Galería Nacional– es una típica transformación de esta configuración de cubierta y zócalo en un barroco lleno de fuerza. Aquí encontramos todos los elementos: la extensión amplia del paisaje; el zócalo natural formando una meseta; el gran tejado que da sombra hacia el valle y que aquí no es como una placa voladora, sino como una concha abierta hacia arriba; y las piezas inferiores en movimiento, y que a este lado del cerro se transforman en determinante forma primaria. Mientras los muros y terrazas en Lloyd Wright y Mies se mueven en un sistema de

langen Blätter würden sich werfen." „Und Sie, Sie hätten am liebsten nur offene Schlitze zwischen der Decke und dem Sockel gelassen!"[2] Meine studentische Zuhörerschaft war natürlich sehr beeindruckt, bis ich schließlich – ganz am Ende meiner erstaunlichen Erzählung – gebeichtet habe, daß „das Gespräch" eigentlich doch sehr kurz gewesen war: Ich hatte nämlich *in Wirklichkeit* draußen *vor* dem Mercedes gestanden, in dem er saß, und in dem ich ihn mit seiner Montecristo porträtierte, und er hatte *eigentlich* nur ein einziges Wort gesagt, und das auch noch ziemlich barsch, nämlich: „Bleistift!" Und ich hatte ihm zuvor meine kleine Zeichnung ins Auto gereicht und gefragt, ob er mir unterschreiben könne, daß er das sei *(Fig. 12)*.

Die Nationalgalerie war jedenfalls nach dem Vorläuferentwurf für die Rum-Firma Baccardi in Santiago de Cuba, der wegen der kubanischen Revolution nicht mehr verwirklicht werden konnte, nach 35 Jahren das erstemal, daß Mies auf das Konzept *Sockel – Dach* zurückkam. Das war immerhin schon stark: Erst Verwaltung für den Rum-Hersteller, dann Nationalgalerie! Und im Entwurf für Kuba wie in dem für Berlin findet das Eigentliche im Keller, nämlich in diesem hohlen Sockel statt! Darüber nur ein „Tempel"!

Mir scheint, daß Le Corbusiers Ronchamp-Kapelle, fünfzehn Jahre vor der Nationalgalerie gebaut, eine für diesen Architekten typische Umformung jener Konfiguration aus Dach und Sockel in ein kraftvolles Barock ist. Wir haben dort alle Elemente: den weiten Landschaftsraum; den (natürlichen) Sockel in Gestalt dieses Hochplateaus; das – zum Tal hin – schattenwerfende große Dach, das hier freilich nicht als fliegende Platte, sondern als nach oben geöffnete fliegende Schale oder Muschel ausgeformt ist, und die sich darunter frei bewegenden Teile, die hier allerdings an der Bergseite

coordenadas, en Corbu se mueven en dramáticas curvas para ir a parar en la ladera del monte. Los papeles de forma primaria y secundaria aquí se intercambian parcialmente. Las figuras que se encuentran bajo y sobre el tejado son muy fuertes y autónomas. Ambas piezas, el tejado y los muros, se determinan mutuamente como en la música polifónica del barroco.

Quizás esta interpretación sea un tanto atrevida, pero por lo menos planteo una interpretación posible. La figura se puede descomponer, se puede leer. Y de esto es de lo que aquí se trata, de entender la composición. Miremos el presente. Esta configuración hoy, como receta de moda, es una exageración. Un tejado en voladizo, una planta superior algo recogida. Esta moda ridícula ya la tuvimos en los años cincuenta. En cada edificio de seguros había, bajo un tejado en voladizo, una sala de conferencias. Las plantas tienen las mismas distribuciones. Por desgracia una hermosa configuración puede ser «asesinada» por la moda.

bestimmende Primärform werden. Während die Wände und Terrassen bei Wright und Mies auf einem Koordinatensystem „fahren", bewegen sie sich bei Le Corbusier in dramatischen Kurven und kommen schließlich an der Bergseite zum Stehen. Die Rollen von Primär- und Sekundärform werden dabei zum Teil vertauscht. Die stehenden Figuren unter und an dem Dach sind sehr stark und autonom. Beide Teile, Dach und Wände, bestimmen sich gegenseitig wie in der polyphonen Musik des Barock.

Vielleicht ist diese Interpretation ja auch gewagt, aber es ist wenigstens eine: das heißt, die Figur ist „dekomponierbar", lesbar. Und um solches kompositorisches Verstehen geht es hier. Schauen wir in die Gegenwart: Derzeit feiert diese Konfiguration als banales Moderezept schon zum zweiten Mal fröhliche Urständ, mit dem unter einem Flugdach etwas eingezogenen Obergeschoß. Diese banale Mode hatten wir schon einmal in den 50er Jahren. Auf jedem Versicherungsgebäude gab es den unter einem Flugdach eingeschobenen Konferenzsaal. Heute sind es zuweilen sogar die gleichen Grundrisse, die im obersten Geschoß unter dem Flugdach nur etwas eingeschnürt werden. So wird eine schöne Figur modisch totgeritten.

5.2 Multiplicación, concepto abierto

Ya hemos hablado de esta composición al tratar los árboles, las redes y la organización descentralizada. Es casi como hacer punto: primero se hace un nudo en el espacio, que se va repitiendo una y otra vez según un mismo modelo. Lo importante es que cada nudo sea autárquico y pueda existir por sí mismo. Así se crea una cadena o un tejido de piezas iguales y cada una de las partes encadenadas es un espacio útil. El bosquejo, por lo tanto, no se crea a grandes rasgos, sino por medio del desarrollo de este nudo en el espacio, el cual debe reaccionar ante las distintas exigencias de cada función y ante las posibles exigencias futuras, mediante la formación de elementos secundarios. Faltan las grandes piezas y las arterias centrales que unen el edificio. Sólo la similitud consigue, mediante una permanente repetición, establecer un orden en esta multitud de piezas *(Fig. 13)*.

Esta estrategia anárquica de proyectar un edificio administrativo tiene que ser por lo tanto una revolución, ya que significa evitar el tema estructura de árbol a favor de una estructura de

Fig. 13

red, es decir, transformar la «línea». Pasar de un concepto de empresa como palacio a un concepto de «campus». En el fondo una reestructuración completa de la administración. Uno de estos experimentos se realizó en los años setenta en Appeldoorn en Holanda. El cliente era una gran compañía de seguros, y el arquitecto fue Herman Hertzberger, uno de los ya mencionados estructuralistas del grupo afín al profesor de arquitectura Aldo

Von dieser Kompositionsart war ja in der vorletzten Lektion –
im Zusammenhang mit den „Bäumen" und „Gittern" und der dezen-
tralen Organisation – schon die Rede. Es ist dabei fast wie beim
Stricken: Zuerst wird ein Knoten geflochten, und dann wird dieser
nach dem immer gleichen „Strickmuster" vervielfacht, multipli-
ziert. Dabei ist wichtig, daß jeder Raum-Knoten sozusagen autark
ist und auch alleine existieren könnte. So entsteht eine Kette oder
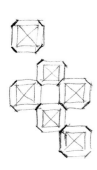
ein Gewebe aus immer gleichen, autarken Teilen, wobei diese ver-
ketteten Teile immer die eigentlichen Nutzräume sind. Der Entwurf
entsteht also nicht in großen Umrissen, nicht als Großform, sondern durch die Entwicklung dieses Raumknotens, der auf die verschiedenen Ansprüche, die die Aufgabe stellt, oder die sich in Zukunft noch einstellen könnten, durch verschiedene Ausformung
seiner Sekundärelemente reagieren kann. Große, das Gebäude zur
Einheit verbindende Teile, zentrale Rückgrate, fehlen ganz. Nur die
Ähnlichkeit bringt durch stete Wiederholung – so wie hier in Piet
Blohms wunderbarer Kasbah *(Fig. 13)* – einen Zusammenhang in
dieses Agglomerat multiplizierter Teile.

Diese anarchistische Strategie beim Entwurf einer Großver-
waltung anzuwenden, musste deshalb so etwas wie eine Revolution werden. Denn es bedeutete ja, die baumartige Befehlsstruktur,
die „Linie", zugunsten eines Gitters mit einer Art Stabsstruktur aufzugeben, das Firmen-„Schloß" in einen Firmen-„Campus" zu verwandeln, jedenfalls eine vollständige Umkrempelung der gesamten
Verwaltung. Und tatsächlich gelang ein solches Experiment Anfang
der 70er Jahre in Appeldoorn in Holland. Der Bauherr war ein
großes Versicherungsunternehmen, und der Architekt war Herman

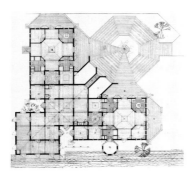

Fig. 14

van Eyck. Hertzberger, un holandés de muchas ideas y alma de maestro de ceremonias, logró convencer a la compañía de seguros de la creatividad y productividad de este tipo de estructura de redes. De esta forma, ya en esta época había allí un ejemplo de edificios de oficina que correspondía a nuestras visiones ideales de trabajo desburocratizado y emancipado, y además de esto, convencía arquitectónicamente. Cuando en 1975 trabajamos en el concurso para el banco central federal en Francfort, propuse a Herman Hertzberger como miembro del jurado, pero él declinó recomendándonos a Jan Verhoeven, quien sí formó parte del jurado. Aquí tenemos su casa compuesta por una serie de pequeñas casas y patios *(Figs. 14 y 15)*.

Para explicar el procedimiento en el concurso tengo que aclarar algo importante, porque es un ejemplo de la misma ambición, la de fomentar la espontaneidad y la emancipación de los usuarios de la arquitectura. Una forma de proceder, por cierto, que sólo se utilizó dos veces y que, una vez superada la resistencia de los colegios de arquitectos, se debería volver a poner en práctica. No se trata de desaprovechar las muchas propuestas presentadas escogiendo únicamente una para su realización, sino de aprovechar estas cantidades de propuestas para explorar sistemáticamente las múltiples posibilidades existentes, para que a continuación se pueda decidir políticamente, y no sólo técnicamente, lo que realmente se quiere hacer. La opinión pública y el contratante tienen que conocer primero su problema y las diferentes posibilidades de solución. Las distintas propuestas, presentadas de forma muy esquemática, se clasifican según su forma. A la

Fig. 15

Hertzberger, einer dieser schon erwähnten Strukturalisten um den Delfter Architekturlehrer Aldo van Eyck. Hertzberger, ein geistsprühender Holländer mit Entertainerqualitäten, schaffte es, die Bauherrenschaft von der Kreativität und Produktivität einer solchen Gitterstruktur zu überzeugen, und so hatte man dort schon Anfang der 70er Jahre ein realisiertes Beispiel für ein Bürogebäude, das unseren damaligen Vorstellungen von unbürokratischer und emanzipierter Verwaltungsarbeit ideal entsprach und obendrein auch architektonisch überzeugend war. Als wir 1975 den Wettbewerb für die Landeszentralbank in Frankfurt vorbereiteten, schlug ich deshalb natürlich Herman Hertzberger als Preisrichter vor, erhielt aber leider von ihm eine Absage, weshalb es dann auf seinen Vorschlag hin Jan Verhoeven wurde, in dessen gastlicher Wohnung aus vielen gleichen Zeltdachhäusern und kleinen Höfen dazwischen man das Haus und den Wohnraum am ehesten dadurch findet, daß man einfach dem Kaffeeduft folgt *(Fig. 14/15)*.

Aber ich muß hier einen kleinen Exkurs machen, um unser Wettbewerbsverfahren zu erklären, weil es ein Beispiel für die gleiche Ambition ist, nämlich die Selbsttätigkeit und Emanzipation der Benutzer von Architektur zu befördern. Ein Verfahren übrigens, das nur damals zweimal eingesetzt wurde und auf das man, nachdem die Widerstände in der Architektenkammer dagegen längst überholt sein sollten, eigentlich wieder zurückkommen sollte. Es geht hierbei darum, die vielen eingehenden Entwürfe nicht dafür zu mißbrauchen, nur eben einen für die Ausführung herauszupicken, sondern die ganze „Entwurfsmenge" zu nutzen, um erst einmal das

opinión pública no se le presenta el mejor de los trabajos, sino unos siete tipos de soluciones diferentes que permiten ver las ventajas y desventajas que presenta cada proyecto y que hay que tener en cuenta.[3] Nikola Dischkoff y yo desarrollamos este procedimiento para el concurso en urbanismo, pero el modelo le gustó tanto al director del banco que nos encargó organizar el concurso según este método. En este procedimiento participa un grupo de representantes de la «opinión pública problemática», como la llamábamos entonces. Este grupo decide conjuntamente con el jurado. El banco, por su parte, presentaba a un grupo de representantes de todos sus departamentos. Invitamos a este grupo a visitar distintos edificios administrativos. Nuestra última visita era naturalmente el edificio administrativo en Appeldoorn.

En este edificio, el visitante curioso no puede ver por donde se entra, ya que no hay una entrada grande y representativa. Se puede entrar por distintos lugares, como en una ciudad, y esta ciudad era una suma de distintos puntos espaciales que se relacionan de distintas maneras entre sí, y según las distintas necesidades *(Figs. 16 y 17)*. En las «calles» hay siempre las mismas cabinas telefónicas, iguales a las que se encuentran en las calles de la pequeña ciudad holandesa. Existen cafés y otros puntos de encuentro. Desde el punto de vista del control, es un edificio de baja organización y por lo tanto cualquier cosa menos un «reformatorio». Este edificio adquirió un ambiente propio de vida hogareña. A consecuencia de ello, los empleados trajeron sus propios muebles y decoraron sus oficinas a su propio gusto *(Figs. 18 y 19)*. La empresa como organización pierde terreno. La empresa como «superego» está representada en la suma de las piezas idénticas y no en el lugar de trabajo. La organización del

Reich der Möglichkeiten systematisch auszuloten, so daß man dann politisch – und nicht bloß fachlich – entscheiden kann, was man eigentlich will. Die Öffentlichkeit/der Bauherr soll erstmal sein Problem und seine Lösungsmöglichkeiten kennenlernen. Dazu werden die Entwürfe, die nur sehr knapp als Konzeptskizze abgefragt werden, nach ihrer Formverwandtschaft sortiert. Und die Öffentlichkeit bekommt jetzt nicht „den besten Entwurf" präsentiert, sondern ca. sieben Lösungstypen, die gerade durch die Menge veranschaulichen, welche Vorteile immer wieder mit welchen Nachteilen erkauft werden müssen.[3] Nikola Dischkoff und ich hatten dieses Verfahren eigentlich für städteplanerische Wettbewerbe entwickelt. Aber unser damals viel diskutiertes Modell muß dem Baudirektor der Landeszentralbank so eingeleuchtet haben, daß er uns beauftragte, den Wettbewerb für die große neue Frankfurter Landeszentralbank nach diesem Verfahren zu organisieren. Und dazu gehört auch, daß es ein Gremium gibt, das die „Problemöffentlichkeit", wie wir das nannten, möglichst gut repräsentiert und dann mit den Fachpreisrichtern gemeinsam entscheidet. Die Bank stellte also eine Gruppe mit Vertretern aller Abteilungen und aller Hierarchiestufen zusammen, und dieses Gremium luden wir nun zu einer Rundfahrt zu verschiedenen neueren Verwaltungsgebäuden ein, zur Einstimmung sozusagen. Und unser letzter Programmpunkt und Höhepunkt war natürlich: das Verwaltungsgebäude in Appeldoorn.

Das Versicherungsgebäude zeichnete sich ja schon dadurch aus, daß man als neugieriger Besucher nicht sehen konnte, wo's denn nun rein geht. Es gab keinen großen, repräsentativen Eingang. Man kam von verschiedenen Seiten – wie in eine Stadt. Und diese „Stadt" war eine Ansammlung immer gleicher Raumknoten, die dann auf verschiedenste Weise auf die jeweiligen Anforderun-

Fig. 16

edificio era –expresado con un término de Alexander– una red y no un árbol. Su lema «*A city is not a tree*» estaba materializado en forma de un edificio.

Encuentro que el adjetivo «democrático», para cualquier tipo de arquitectura, es un tanto kitsch pero en este caso tiene, de forma excepcional, sentido por su estructura abierta y la carencia de un centro. El corredor, siempre una expresión clara de centralidad democrática, no existe, se ha convertido en un espacio intermedio entre varias direcciones que están relacionadas entre sí, como las casas de una ciudad.

Después de un largo viaje, entramos con los banqueros por el acceso del aparcamiento y de repente nos encontramos dentro. Sin darnos cuenta estábamos en una oficina cualquiera cuyo «morador» no se encontraba allí en ese momento. Y mientras los visitantes miraban un poco irritados la oficina un tanto desordenada, con sus muros de ladrillo de cemento, comenzaron a moverse los papeles en el escritorio. Después de un momento de tensión pudimos ver la causa: un pequeño hámster. Esto ya fue

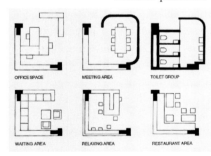

OFFICE SPACE   MEETING AREA   TOILET GROUP

WAITING AREA   RELAXING AREA   RESTAURANT AREA

Fig. 18

demasiado. Los banqueros querían saber de mí si «habían venido de tan lejos para ver un hámster paseando por un escritorio». Otros del grupo habían captado el reto que significaba el edificio. Se desató una discusión que nos permitió ver que ya habíamos conseguido muchas cosas. La discusión también nos hizo ver que el edificio era una tremenda provocación. De todas maneras, cuando luego presentamos nuestro diseño *(Figs. 20 y 21)*, –esto es parte del concurso de adjudicación– sin saber exactamente qué podíamos esperar de

176

Fig. 17

gen reagieren können *(Fig. 16/17)*. In den „Straßen" stehen denn auch die gleichen Telefonzellen, wie sie auch außerhalb in den Straßen der holländischen Kleinstadt stehen, und es gibt Cafés und andere Treffpunkte wie dort auch. Ein zweifellos vom Standpunkt effektiver Kontrolle aus sehr schwach organisiertes Gebäude und somit alles andere als eine „Anstalt", das natürlich gerade deshalb eine ganz eigentümlich lebendige und wohnliche Atmosphäre entwickeln konnte. Konsequentermaßen konnten die Angestellten ihre Möbel selbst besorgen, sich nach eigenem Gusto in ihrer Nische einrichten *(Fig. 18/19)*. Das Unternehmen als zentrale Organisation stellte sich ganz in den Hintergrund, der Betrieb als Über-Ich war jedenfalls in diesem Gebäude nur in der Gesamtheit der identischen Teile, nicht aber in den Arbeitsnischen präsent. Die Organisation des Gebäudes war – in Alexanders Begriffen – ein Gitter und kein Baum, und war seinem Titel: *A City is not a tree* auf der Ebene von Gebäuden nachgebildet. Ich

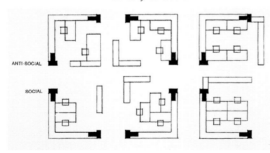

Fig. 19

finde das Adjektiv „demokratisch" für irgendeine Architektur zwar immer etwas kitschig, in diesem Fall aber macht es ausnahmsweise Sinn, wegen der sehr offenen Struktur und der schlechten Kontrolle. Der Korridor, immer der deutlichste Ausdruck bürokratischer Zentralität, ist aufgelöst, ist zum Zwischenraum zwischen einzelnen „Adressen" geworden, die in einer mehrfach „vergitterten" Beziehung zueinander stehen

Fig. 20

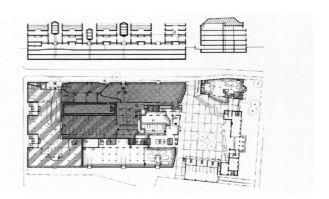

Fig. 21

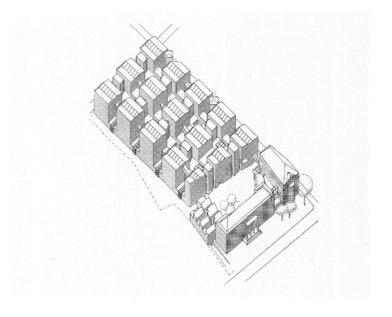

wie die Häuser einer Stadt. Wir kamen also nach längerer Anreise mit den „Zentralbänkern" durch einen dieser vielen Zugänge vom Parkhaus her und waren plötzlich mittendrin. Und unversehens standen wir da in irgendeiner Arbeitsnische, deren „Bewohner" gerade nicht da war. Und während sich noch die Damen und Herren in dem nicht gerade aufgeräumten Raum mit den Wänden aus großformatigen rohen Betonsteinen und der mit Holzwollzement-Platten verkleideten Decke etwas irritiert umsahen, begannen plötzlich die Computerausdrucke auf dem Schreibtisch sich wie von selbst zu bewegen. Alle starrten wie gebannt auf diese geheimnisvoll wackelnden Papiere, bis schließlich die Ursache ans Licht kam: ein kleiner Goldhamster. Das war zu viel. Die Banker wollten von mir wissen, wozu sie den weiten Weg hierher hätten machen müssen, wo „die Hamster über die Schreibtische marschieren". Doch andere aus der Gruppe hatten die Herausforderung dieses Gebäudes verstanden. Und so begann plötzlich eine Diskussion, die uns zeigte, daß wir schon eine Menge erreicht hatten. Die aber auch demonstrierte, welche wunderbare Provokation dieses Gebäude darstellte. Jedenfalls zeigte sich, als wir dann später unseren Testentwurf *(Fig. 20/21)* – er ist ein fester Bestandteil dieses Wettbewerbsverfahrens – mit ziemlich gemischten Gefühlen vorstellten, daß unsere Exkursion nach Holland die richtige Vorbereitung gewesen war. Denn zu unserer Überraschung war die Zustimmung so groß, daß sogar der Vorschlag gemacht wurde, man sollte doch auf den Wettbewerb verzichten und einfach diesen Testentwurf bauen.[4] Dieser Entwurf ist in diesem Zusammenhang auch deshalb interessant, weil er zwei damals scheinbar völlig unvereinbare Architekturtendenzen ganz unbefangen in Verbindung brachte: den Neo-Rationalismus

todo aquello, comprobamos que nuestro viaje a Holanda había sido la preparación necesaria. Sorprendentemente la acogida fue tal, que se propuso dejar de lado el concurso y elegir ese concepto.[4] Nuestra propuesta tiene también otro componente interesante puesto que pone en relación dos tendencias en la arquitectura que hasta entonces parecían irreconciliables: el neorrealismo y el estructuralismo. Las plantas inferiores del banco eran, naturalmente, racionalistas: control, entrada principal y áreas de seguridad. Las plantas superiores, de la administración, eran estructuralistas.

La gran calidad de esta multiplicación se observa mejor liberándola de su dogmatismo ideológico y contemplándola como un método entre muchos. El estructuralismo era en su exclusivismo algo rígido, ideológico, sobre todo en sus argumentaciones. Al igual que Lévi-Strauss y de Saussure, los estructuralistas esperaban encontrar tras las costumbres locales e históricas las formas vinculantes y los *patterns*; de modo muy análogo al de la lingüística estructural que tuvo éxito en la misma época en la teoría de la gramática transcultural (Noam Chomsky). Algunas formas de asentamiento de los mayas o de los dogon servían como ejemplo para dar fe de algunos comportamientos básicos transculturales; se trataba de unas estructuras determinadas según las cuales los seres humanos organizaban sus asentamientos, sus casas. Pero independientemente de la postura que cada cual adopte: esta arquitectura, limitada exclusivamente a Holanda, y sobre todo a ese edificio administrativo en Appeldoorn era, incluso antes de la «mezcla de Kreuzberg» y de la a menudo sólo retórica movilización del caos del deconstructivismo arquitectónico, la primera alternativa convincente frente al funcionalismo habitual, que de pronto parecía un tanto pobre y burocrático. Pero esta alternativa se convirtió

und den Strukturalismus. Die unteren Bankgeschosse waren – natürlich – sozusagen rationalistisch: Kontrolle, Haupteingang, gesicherte Grenzen usw., die oberen Verwaltungsgeschosse aber strukturalistisch.

Die große Qualität dieser Vervielfachung kommt nämlich viel besser zum Vorschein, wenn man sie von ihrer ideologischen Ausschließlichkeit befreit und darunter einfach eine Methode unter vielen versteht. Denn in seiner Ausschließlichkeit hatte der Strukturalismus auch etwas Starres, Ideologisches, vor allem in seinen Begründungen. Die Strukturalisten hofften ja im Gefolge von Lévi-Strauss und Roland Barthes, hinter den lokalen und historischen Gewohnheiten die verbindenden Grundmuster, die Patterns, zu finden – ganz analog zu der strukturalen Linguistik, die in der gleichen Zeit große Erfolge in der Aufdeckung einer transkulturellen Grammatik hatte (Noam Chomsky). Irgendwelche Siedlungsformen der Dogon oder der Mayas mußten dazu herhalten, bestimmte transkulturelle Grundmuster zu belegen, bestimmte Strukturen, in denen Menschen das Wohnen organisieren. Aber wie man auch immer dazu steht: diese ganz auf Holland beschränkte Architektur und vor allem dieses Verwaltungsgebäude in Appeldoorn war – noch vor der „Kreuzberger Mischung" und der oft nur rhetorischen Mobilisierung des Chaos durch den architektonischen Dekonstruktivismus – die erste durchaus überzeugende Alternative zum üblichen Funktionalismus, der mit einemmal daneben sehr ärmlich und bürokratisch wirkte. Nur wurde daraus zu schnell ein neuer Ismus, was dann ganz gegen die Offenheit des Verfahrens war, allzu einseitig und maniriert. Immer alles und jedes in dieser Art anzugehen und selbst Konzertsäle mit dieser Multiplikation zu „stricken", hat

rápidamente en un nuevo «ismo», algo que contradecía al carácter abierto del método, demasiado parcial y manierista. Pasar a hacerlo todo de esa forma e incluso concebir las salas de conciertos con esta multiplicación, llevó a una súbita renuncia del método que después prácticamente ni tan siquiera se aplicó donde sí habría sido deseable. También en el caso de nuestro banco y su intento de introducir una democratización en el mundo laboral, ya no quedó mucho de este inicio en el próximo concurso de adjudicación. Y como este método también perdió fuerza en Holanda, lo que finalmente se construyó se alejaba mucho del concepto «Centraal Beheer» de Herzberg y la propuesta optimista de este concurso fue víctima de la siguiente moda, del art déco postmoderno. Entre tanto, la maravillosa construcción administrativa holandesa ha realizado un retroceso evolutivo: ahora posee un edificio representativo y de gran acceso. Cuando lo vi, pensé que habría sido mejor que el arquitecto Hertzberger hubiera dejado este proyecto en manos de un arquitecto más joven. No porque yo tuviera algo en contra de su diseño, o en contra de este tipo de compromisos, pero creo que las contradicciones históricas y los cambios deberían ser reconocibles.

Recordemos que mientras que en la adición una pieza determina a la siguiente, en esta «multiplicación» las piezas son idénticas. Es cierto que entre los distintos componentes hay estructuras claramente subordinadas, pero entre las partes primarias no existen estas dependencias. Cada pieza es autónoma como las casas de una ciudad que crece siempre siguiendo una misma forma y en la que los espacios intermedios forman una densa red urbana. Los espacios generales, las vías de comunicación, que incluyen estos espacios de densidad urbana, constituyen aquí simples espacios

dann wohl auch zu der plötzlichen Abkehr geführt, dazu, daß selbst da, wo sie paßte, die Methode kaum noch angewandt wurde. Auch was unsere Landeszentralbank und ihren Aufbruch zur Demokratisierung der Arbeitsplätze angeht, ist von diesem Anfang schon beim folgenden Realisierungswettbewerb nicht viel übrig geblieben. Und da auch in Holland dieser Aufbruch seinen Schwung verlor, ist das, was gebaut wurde, dann doch sehr weit weg von Hertzbergers „Centraal Beheer" und die optimistischen Ansätze dieses Wettbewerbs sind dann doch der folgenden Mode von postmoderner Art déco zum Opfer gefallen. Und inzwischen hat sich auch das holländische Weltwunder des Verwaltungsbaus wieder etwas zurückentwickelt: Es hat ein großes, repräsentatives Eingangsgebäude erhalten. Architekt: Herman Hertzberger. Als ich es sah, habe ich gedacht, es wäre doch besser gewesen, Hertzberger hätte diesen Anbau einem Jüngeren überlassen. Nicht, weil ich etwas gegen sein Design oder solche Kompromisse hätte. Aber historische Widersprüche und Brüche sollten als solche auch erkennbar sein.

Halten wir fest: Während bei der Addition immer das eine Teil das nächste bestimmt, sind die Teile bei dieser „Multiplikation" identisch. Zwar gibt es innerhalb der Komponenten deutlich untergeordnete Strukturen, aber zwischen den Primärteilen fehlen solche Abhängigkeiten. Jedes ist ein autarkes oder autonomes Teil wie das einzelne Haus einer Stadt, die nach dem immer gleichen Muster gewachsen ist, wobei die Zwischenräume dann ein dichtes Erschließungsnetz bilden. Die allgemeinen, die Verkehrsflächen aufnehmenden Erschließungsräume sind hier bloße Zwischenräume, Gassen und nicht grandiose Hallen wie so oft bei den Rationalisten.

intermedios, pequeñas calles sin ningún pabellón amplio como era habitual en los racionalistas. Ya habíamos hablado de este aspecto cuando hablamos acerca de los densos espacios urbanos redundantes y de lo que llamamos la «superación organizadora». De todas formas, convendría que de entrada retuviéramos esta contradicción:

árbol – red
centralizado – descentralizado
destacamos los...
espacios de tránsito – los espacios de uso
forma grande, límites claros – abierto, sin terminar

Me da pena cuando mis colegas protestan por las reformas y ampliaciones que hace la gente a sus viviendas. Una cadena de casas adosadas es una multiplicación en una dirección. Para la arquitectura lo importante es que exista siempre una forma primaria, que pueda absorber las distintas formas secundarias. Si los esbozos de los conjuntos habitacionales no soportan estas reformas, o bien son débiles en la composición, o los arquitectos no han entendido la oportunidad conceptual que contiene la alineación. Precisamente está concebida para que las casas se sigan desarrollando. Diseñar significa aquí algo como escuchar el material, de forma pasiva, prestando mucha atención. Se trata de dejar un gran espacio para la fantasía espontánea del usuario o habitante, pero no es lógico que esta espontaneidad se deba limitar a los niños. No fue casualidad que la primera obra estructuralista fuera una guardería infantil. No se puede entender por qué esta espontaneidad tiene que limitarse solamente a los niños. El rápido incremento de las exigencias de uso obliga cada vez más a

Wir haben diesen Aspekt ja schon einmal besprochen, als es um die mehr oder weniger redundanten Erschließungen ging, um das, was wir die „organisatorische Superierung" genannt haben. Jedenfalls sollten wir hier fürs erste diesen Gegensatz festhalten:

Baum – Gitter

zentral – dezentral

Betonung der...

Verkehrsflächen – Nutzflächen

Großform, klare Grenze – offen, unfertig

Ich finde es immer traurig, wenn Kollegen sich über Umbauten und Ergänzungen der Bewohner an den von ihnen entworfenen Reihenhäusern beschweren. Eine Reihenhauskette *ist* eine solche Vervielfachung in einer Richtung. Architektonisch ist dabei wichtig, daß es eine immer gleiche Primärform gibt, die dann die verschiedensten Sekundärformen aufnehmen kann. Wenn ihre Reihenhausentwürfe also solche Veränderungen nicht vertragen, sind sie kompositorisch schwach, oder die Architekten haben gar nicht die konzeptionelle Chance verstanden, die in der Reihung liegt. Sie ist doch gerade darauf angelegt, daß sich die Häuser weiter entwickeln. Entwerfen ist hier so etwas wie ein Abhören des Materials, sehr passiv, sehr hinhörend. Es geht darum, möglichst viel für die spontane Fantasie der Bewohner offen zu halten. Nicht zufällig war der erste strukturalistische Bau eben ein Kindergarten. Aber es ist auch nicht einzusehen, warum solche Spontaneität auf Kinder beschränkt bleiben sollte. Gerade wegen der immer schneller wechselnden Ansprüche und Gebrauchsanforderungen wird es zuneh-

pensar los edificios de forma estructuralista y a dejar en ellos espacios abiertos. Los edificios tienen que ser muy capaces y aguantar mucho si no quieren ceder demasiado pronto ante nuevos proyectos.

No quiero terminar el capítulo sin por lo menos referirme a otro arquitecto que, como ningún otro, hizo lo posible por diseñar procurando incorporar varias funciones a sus obras y fue, por lo tanto, el único estructuralista de este país, aunque seguro que protestaría si le pusiéramos esta etiqueta. Hablo de Ludwig Leo. Leo les pide mucho a sus obras (y a sus usuarios). En sus obras no se trata sólo de la potencia del esbozo de una estructura y de sus estados virtuales, sino también de su movilidad real. Sus obras también tienen a menudo potencias mecánicas. No existe casi ninguna obra suya que no tenga algunas piezas flexibles, sin contar elementos flexibles como ventanas y puertas. Cuando se hizo el concurso del tercer edificio técnico de nuestra universidad en Kassel, que dibujó en nuestra oficina, para él estaba claro que el tranvía tenía que poder entrar en el edificio. «¡Si quieren que en el gran laboratorio pueda entrar un tren, entonces que le pongan el ancho de línea del tranvía de Kassel!»

Cuando le preguntamos asombrados para qué se necesitaba esta línea, nos contó de forma clara y meridiana que se imaginaba cómo las máquinas hechas por los doctorandos podrían pasearse por la ciudad y ser mostradas a la población. Cuando pusimos en duda la posibilidad de poder realizar esta idea, se enfadó. Pero lo principal aquí es esta forma de pensar: si una estructura es movible, como las que él pedía para el edificio técnico, entonces se pone a prueba la flexibilidad para ver las posibilidades que presenta. Ya hemos hablado sobre esto. Siempre se trata de revisar la

mend wichtiger, Gebäude „strukturalistisch" vorzudenken und offen zu halten. Sie müssen Vieles können und Vieles vertragen, wenn sie nicht allzubald neuen Projekten weichen sollen.

Ich will diese Lektion nicht abschließen, ohne wenigstens noch von einem Architekten gesprochen zu haben, der wie kein anderer dieses Abhören auf vielseitige Brauchbarkeiten betrieben hat, und der deshalb hierzulande eigentlich der einzige Strukturalist war, obwohl er heftig und mit Recht protestieren würde, wollte man ihn in diese Schublade stecken. Ich meine Ludwig Leo. Leo verlangt viel von seinen Bauten (und von ihren Benutzern): bei ihm geht es nicht nur um die entwurfliche Potenz einer Struktur, ihre virtuellen Zustände, sondern auch um ihre reale Beweglichkeit. Seine Bauten haben oft darüber hinaus mechanische Potenzen. Es gibt kaum einen Bau von ihm, der – über die üblichen beweglichen Elemente Türen und Fenster hinaus – nicht einige bewegliche Glieder hätte. Für ihn war es bei dem Wettbewerb um das Technik-III-Gebäude unserer Universität in Kassel, den er in und mit unserem Büro zeichnete, ganz klar, daß dieses für die Straßenbahn befahrbar werden musste: „Wenn die schon eine Bahn in der großen Versuchshalle wollen, dann sollen sie die Spurbreite der Kasseler Straßenbahn angleichen!" Als wir verdutzt fragten, wozu das gut sein sollte, malte er sofort aus, wie hier von Doktoranden gefertigte Maschinen durch die Stadt gezogen und der Bevölkerung gezeigt werden könnten! Und er wurde ziemlich böse, als wir die Realisierbarkeit dieses Vorhabens bezweifelten. Aber diese Art des Denkens ist hier entscheidend: Ist eine Struktur beweglich – wie die hier für das große Labor geforderten Fahrbühnen – wird sogar auch noch diese Beweglichkeit auf ihre Möglichkeiten abgeklopft. Wir sprachen schon davon: Immer gilt es, die

potencia estructural para poderla aprovechar al máximo. ¿Por qué son nuestros edificios tan rígidos e inmóviles en esta sociedad de tanta movilidad? La mayoría de las piezas cinéticas creo que no se usan, tampoco la divertida tribuna abatible en la torre del DLRG *(Figs. 23 y 24)*. Esta torre es una grúa para atracar botes, que estuvo en servicio durante mucho tiempo. Los participantes en el concurso tenían que dibujar solamente un muelle y una torre de vigilancia. Sólo a alguien como a él se le podía ocurrir levantar el muelle y transformarlo en una torre con un pozo para bucear, un puesto de vigilancia y un atracadero de botes. Con inmensa paciencia consultó una estructura dibujada para buscar la potencia que contenía. A veces el funcionalismo utilitarista se le sube a la cabeza, y entonces les exige demasiado a sus obras. Pero su postura, de todas maneras es la correcta: siempre hay que cuestionar la figura, para saber lo que aún puede dar de sí. Pensar por adelantado, cómo y para

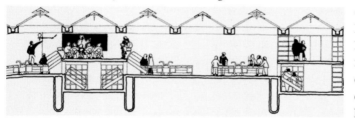

Fig. 22

qué más se puede utilizar. Su trabajo para una escuela experimental en Bielefeld desgraciadamente no se llegó a realizar. Una gran pérdida para la cultura arquitectónica de este país. Seguro que habría sido algo así como la Centraal Beheer de Hertzberger en Alemania: una expedición hacia el futuro *(Fig. 22)*.

strukturelle Potenz zu prüfen, um sie voll auszunutzen. Warum sind unsere Bauten so starr und immobil in dieser sonst doch so

mobilen Gesellschaft? Die meisten kinetischen Einbauten sind, glaube ich, unbenutzt, auch die witzige Klapptribüne in seinem DLRG-Turm. Dieser selbst ist ja eine Bootsabstell-Maschine, die immerhin lange im Einsatz war. Die Wettbewerbsteilnehmer sollten eigentlich nur einen Bootshafen und einen Beobachtungsturm zeichnen. Nur jemand wie er konnte auf die Idee kommen, den Hafen in die Höhe zu klappen und einen Turm

Fig. 23/24

mit Tauchschacht, Beobachtungs-Warte und Bootsliegeplätzen daraus zu machen *(Fig. 23/24)*. Mit nicht endender Geduld fragt er eine gezeichnete Struktur nach den ihr innewohnenden Potenzen ab. Manchmal geht der „Gebrauchsfunktionalismus" auch mit ihm durch. Er verlangt dann zu viel von seinen Bauten. Aber die Haltung ist dennoch richtig: Immer die Figur zu befragen, was sie womöglich noch könnte: Vorausdenken, wie und wofür sie alles genutzt werden könnte. Leos Entwurf für die Versuchsschule in Bielefeld ist leider nicht verwirklicht worden. Ein großer Verlust für die architektonische Kultur hierzulande. Es wäre sicher so etwas wie Hertzbergers „Centraal Beheer" in Deutschland geworden: eine Expedition in die Zukunft *(Fig. 22)*.

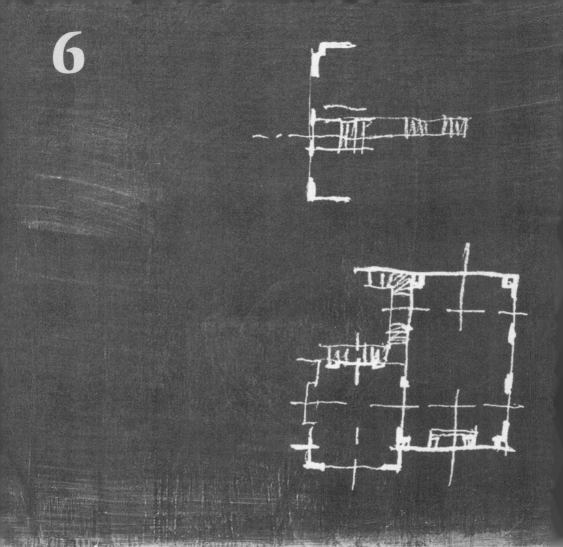

Vereinfältigung

"7 sachen"

Raumplan

großform

6. Formas de composición: simplificación, complicación hacia dentro

Las dos estrategias que ahora voy a tratar son esenciales para el modernismo y han influido durante largo tiempo en el postmodernismo. Hay que tener en cuenta que la primera, la simplificación, no es en realidad ningún procedimiento de composición típico, por lo que en un principio tampoco la había incorporado en mi enumeración. Sin embargo, me pareció que esta serie no quedaba completa si no la añadía, ya que algunas arquitecturas solamente se pueden describir con este término, por ello conviene primeramente aclararlo.

6.1 Simplificación, simplicidad

Si observamos de cerca el término de simplificación, vemos enseguida que se trata de un término demasiado general y poco conciso. Porque, ¿qué se quiere decir con él?: ¿La simplicidad de los edificios de acero de Mies van der Rohe, los cuales –como ya sabe todo constructor– son todo menos simples de construir? o ¿la simplicidad desde el punto de vista de la realización? Lo que puede significar que para alguien es fácil de construir, o que es fácil con complejos medios industriales. ¿O quizás se quiera decir con simplificación la supresión de las exigencias, la presentación

6. Kompositionsformen: Vereinfachung,
Verkomplizieren nach innen

Die beiden Strategien, die ich jetzt besprechen will, sind wesentlich für die klassische Moderne gewesen und haben auch die Postmoderne lange beschäftigt. Dabei ist die erste, die Vereinfachung, im engeren Sinne eigentlich gar kein typisches Kompositionsverfahren, weshalb sie zuerst auch gar nicht in dieser Aufzählung vorkam. Dennoch scheint mir, daß die Reihe ohne sie nicht komplett ist. Denn bestimmte Architekturen sind nur mit diesem Begriff zu beschreiben, den wir zunächst einmal klären müssen.

6.1 Vereinfachung, Vereinfältigung

Bei näherer Betrachtung zeigt sich nämlich bald, daß der Begriff Vereinfachung für unseren Zusammenhang allzu allgemein und unscharf ist. Was soll damit gemeint sein: Die Einfachheit der Stahlbauten Mies van der Rohes, die – wie jeder Konstrukteur weiß – alles andere als einfach herzustellen ist? Oder die Einfachheit hinsichtlich der Herstellung? Das kann heißen: einfach für jedermann handwerklich herzustellen oder einfach mit komplizierten industriellen Mitteln. Oder soll mit Vereinfachung das Weglassen von Ansprüchen gemeint sein? Die Darstellung eines „einfachen

de una vida sencilla? Teniendo en cuenta los otros métodos, la siguiente descripción me resulta la más práctica: bajo el término de simplificación entiendo el afán de eliminar en el mayor grado posible la complejidad de una forma. Es decir, el aumentar la redundancia con todos los medios, incluidos los técnicamente

Fig. 1

difíciles. Para ello nos ayudaremos de la familiaridad con la geometría y con la forma (o sea de la redundancia *geométrica* y *asociativa* descrita en la tercera lección) y disminuiremos en mayor medida el número de piezas. A ser posible lo haremos hasta llegar a la «simplicidad», o sea hasta el punto de que las piezas principales se encuentren representadas sólo una vez formando un todo. Una casa aislada diseñada con esta estrategia sería por lo tanto un antepasado de casa. Una forma típica rectangular con el *familiar* tejado a dos aguas, pocos cuartos, de planta arcaica, con pocas ventanas y paredes sencillas hechas de los materiales de *siempre*, punto. Es decir algo así como la casa Babanek de Bienefeld *(Figs. 1 y 2)*. Esta estrategia transmite algo de tranquilidad en esta sociedad histérica y caprichosa por todo lo nuevo.

Un típico arquitecto y maestro de esta forma de simplificación en el modernismo clásico fue Tessenow, cuyo teatro de baile en Dresden-Hellerau impresionó mucho al joven Jeanneret. Su

Fig. 3

recinto en la Neue Wache de Schinkel. ¡Concentración! *Un* tragaluz redondo, *un* cuarto. Ningún contenido. Abordando de forma titubeante la nueva posibilidad de un tejado plano, Tessenow soluciona el problema de manera artesanal familiar y que se encuentra reducida a *una* geometría simple. En Escandinavia Asplund siguió caminos parecidos. Ya hemos visto al principio

Fig. 2

Lebens"? Mit Blick auf die anderen Verfahren scheint mir die folgende Definition praktisch: Unter Vereinfachung verstehe ich hier das Bestreben, die Komplexität einer entworfenen Form so weit wie möglich zu vernichten, also die Redundanz mit allen Mitteln, auch technisch aufwendigen, zu erhöhen. Wozu man sich der Geometrie *und* der Form-Vertrautheit (also der in unserer dritten Lektion besprochenen *geometrischen* und der *assoziativen* Redundanz) bedient und die Zahl der Teile möglichst reduziert, wenn möglich bis zur „Vereinfältigung", also bis dahin, wo alle wesentlichen Teile nur einmal oder zweimal vorkommen und zu einem Ganzen verschmelzen. Ein freistehendes Wohnhaus, mit dieser Strategie entworfen, wäre sozusagen ein „Ur-Haus": typische viereckige Form mit *vertrautem* Satteldach, wenige Räume in archaisch einfachem Grundriß mit wenigen Fenstern in schlichten vier Wänden aus *vertrauten Baustoffen*, fertig. Also etwa so wie das Haus Babanek von Bienefeld *(Fig. 1/2)*. Diese Strategie hat etwas faszinierend Beruhigendes in einer hysterischen und auf den Reiz des Neuen kaprizierten Konsumgesellschaft.

Vereinfältigung "7 sachen"

Typischer Architekt und Meister solcher Art von Vereinfachung in der klassischen Moderne war Tessenow, dessen Tanztheater in Dresden-Hellerau auf den jungen Jeanneret einen nachhaltigen Eindruck gemacht haben soll. Sein Raum in Schinkels Neuer Wache! Konzentration! *Ein* rundes Oberlicht, *ein* Raum. Kein Inhalt. Nur zögernd auf die neue Möglichkeit Flachdach eingehend, bringt Tessenow die Aufgabe jeweils zu einer Lösung, die auf vertraute handwerkliche Form *und* schlichte Geometrie reduziert ist. In Skandinavien ging Asplund ähnliche Wege. Wir haben ja anfangs schon die schlichte Villa Snellmann

Fig. 4

195

la villa Snellmann, la de la «sonrisa». Aquí pongo como ejemplo el palacio de justicia en Sölvesborg al final de una calle en cuesta *(Figs. 3 y 4)*. Obsérvese cómo el muro pasa a ser de mampostería en la parte posterior, en la zona de la sala de juicios. Con qué medios tan poco dramáticos se puede realizar aquí una fuerte idea de composición. Así como si la sala de juicios siempre tuviese que tener el mismo aspecto. Tras la Segunda Guerra Mundial se dan arquitecturas parecidas de Egon Eiermann y de Rudolf Schwarz. Significativo es que son siempre edificios sacros. La iglesia de Pforzheim de Eiermann, es para mí la mejor obra de este arquitecto (aunque no sea la más conocida). Yo la vi en 1956, tras lo cual me inscribí en las clases que daba en Karlsruhe. Pero en Karlsruhe no volví a encontrar esa simplificación en ninguna otra ocasión. Lo que ahí se diseñaba y enseñaba era ya bas-

Fig. 6

tante diseño y opulencia; incluso la iglesia-memorial, cuyo primer diseño estaba basado en la iglesia de Pforzheim, era ya más pretenciosa aunque no por ello mejor. Pasemos a observar ahora más de cerca la casa de Dios de Pforzheim *(Figs. 5 y 6)*. Una importantísima cualidad y fuerza son debidas a que el tejado inclinado aún es muy formalista, es decir que la iglesia aún es una «casa». Y en esa casa hay, además de la sillería diseñada por Eiermann, muy pocos muebles litúrgicos diseñados como tales. Eiermann había levantado primeramente un muro hecho de cemento y cristales de botellas verdes, blancas y marrones. Por desgracia esta construcción no era del todo impermeable, lo que, cuando hacía mal tiempo, obligaba al monaguillo a repartir paraguas a los feligreses sentados en la parte por donde soplaba el viento.

gesehen, die mit dem „Lächeln". Hier als anderes Beispiel das Gerichtsgebäude in Sölvesborg am Ende einer ansteigenden Straße *(Fig. 3/4)*. Man beachte, mit welchen schlichten Mitteln hier eine starke kompositorische Idee – zylindrischer Gerichtssaal eingestellt in ein „Dachhaus" – verwirklicht wird. So als wenn Gerichtsgebäude in dieser Gegend schon immer so gebaut worden wären! Nach

Fig. 5

dem zweiten Weltkrieg gibt es von Egon Eiermann und Rudolf Schwarz ähnlich vereinfachte Architekturen, bezeichnenderweise immer im Sakralbau. Die Pforzheimer Kirche von Eiermann ist für meine Begriffe das beste (wenn auch nicht bekannteste) Bauwerk dieses Architekten. Ich sah es 1956 und schrieb mich deshalb in Karlsruhe ein, wo Eiermann lehrte. Doch in Karlsruhe fand ich diese Pforzheimer Einfachheit nicht mehr wieder. Was dort gezeichnet und in der Lehre propagiert wurde, war inzwischen doch alles sehr „designed" und opulent, auch die Gedächtniskirche, deren erster Entwurf ja noch an die Pforzheimer Kirche anknüpfte, war schon sehr viel anspruchsvoller, deshalb aber nicht besser. Also sehen wir uns das Pforzheimer Gotteshaus genauer an *(Fig. 5/6)*. Eine ganz wesentliche Qualität und Kraft liegt sicher darin, daß das geneigte „Dach" noch formal da ist, daß die Kirche wirklich noch ein „Haus" ist. Und in diesem Haus gibt es außer dem schönen, von Eiermann gezeichneten Gestühl nur die wenigen, liturgischen Möbel, die alle auch als solche gezeichnet sind. Eiermann hatte hier erstmals eine Glasbeton-Wabenwand mit weißen, grünen und braunen Gussgläsern eingesetzt, leider eine windundichte Konstruktion, die erforderlich machte, daß der Küster bei schlechtem Wetter anfangs für die an der Windseite sitzenden Gottesdienstbesucher Regenschirme austeilte.

Fig. 7

Pero por aquel entonces me impresionaba muchísimo esa casa tan fuertemente iluminada. Esa sencillez concentrada sin todo ese patetismo inútil ni esas escenificaciones celestiales de película, que eran típicas por aquel entonces entre los funcionalistas. Aquí, simplemente una casa con sillas, un altar y un púlpito: todo ello lógico y extremadamente simple. En ese tiempo se construye otra iglesia «muy simple» en la Alemania de la posguerra, pero sin ese ligero tejado. Me refiero a la iglesia de San Cristóbal en Colonia-Niel, de Rudolf Schwarz, un trabajo que sin duda se encuentra muy influenciado por su amigo Mies y por lo tanto parece más abstracta *(Fig. 8)*. Más independiente y de mayor fuerza por la simplificación es la iglesia de Schwarz en Aquisgrán *(Fig. 7)*.

Un gran maestro que siguió desarrollando esta estrategia durante el postmodernismo fue Rossi: desarrolló de sobremanera la reducción semántica de la forma. Las figuras son reducidas literalmente a los signos, a los pictogramas de los conceptos asociados, por supuesto a costa de lo artesanal. El tejado a dos aguas en el cementerio de Modena está reducido a un signo y no deja ver ninguna cabeza de cabrio ni ningún canalón. Todos estos detalles familiares y artesanales son sacrificados trabajosamente por la forma reducida al pictograma, para así recalcar lo gráfico de la arquitectura. Rossi aclara como ningún otro arquitecto que la arquitectura es un lenguaje que trabaja con recuerdos y conceptos de formas aprendidos. Por ello y según mi opinión, Rossi exagera desmesuradamente este procedimiento. Redundancia geométrica ligada a la asociativa: de esto resulta el máximo de la destrucción de la complejidad, un entorno arquitectónico que se simplifica porque el listón de complejidad se baja en exceso.

Aber ich war damals von diesem großen, lichtdurchfluteten Haus stark beeindruckt. Diese konzentrierte Einfachheit ohne all das sonst übliche hilflose Pathos und die kinohafte Inszenierung

des Himmlischen, wie sie sonst damals die von dieser Aufgabe völlig überforderten Funktionalisten bemühten. Hier also nur ein Haus mit Stühlen, einem Altartisch, einem Rednerpult: alles sehr selbstverständlich und in diesem Sinne – einfach. In dieser Zeit entsteht noch eine andere „sehr einfache" Kirche im Nachkriegsdeutschland, die aber dieses (geneigte) „Dach" nicht hat. Ich meine Sankt Christophoros in Köln-Niehl von Rudolf Schwarz *(Fig. 8)*, eine Arbeit, die sehr unter dem Einfluß des mit Schwarz befreundeten Mies steht und deshalb auch abstrakter wirkt. Eigenständiger und

Fig. 8

durch Vereinfachung von großer Kraft ist dann Schwarz' Kirche in Aachen, die auch wieder so ein Urhaus ist *(Fig. 7)*.

Ein Meister und Weiterentwickler dieser Strategie in der Postmoderne war Aldo Rossi, der vor allem die semantische Reduktion der Form stark weiterentwickelte. Die Figuren werden buchstäblich auf die Zeichen, die Piktogramme der assoziierten Begriffe, reduziert, durchaus auf Kosten des Handwerklichen. Das zum Zeichen seiner selbst reduzierte Satteldach beim Friedhof in Modena zeigt keine Sparrenköpfe und keine Regenrinne mehr wie Tessenows Bauten. Alle diese handwerklich vertrauten Einzelheiten werden aufwendig der zum Piktogramm (und Monument) reduzierten geometrischen Form geopfert, wohl gerade um das Zeichenhafte der Architektur hervorzuheben. Rossi verdeutlicht wie kein anderer Architekt, daß Architektur eine Sprache ist, die mit Erinnerungen und erlernten Begriffen von Formen hantiert. Insofern treibt er das Vereinfachen, wie ich es hier verstehe, auf die Spitze.

199

Lo que a su vez es paradójico, ya que precisamente por eso vuelve a ser interesante. Efectivamente a las obras de Rossi les faltará más tarde ese silencio y esa insistencia que encontrábamos en los ejemplos anteriores, en los cuales uno tenía la impresión de que no habían sido diseñados, sino que se habían ido formando con el tiempo *(Fig. 9)*. Son el resultado de la tradición de forma del diseñador. Diseñar es una especie de meditación.

A alguno le llamará la atención que no haya incluido entre los ejemplos ninguno de Mies van der Rohe, quien siempre hablaba de sencillez y a quien se atribuye el dicho de que se podría inventar todos los lunes una nueva arquitectura. Pero en su arquitectura falta la concentración en la forma *familiar*, ese lado ingenuo o melancólico que caracteriza la arquitectura sencilla aquí descrita. Melancólica puesto que dentro de esa familiaridad siempre se echa un vistazo hacia atrás, hacia la buena artesanía o hacia las probadas tradiciones que van desapareciendo. También los minimalistas son más artificiales y más bien atípicos para este procedimiento. Tienen más en común con los edificios de Heerich del museo en el parque Hombroich en Düsseldorf *(Figs. 10 y 11)*, que contienen algo de esa ingenuidad: «No deis tantos problemas». Evidentemente hay que considerar en su favor que Heerich no es arquitecto de carrera. En calidad de escultor, por supuesto considera a todos los arquitectos de carrera como supérflua gente de pocas luces por lo que respecta a la cultura. Sin embargo, la incompetencia profesional sumada a una fuerte

Fig. 10

Fig. 11

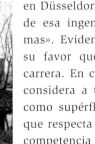

200

Fig. 9

Geometrische Redundanz gepaart mit assoziativer: das ergibt ein Höchstmaß an Komplexitätsvernichtung, eine architektonische Umwelt, die dadurch einfach wird, daß sie das Normalmaß an Komplexität dramatisch unterschreitet. Was paradox scheint, denn dadurch wird sie nun wieder selbst interessant. Tatsächlich fehlt Rossis späteren Bauten oft die Stille und Eindringlichkeit, die all die vorgenannten Beispiele auszeichnet *(Fig. 9)*. Bei diesen hat man immer das Gefühl, daß sie nicht entworfen, sondern durch den Lauf der Zeit so geworden sind. Sie sind das Ergebnis einer im Entwerfer nachvollzogenen Formtradition. Entwerfen ist hier ein Akt von Meditation.

Es mag manchen befremden, daß ich in diese Reihe kein Beispiel von Mies van der Rohe stelle, der doch immer von Einfachheit geredet hat und von dem der schöne Spruch stammt, man könne schließlich nicht jeden Montag eine neue Architektur erfinden. Aber bei seinen Architekturen fehlt die Konzentration auf die *vertraute* Form, diese naive oder melancholische Seite, die die hier beschriebene Einfachheit kennzeichnet. Melancholisch, weil in dieser Vertrautheit ja immer auch ein wehmütiger Blick zurück auf das gute Handwerk oder auf bewährte aber schon schwindende Traditionen steckt. Auch die Minimalisten sind artifizieller und für dieses Verfahren untypisch. Eher schon könnte man Heerichs Museumsbauten im Düsseldorfer Park Hombroich in diesem Zusammenhang sehen *(Fig. 10/11)*, die etwas von dieser Naivität enthalten: „Nun macht mal nicht so viele Probleme". Dabei kommt ihm offenbar zugute, daß er kein gelernter Architekt ist: Als Bildhauer hält er natürlich die ausgebildeten Architekten für ganz und gar überflüssige Banausen. Doch bautechnische Unbefangenheit gepaart mit starkem künstlerischen Willen ergibt hier eine typische „Design"-

voluntad artística da aquí como resultado una típica situación de *design*: Heerich construye toscas maquetas a escala 1 : 100. Los detalles arquitectónicos no importan. Lo demás lo proporcionan las empresas constructoras. Es muy interesante: él se puede permitir esa rudeza porque con anterioridad ha simplificado, simplificado en nuestro sentido. Este tipo de enrudecimiento/simplificación describe un paso, que al final examinaremos más detalladamente: el paso hacia el diseño y hacia lo que llamo arquitectura urbana, composiciones a escala 1 : 500.

Sería interesante ver también un diseño de mueble de este tipo. Aquí tenemos una silla contemporánea de 1990. Es el resultado de dicha simplificación: reducida geométricamente a líneas simples y plastificación de las formas familiares según el lema «una silla es una silla es una silla ...». A lo mejor ha quedado claro que esta consecuente simplificación, a pesar de no ser una típica forma de composición, también debe de ser incluida dentro de la serie de estrategias de composición *(Fig. 12)*. Ya que es, por decirlo de alguna forma, «composición hacia atrás». Una forma de concentración: la eliminación de todo lo que no debe estar ahí, de todo lo que originaría variedad; la reducción a un todo; el fundir todas las piezas para formar un algo que, por así decirlo, será un solo concepto, una única «palabra arquitectónica».

Fig. 12

Situation: Heerich baut grobe Kartonmodelle im Maßstab 1 : 100. Auf feine Architektendetails kommt es nicht an. Das Weitere besorgen die ausführenden Firmen. Interessant ist: er kann sich diese Grobheit leisten, weil er vorher vereinfacht hat, vereinfacht in unserem Sinne. Diese Art Vergröberung/Vereinfachung beschreibt zugleich einen Übergang, den wir am Schluss dieser Lektionen noch näher inspizieren wollen: den Übergang zum „Design" und zu dem, was ich Stadtarchitektur nenne: Kompositionen im Maßstab 1 : 500.

Interessant wäre noch, ein Möbeldesign in dieser Art zu betrachten. Hier haben wir einen zeitgenössischen Stuhl von 1990. Er ist ein Ergebnis solcher Vereinfachung: geometrisch reduziert auf einfache Linien und die Verbildlichung der vertrauten Form nach dem Motto „Ein Stuhl ist ein Stuhl ist ein Stuhl…". Vielleicht ist deutlich geworden, daß dieses konsequente Vereinfachen, obwohl eigentlich keine typische Form von Komposition, eben doch in diese Reihe kompositorischer Strategien gehört *(Fig. 12)*. Denn es ist sozusagen „Komposition rückwärts", ein Akt der Konzentration: das Wegnehmen von allem, was nicht dazu gehört, was neue Vielheit entstehen lassen würde; das Reduzieren auf ein einziges Ganzes; das Einschmelzen all der Teile zu etwas, das dann nur noch ein Begriff ist, ein einziges „architektonisches Wort".

6.2 La caja mágica: el plan espacial (*Raumplan*) de Loos y la gran forma de Le Corbusier

Esta estrategia, tal y como indica el título, también tiene como fin la sencillez exterior, de una simple caja. Pero dentro de esa caja uno encuentra muchas sorpresas, de ahí «caja mágica».

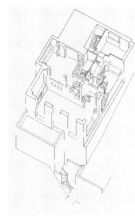

Fig. 13

El procedimiento fue desarrollado por dos magos del modernismo casi al mismo tiempo, entre 1923 y 1929, aunque con distintos temperamentos y resultados: uno fue Adolf Loos y el otro, Le Corbusier.[1] Loos, del cual nos ocuparemos otra vez al final, hablaba de «*planificación del espacio*» y con ello se refería a que la casa había que pensarse teniendo en cuenta sus tres dimensiones y no solamente la planta. Es decir, que en un espacio grande se encuentran distintos subespacios más pequeños y de distintos tamaños y alturas, de tal forma que uno se puede mover en las tres dimensiones. Lo importante para él era que la nobleza de la arquitectura no se perdiese, y que no se creara así una dinámica inoportuna, como ocurre con el otro mago, del cual se burlaba de forma presuntuosa con los términos de «divertirse y corbusearse». Por ello en la caja mágica de Loos, cada subespacio tiene que ser autárquico, tiene que tener su propia simetría y su propio equilibrio. El mejor ejemplo en este sentido es la casa de Müller en Praga *(Fig. 13)*. En este caparazón casi simétrico se encuentran muchos espacios pequeños de distintas alturas. Cada uno tiene su propio eje, y por cierto, también su propio color. Es un diseño bastante complicado, que tenemos que observar con mayor atención *(Figs. 15 y 16)*. Lo mejor sería que hicieran el esfuerzo de buscar todas las partes y subpartes simétricas empezando

6.2 Die Zauberkiste: Loos' Raumplan und Corbusiers Großform

Auch diese Strategie zielt, wie die Überschrift sagt, auf äußere Einfachheit, auf die bloße Kiste. Aber in dieser Kiste erlebt man seine Überraschungen. Also: Zauberkiste! Das Verfahren ist von zwei Zauberern der Moderne etwa gleichzeitig – etwa zwischen 1923 bis '29 – entwickelt worden, wenn auch mit ganz unterschiedlichem Temperament und Ergebnis: Adolf Loos und Le Corbusier[1]: Loos, auf dessen Wirken ich in der letzten dieser Lektionen noch näher eingehen werde, sprach dabei von einem *„Raumplan"* und meinte damit, daß das Haus mehr in allen drei Dimensionen statt nur im Grundriß gedacht werden müßte, daß also in einem größeren Raum immer kleinere Unterräume verschiedener Größe und Höhe untergebracht sein sollten, so daß man sich in allen drei Dimensionen durch den Raum bewegen kann. Dabei legte er großen Wert darauf, daß die Noblesse der Architektur dabei nicht

Fig. 14

verloren geht, keine unpassende Dynamik, wie sie bei dem anderen „Zauberer" entsteht, dessen Kunst er süffisant als „Amüsieren und Corbüsieren" zu bespötteln pflegte. Jeder kleinere Teilraum muß deshalb in Loos' Zauberkiste selbst wieder autark werden, seine eigene Symmetrie und sein eigenes Gleichgewicht finden. Das wohl beste Beispiel in dieser Beziehung ist das Haus Müller in Prag *(Fig. 13)*, in dessen fast symmetrischer Hülle viele verschiedene kleinere Räume verschiedener Höhe untergebracht sind, von denen jeder seine eigene Symmetrie-Achse hat (und übrigens auch seine eigene Farbe). Das ist ein äußerst komplizierter Entwurf, den wir uns genau ansehen müssen *(Fig. 15/16)*. Am besten dadurch, daß Sie den

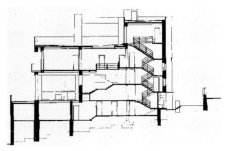

Fig. 15

Fig. 16

por la entrada; verán entonces que la chimenea en una de las esquinas se refleja en la esquina opuesta, con lo cual el espacio vuelve a ser autárquico *(Fig. 17)*. Y también entenderán mejor que la esquina negativa del nordeste, que según se cuenta, los albañiles habían suprimido al principio para no complicarse el trabajo, es imprescindible en este diseño de cubos simétricos intrincados. De otra forma no resulta. ¡Pero qué difícil debe haber sido convencer a los albañiles!

Esta casa es, por cierto, burguesa y sin embargo por su modernidad, y en lo referente al espacio y a su relación con el espacio exterior, está firmemente anclada en la tierra y en la tradición. Cada habitación tiene sus cuatro paredes, que ahora presentan más transparencia entre sí. Pero la sensación de espacio es en cada habitación la clásica. Lo que no es así en el caso del otro inventor de la caja mágica. A pesar de que Loos opine que «lo poco que tiene de bueno Le Corbusier está copiado de Adolf Loos»[2], Corbu tiene la ventaja de ser diecisiete años más joven y no estar tan influenciado por la tradición. Corbu es moderno, lo que significa que –al igual que Mies con sus biombos y sus espacios– tiene algo en contra de las «cajas burguesas» con sus cuatro paredes. En su Villa Savigny *(Fig. 14)*, por lo menos ya no se trata de una casa ubicada en el suelo, sino de un platillo volante que va a aterrizar (tal y como la llamó Herzberg), y que niega todo lo que existió antes de ella *(Figs. 18 y 20)*. Corbu aplica su

Versuch machen, von der Eingangsnische an alle symmetrischen Räume herauszusuchen! Sie sehen dann, daß der Kamin in der einen Raumecke auf der anderen Ecke gespiegelt und der Raum damit wieder „autark" wird *(Fig. 17)*. Und Sie können dann auch plötzlich besser vestehen, daß die negative Nord-Ost-Ecke, die, wie erzählt wird, die Maurer der Einfachheit halber zunächst weggelassen hatten, für dieses Konzept ineinander geschachtelter symmetrischer Kuben unverzichtbar ist: Es geht sonst nicht auf. (Aber wie schwer muß es gewesen sein, den braven Maurern das auch klar zu machen!)

Dieses Haus ist im übrigen ja ganz bürgerlich und steht bei aller Modernität doch, was das Verständnis vom Raum und sein

Fig. 17

Verhältnis zum Außenraum angeht, auch fest auf dem Boden der Tradition. Jeder Raum hat seine vier Wände, die jetzt freilich zueinander etwas durchlässiger werden. Aber das Raumgefühl ist in den einzelnen Räumen doch noch das alte, klassische. Das ist nun bei dem anderen Erfinder der Zauberkiste ganz anders. Auch wenn Loos behauptet, daß „das wenige, das bei Le Corbusier gut ist, bei Adolf Loos gestohlen" sei[2], so hat Corbu den unbestreitbaren Vorteil, siebzehn Jahre jünger zu sein. Und diese Jungen scheren sich nicht mehr um irgendwelche Tradition. Corbu ist modern, und das heißt, er hat – wie Mies mit seinen Paravents und dem durchfließenden Raum – etwas gegen diese „bürgerlichen" Kästen mit ihren vier Wänden. Seine superierte Villa Savoye *(Fig. 14)* kommt jedenfalls gar nicht mehr als auf dem Boden stehendes „Haus" daher, sondern gleich als fliegende weiße Untertasse (wie sie Hertzberger genannt hat) zur Landung und negiert sozusagen alles, was vor ihr da war.

207

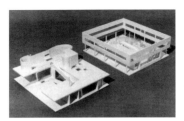

Fig. 18

abstracción con mayor rigor. En la gran forma abstracta, un cubo blanco colocado al final de una entrada axial de dos carriles, se aplican subformas (un biombo curvo que sale por encima del pretil, el patio de luz que se encuentra debajo, la rampa, etc.). Estas subformas a su vez conllevan otras subfiguras. Todo esto es solamente idéntico a la casa Müller en el sentido literal. La casa Müller no se crea haciendo primero un cubo vacío, el ya nombrado platillo volante, en el que se colocan subcajas y subformas, sino que se crea entrelazando «casitas Müller» de distintos tamaños, resultando así (aceptando la esquina negativa) un todo que no influye en la independencia de cada una de las partes. Esto implica una tremenda sofisticación que tiene algo de salvaje e imprescindible. Mientras que en Corbusier, las subpiezas son casuales y están más sueltas, como por ejemplo en esa maravillosa tumbona en el baño, y las paredes parecen más bien paredes divisorias de camarotes en un barco o a veces se convierten en esculturas, en el caso de Loos no están subordinadas, tienen el mismo grado de libertad que la superficie y se limitan mutuamente *(Fig. 19)*. La forma de Corbusier es jerárquica y dinámica. En la rígida superforma se amontonan las subformas como felinos salvajes en una leonera. La casa de Loos, en cambio, es menos chovinista, más civil, y por lo tanto más conservadora y disciplinada. En todo caso, no ha sido la difícil planificación del espacio de Loos, sino el platillo volante de Corbusier o –como yo digo, la caja mágica– lo que ha influido en la arquitectura hasta nuestros días (hasta el Museo de arte de Koolhaas en Rotterdam). Este platillo mostraba con

Fig. 20

Und Le Corbusier wendet die Superierung rigoroser an *(Fig. 18/20)*: In die superierte Großform, einen weißen, aufgestelzten Kubus am Ende einer achsialen, zweibahnigen(!) Zufahrt, werden Unterformen – etwa der über die Attika hinausragende gekrümmte Wandparavent auf der Dachterrasse, der darunterliegende Lichthof, die

Fig. 19

Rampe – eingeschrieben, die *dann* ihrerseits teilweise noch kleinere Unterfiguren in sich tragen *(Fig. 20)*. Das ist nur im Wortsinn das gleiche wie beim Haus Müller. Denn das Haus Müller entsteht ja nicht so, daß man *erst* eine hohle Kiste, eben diese fliegende Untertasse, zeichnet, in die man *dann* wieder Unterformen hineinsetzt, sondern dadurch, daß man viele kleine und verschieden hohe Müllerhäuser so zusammenpuzzelt, daß sie schließlich – bei Inkaufnahme jener unglücklichen Negativecke – ein großes Müllerhaus ergeben, ohne dabei ihre Eigenständigkeit anzutasten, was eine ungeheure Tüftelei ist, die etwas Verbiestertes, Unbedingtes hat. Während bei Le Corbusier die Unterteile lockerer, zufälliger werden wie zum Beispiel diese wunderbare Liege im Bad *(Fig. 19)*, und die Zimmertrennwände mehr wie unvermeidliche Kabinentrennwände auf einem Dampfer wirken oder auch mal ganz zu raumtrennenden Skulpturen werden, sind sie bei Loos nicht eigentlich untergeordnet, haben die gleichen Freiheitsgrade wie die Superform und disziplinieren sich so gegenseitig. Die Corbusche Form ist hierarchisch, dynamisch: in dieser strengen Großform tummeln sich die Unterformen wie geschmeidige Wildkatzen in einem Zwinger. Loos' Haus ist dagegen weniger chauvinesk, ziviler, aber deshalb auch konservativer und disziplinierter. Jedenfalls hat nicht Loos' schwieriger Raumplan, sondern Le Corbusiers Fliegende Untertasse oder – wie ich sage – Zauberkiste eine nachhaltige Wirkung auf die Archi-

Großform

209

mayor intensidad que Mies ese sentido de espacio que fluye entre el zócalo y el tejado: un platillo volante a ras del suelo en el que se encuentran musculosos maquinistas que se mueven por el amplio espacio. Loos, en cambio, seguía más los cánones y aún así su casa Michaela fue duramente atacada por los periódicos vieneses. Su planificación del espacio consistía simplemente en el intento de darle un contexto espacial a las habitaciones y salones burgueses para así rescatar lo que aún se podía salvar de la familiar cultura de interiores.

Por cierto, Corbusier describió su procedimiento, que él mismo denominó piramidal, a causa de la jerarquía de las piezas, como el más complicado entre la serie de técnicas compositivas

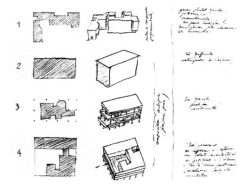

que desarrolló en el transcurso de los años veinte en varias villas *(Fig. 21)*. Primero cita la villa Roche-Jeanneret, a la que llamó «pintoresca». La Roche es una adición de distintos órganos, un pequeño organismo delimitado solamente por la alineación de las calles que limitan el terreno, que hace esquina. Parecido al que hemos conocido en la casa de la pradera, con la diferencia de que esta villa no está relacionada con lo amplio

Fig. 21

del paisaje, sino que es urbana. Como segunda villa diseñó una simple caja, su villa Meyer. Su tercera forma de composición fue un montón de planchas separadas por pilares con el fin de dejar sitio para el desarrollo por plantas de diferentes plantas libres, tal y como lo hizo también en 1929 en la villa Bizean II, y como lo diseñó para el sistema dominó. Finalmente nos presentó su villa

tektur bis heute gehabt (bis zu Koolhaas' Kunsthal in Rotterdam). Sie stellte das neue Raumgefühl noch viel stärker dar als Mies' zwischen Sockel und Dachplatte fließender Flachraum: ein etwas über dem Boden fliegendes Ufo, in der sich muskulöse Maschinisten über Rampen und Treppen durch den Großraum bewegen. Dagegen war Loos, den die Wiener Zeitungen bei seinem Michaelerhaus so heftig attackiert hatten, ja eigentlich noch sehr angepasst. Sein „Raumplan" war nur der Versuch, die vertrauten großbürgerlichen Zimmer und Salons in einen etwas räumlicheren und vielseitigeren Zusammenhang zu bringen, und damit von der vertrauten Wohnkultur zu retten, was noch zu retten war.

Übrigens hat Le Corbusier sein Verfahren, das er selbst wegen der Hierarchie der Teile „pyramidal" nannte, als komplizierteste einer Reihe von Kompositionstechniken beschrieben, die er mit verschiedenen Villen im Laufe der 20er Jahre entwickelt und 1929 aufgelistet hat *(Fig. 21)*. Als erste zitiert er die Villa La Roche-Jeanneret, die er „pittoresk" nennt. La Roche ist eine Addition von verschiedenen Organen, ein kleiner, nur von den Straßenfluchten des Eckgrundstücks von außen begrenzter Organismus, eine Addition, wenngleich auch nicht auf die Weite bezogen und ganz städtisch. Danach skizziert er als zweites eine einfache Kiste: seine Villa Meyer. Die dritte Kompositionsart ist ein Stapel von Platten, die jeweils von Stützen getrennt werden und Platz für die Entwicklung geschoßweise verschiedener, freier Grundrisse bieten, so wie er es 1929 in der Villa Baizeau II gemacht hat, und wie er es für das System *domino* gezeichnet hatte. Und schließlich führt er dann seine Villa Savoye als die schwierigste der vier von ihm genannten Kompositionsformen an, die sozusagen die Anwendung aller drei anderen Methoden zusammen ist: Also *erstens* freier, organischer

Savoye, como la forma de composición más difícil de las cuatro, ya que es la aplicación de los tres métodos anteriores al mismo tiempo: es decir, *primeramente* plantas orgánicas y libres (La Roche): *segundo*, sobre pilares (Baizeau): *tercero*, en una gran caja (Meyer), dan como cuarto resultado la Villa de Poissy.

Este procedimiento de composición lo mantuvo, aunque con algún que otro cambio, incluso después de la guerra, hasta su obra de Ronchamp, prosiguiéndolo con mayor vehemencia en el capitolio del gobierno provincial de Punjab en Chandigarh. Fue en 1956 en Bagdad donde oí hablar por primera vez de este proyecto; por aquel entonces yo me encontraba diseñando para el arquitecto Lucien Pollya en el Rushid-building distintos muebles para hoteles. Yo me compré en una

Fig. 22

librería de Bagdad entre muchos libros árabes la obra de Giedion *Arquitectura y sociedad* (en alemán y como libro de bolsillo) y descubrí en él los diseños del frente del edificio de la corte suprema *(Fig. 22)*. Como pie de foto venía «Centro social y administrativo de una nueva capital». En un principio esta nueva capital me pareció una utopía. Tampoco salía ninguna foto de la misma en el libro. Sólo venían fotos de la Unidad habitacional de Marsella y por supuesto de Ronchamp, que había sido terminada justamente un año antes, y que yo ya conocía de las publicaciones en revistas anteriores. Al descubrir que ese Chandigarh sí que existía, decidí interrumpir mi trabajo para el arquitecto Lucien Pollya y viajar hasta Chandigarh, puesto que Corbusier siempre me había fascinado. Cuando aún iba a la escuela en Oldenburg le había diseñado una casa a una señora, cuyo marido había ganado

Grundriß (La Roche) auf *zweitens* Stützengeschossen (Baizeau) in *drittens* einer großen Kiste (Meyer) ergibt *viertens* die Villa Savoye in Poissy.

Dieses Kompositionsverfahren hat er auch nach 1945 in seiner sonst in mancher Hinsicht veränderten Arbeit bis Ronchamp beibehalten, am eindringlichsten wohl beim Capitol der Provinzregierung des Punjab in Chandigarh. Ich habe von diesem Projekt erstmals 1956 in Bagdad gehört, wo ich für den ungarischen Architekten Lucien Pollya oben im Penthouse auf dem Rushid-Building eine Garnitur verschiedener Hotelmöbel zeichnete. Ich hatte in einem Buchladen unter vielen arabischen Büchern Giedions *Architektur und Gemeinschaft* (in deutsch und als Taschenbuch!) gefunden und darin die perspektivische Zeichnung von der Front des obersten Gerichtshofs gesehen *(Fig. 22)*. Darunter stand lapidar: „Verwaltungs- und Gemeinschaftszentrum einer neuen Hauptstadt". Ich hielt diese neue Hauptstadt zuerst für eine Utopie. Es gab ja auch kein Foto davon in dem Buch, nur von der „Unité d'habitation" in Marseille und natürlich von Ronchamp, das damals gerade ein Jahr fertig war, und das ich aus Zeitschriften kannte. Nachdem ich dann aber herausgefunden hatte, daß es dieses Chandigarh wirklich gab, beschloss ich, meine Arbeit bei Lucien Pollya abzubrechen, und dorthin weiterzureisen. Denn Corbusier hatte mich immer schon in seinen Bann geschlagen. Noch als Schüler hatte ich eine „Corbusier-Villa" für eine Dame gezeichnet, deren Mann mit einer bekannten Zigarettenwerbung viel Geld gemacht hatte. Damals war ich ständig in die Bibliothek gerannt, wo es die Bücher von Le Corbusier gab, und hatte dort seine Häuser studiert. Aber ich hatte es dennoch einfach nicht hingekriegt. Ich hatte noch nicht verstanden, daß es auf die Formen nicht so sehr ankommt wie auf

Fig. 23

Fig. 24

Fig. 25

mucho dinero haciéndole publicidad para una marca de cigarrillos llamada Overstolz. Yo quería que fuese una villa Corbusier: con medidas de módulo y paredes arqueadas de forma atlética. Pero a pesar de estudiar en la biblioteca los edificios de Corbusier, a mí no me salía. Más tarde me alegré de que esa villa no se llegase a construir nunca, me habría dado mucha vergüenza. Pero en Chandigarh, pensaba yo por aquel entonces, podía encontrar un trabajo que me enseñase cómo hacerlo. Y así fue como apenas medio año más tarde un amigo y yo, tras un viaje de aventuras por Irán y Paquistán en febrero de 1957, nos bajamos de una furgoneta medio transidos de frío en Chandigarh. Y ahí estaba delante de nosotros: sobre una estepa de hierba ligeramente empinada, ante la silueta azulada del Himalaya: edificios sueltos aún sin ninguna relación entre sí, como barcos en un puerto. A la izquierda, el edificio administrativo, en el que Corbu hizo realidad por primera vez su «fachada plástica» dibujada en Argelia en 1940. Sólo estaba acabada la obra bruta. A nuestra derecha, una gran caja de cemento armado con una pared lateral totalmente cerrada en la que solamente se observaban los rasgos de la mala compactación del cemento *(Figs. 23 a 25)*. La parte frontal estaba totalmente a la sombra y sólo nosotros, que ya habíamos visto un dibujo de esa perspectiva *(Fig. 26)*, podíamos reconocer que había en ella dos cajas más pequeñas. Al subirnos sobre ese imponente edificio experimentamos la gran magia de Poissy: cuanto más cerca estaba uno, con más claridad presentaba la gran forma la riqueza de sus subformas, hasta que el marco

214

die *Methode*, nach der sie entstehen. Später war ich jedenfalls insgeheim heilfroh, daß meine Villa nie gebaut worden ist. Es wäre nur peinlich geworden. Aber in Chandigarh, dachte ich damals, würde ich vielleicht eine Anstellung finden und dabei lernen, wie sowas geht. Und so kam es, daß ich schon ein halbes Jahr später – nach einer ziemlich abenteuerlichen Reise durch den Ostirak und durch Pakistan – völlig durchgefroren in Chandigarh mit einem Freund von der Pritsche eines „Pickup" kletterte. Und da lag es vor uns: auf einer sanft ansteigenden Grassteppe, vor der zartblauen Kontur des Himalaya: einzelne Bauten noch unzusammenhängend – wie Schiffe auf Reede. Links das große Sekretariatsgebäude, bei dem Corbu erstmals die 1940 für Algier gezeichnete „plastische Fassade" verwirklichte: es war nur im Rohbau fertig. Und rechts vor uns eine große Beton-Kiste mit einer nur durch einen zentralen Wasserspeier und die Schüttlinien des schlecht verdichteten Betons sehr grob gegliederten und sonst völlig geschlossenen Seiten- oder Giebelwand *(Fig. 23)*. Die Frontseite war ganz verschattet und gab nur für uns, die wir sie aus jener Perspektivzeichnung kannten, gerade zu erkennen, daß in sie zwei kleinere Kisten eingestellt waren. Und während wir auf diesen mächtigen Bau zugingen, erlebten wir dann die Zauberei von Poissy in gesteigertem Maße: Je näher man kommt, desto mehr offenbart die Großform den Reichtum ihrer Unterformen, bis man den großformatigen Rahmen nicht mehr übersieht und vollends in die Strudel der Sekundärformen hineingezogen wird *(Fig. 23-25)*. So steigt man etwa auf einer zweiläufigen Betontreppe mit oberseits ganz abgegriffenen Betonbrüstungen unter einer sich darüber krümmenden Hyperboloidschale empor wie ein Segelflieger unter einer Kumuluswolke. In den schattigen Gerichtssälen dann die großen, bunten Wandteppiche *(Fig. 26)*.

de la gran forma se hace evidente y uno se encuentra de lleno en el remolino de las formas secundarias. Por ejemplo, uno sube por una escalera de hormigón de caracol de doble volado y bajo un caparazón hiperbólico, que va girando por encima de uno, de manera similar a un planeador bajo una tremenda nube de cúmulos. En las sombrías salas de juicios se encontraban grandes tapices de colores, y estos colores florecían en la sombra de la gran forma. Enfrente, en el edificio del secretariado *(Fig. 27)*, a unos 400 m de distancia, se daban aventuras espaciales similares: las fachadas de hormigón de las torres de las rampas en caracol, con sus pequeñas entradas de luz, iban girando simultáneamente *con* las rampas de tal forma que aquí, 40 años antes de los «espacios lisos» de la arquitectura holandesa actual, tenemos ya un espacio liso e inclinado que causa mareo y del cual se pasa hacia un entramado cúbico de recintos verticales y perpendiculares. El edificio administrativo aún estaba en obra. Los jardines aún faltaban por completo, al igual que el parlamento y el monumento de la mano abierta, esa figura básica de la arquitectura de Corbusier.

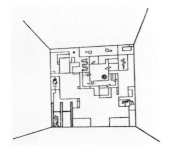

Fig. 26

Mi idea de poder quedarme a trabajar aquí no se hizo realidad. Teníamos una cita en Delhi, así que solamente nos quedamos unos días en Chandigarh, esa ciudad planificada por Corbu y diseñada por varios arquitectos entre las poblaciones Chandi y Garh, y en la que los habitantes no se encontraban a gusto, ya que era el típico producto de urbanización moderna. Es normal que no se encontrasen a gusto, ya que las ciudades diseñadas por arquitectos nunca funcionan, debido a que éstos diseñan demasiado y sus diseños rígidos no dejan espacio a las necesidades

Fig. 27

Das gehört auch zu dieser Großform-Zauberei: Im Schatten der großen Form blühen die Farben. Gegenüber am 300 m entfernten Sekretariatsgebäude *(Fig. 27)* gibt es ähnliche Raumabenteuer: dort sind die Schalungsfugen der Betonwände der vorgestellten Rampentürme samt ihren kleinen Lichtöffnungen *mit* den Wendelrampen geneigt, so dass wir hier schon, 40 Jahre vor den „glatten Räumen" der heutigen holländischen Architektur, einen schiefen und leicht Schwindel erregenden glatten Raum haben, aus dem man dann in ein sehr lotrechtes und kubisches Raumgerüst entlassen wird. Am Verwaltungsgebäude wurde noch gearbeitet. Die Außenanlagen fehlten noch vollständig. Auch das Parlamentsgebäude und das Monument der offenen Hand, diese nach oben offene Grundfigur aller Corbusierschen Architektur, fehlten noch.

Aus meinem Plan, hier zu arbeiten, wurde nichts. Wir hatten eine Verabredung in Delhi, und so blieben wir nur ein paar Tage in Chandigarh, dieser von Corbu geplanten und von verschiedenen Architekten gezeichneten Stadt um die beiden Ortschaften Chandi und Garh, ein typisches Produkt modernen Städtebaus, mit dem die Bewohner überhaupt nicht zurecht kamen. Natürlich nicht, denn von Architekten ausgedachte Städte funktionieren nie, weil sie viel zu viel entwerfen und die wohlgeordneten Entwürfe den vielerlei individuellen Bedürfnissen und Entwürfen keinen Raum lassen. Auch hatte man viel zu wenig die lokalen Wohn- und Lebenstraditionen studiert, das System der Kasten, die Art der indischen Läden, die Lebensweise der Sikh, um etwas hinzukriegen, das die Leute sich nicht anschließend mit Lehm, Bambus und Jute hätten zurechtbauen müssen, und ich bin sicher, daß dieser Humunkulus inzwischen – mehr noch als Pessac – bis zur vollständigen Unkenntlich-

217

individuales. Tampoco se habían estudiado suficientemente las tradiciones y culturas locales, los sistemas de castas, los tipos de tiendas indias, la forma de vida de los Sikh, para poder conseguir algo y no hacer que los habitantes tuvieran que hacerse más tarde sus casas de barro y bambú. Estoy seguro de que entretanto ya lo han hecho. Chandigarh es uno de los muchos accidentes urbanísticos del modernismo. Pero el capitolio es un monte mágico. Desde el día en que vi la sala de arte de Rems en Rotterdam, no me había vuelto a impresionar nada tanto como los pomposos edificios de cemento del Himalaya.

Veamos brevemente lo que cuarenta años más tarde hace OMA de este tema en Rotterdam *(Figs. 28 a 30)*. También la sala de arte *(kunsthal)* es una gran forma que se compone de dos «subcajas».

Estas dos «subcajas» se crean a partir de un corte diagonal que las separa de tal forma que queda una pasarela en medio del edificio y que a su vez hace que se cree una especie de rampa en caracol que une las distintas alturas. Además de esta rampa también encontramos todos los elementos que ya conocemos de Poissy: los delgados pilares abajo, la calle que entra (y en este caso pasa por el medio), la subfigura que sobresale arriba y el patio como tallado en el edificio. Lo único distinto es la expresión. La sala de arte ya no tiene nada heroico. Es más grande pero carece del patetismo y del barroquismo de Le Corbusier y de todos esos elementos embellecedores que se suelen utilizar en estos casos: me refiero a algo así como las ricas tartas de granito de Renzo Piano en Basilea. Un edificio que, dentro de su harmonía de buen gusto y citando las palabras de

Fig. 29

keit um- und zurechtgebaut worden ist. Chandigarh ist jedenfalls einer der vielen städtebaulichen Unfälle der Moderne. Aber das Capitol ist ein „Zauberberg"! Nie wieder – bis zu Rems Kunsthal in Rotterdam – hat mich etwas so berührt wie diese kraftvollen und doch in ihrem „Finish" so bescheidenen, ja spartanischen Betonbauten am Himalaya.

Aber sehen wir uns noch kurz an, was 40 Jahre später OMA in Rotterdam aus diesem Thema macht *(Fig. 28-30)*. Auch die Kunst-

Fig. 28

hal ist eine superierte „Großform", die sich aus zwei „Unterkisten" zusammensetzt. Dabei entstehen die beiden „Unterkisten" aus einem Schrägschnitt, werden voneinander abgerückt, so daß sie eine Passage durch das Gebäude freilassen, und obendrein noch gegeneinander verkantet, so daß sie nach Art einer Wendelrampe die Geschosse in einen ansteigenden Zusammenhang bringen. Außer dieser inneren Rampe finden wir auch sonst alle Elemente wieder, die wir von Poissy schon kennen: die dünnen Stützen unten, die hinein (und hier hindurch) führende Straße, die oben herausguckende Unterfigur und den eingeschnittenen Hof. Anders ist nur der Ausdruck: die Kunsthal hat nichts Heroisches mehr. Sie ist größer, jedoch ohne das barocke

Fig. 30

Pathos Le Corbusiers, aber auch ohne diese Schöntuereien, wie sie

andernorts für solche Aufgaben getrieben werden: ich meine sowas wie Renzo Pianos leckeres Porphyrtörtchen in Riehen bei Basel, ein Gebäude, das gerade aufgrund seiner geschmackvollen Harmonie nach Loos' Worten „keinen Zusammenhang mit uns" und unserer Zeit mehr hat. Nein, hier ist alles sehr profan, uneinheitlich, nicht optimiert, die eine Seite in Stahl, die andere in Beton.

Fig. 31

Loos, no tiene nada que ver con nosotros ni con nuestros tiempos. No, aquí es todo muy profano, desigual, no está optimizado, por ejemplo, un lado es de acero, el otro de cemento. Se utilizan productos industriales banales como planchas de poliester y otros productos baratos. Encontramos pilares revestidos con cortezas de árboles que han tenido que ser talados para este edificio *(Fig. 30)*. Pero no se crea ni un falso patetismo ni esa falsa «simpleza y grandeza» como en Basilea. En vez de eso se crea gracia y poesía. Sobre el tejado hay algo que llama la atención, un camello fundido. Supongo que se tratará de algún regalo de algún contratista *(Fig. 31)*. El camino en rampa por medio del edificio de cemento y acero acaba de forma muy simple en una terraza en el ático, ¡adornado con preciosos perales! Esto ya no es la caja mágica con el riguroso juego entre «volumen y luz», sino una caja con muchas cosas dentro. Se podría decir un pedazo de ciudad en una caja.

Distinto a Poissy, esta grandeza obtiene una nueva calidad incluyendo una calle en el edificio y una pasarela peatonal perpendicular a ella. Es lo que Koolhaas llama *bigness* o «talla XXL». La *kunsthal* ya es un *edificio enorme*, aunque aún no de forma ideal, puesto que el *gran edificio* no se encuentra en la calle, sino que contiene las calles en su interior. Lo que pretendía este complejo arquitectónico era que, para la inauguración, una firma de coches presentara sus vehículos: un edificio en el que los vehículos transitan por dentro, que contiene un trozo de ciudad, incluido el espacio público; eso es lo que es un gran edificio. Aquí se intenta reorganizar en un edificio lo público en la urbe, que ya no cabe en la ciudad debido a tanto coche. Un pensamiento bastante

220

Da werden so banale industrielle Baustoffe wie Polyester-Wellplatten und andere Billigprodukte aus dem Baumarkt eingebaut, Stahlstützen mit geschälten Baumstämmen ummantelt, die für dieses Bauwerk fallen mussten *(Fig. 30)*. Und es entsteht weder falsches Pathos noch diese falsche „edle Einfalt und stille Größe" wie in Riehen. Statt dessen Witz und Poesie. Auf dem Dach ganz oben etwas rätselhaft ein gegossenes Kamel, wohl das Präsent einer der beteiligten Unternehmen, und der rampenförmige Weg durch das Gebäude aus Beton und Stahl endet sehr einfältig in einem Dachgarten mit schön aufgereihten Birnbäumchen! *(Fig. 31)* Das ist nicht mehr die Zauberkiste mit dem „strengen Spiel der Volumen im Licht", sondern ein großer Kasten mit vielen Sachen drin, man könnte auch sagen, ein Stück Stadt im Kasten!

Anders als Poissy ist natürlich auch die Größe, die mit dem Hineinführen einer Straße und eines quer dazu verlaufenden öffentlichen Gehwegs eine neue Qualität bekommt, also das, was Koolhaas mit „Bigness" bezeichnet oder mit der Bezeichnung für Übergröße XXL. Die Kunsthal ist schon ein *Sehr großes Gebäude*, wenn auch noch nicht in idealer Weise. Denn *Sehr große Gebäude* stehen nicht mehr *an* der Straße, sondern sie enthalten in sich die Straßen mit. Somit war es ganz im Sinne dieser Architektur, daß zur Eröffnung der Kunsthal eine Autofirma ihre neuesten Modelle darin präsentierte: ein Gebäude, in dem Autos herumfahren, das ein ganzes Stück Stadt samt öffentlichem Raum enthält, das ist ein *Sehr großes Gebäude*. Hier wird versucht, die Stadtöffentlichkeit, die vor lauter Autos keinen Platz mehr in der Stadt findet, in einem Gebäude neu zu organisieren. Ein naiver Gedanke, denn diese Öffentlichkeit wird immer nur die sein, die der Eigentümer dieses *Sehr großen Gebäudes* zulässt! Aber so sind die OMA-Leute: mit

iluso, ya que lo público en un edificio siempre lo será en la medida que lo permitan sus dueños. Pero así es la gente de OMA. Con palabras de Koolhaas: se encuentran sobre la ola de los grandes inversores *(like a surfer on the waves)*, le dan la bendición cultural y obtienen así un increíble impulso hacia adelante. Pero dejando esto a un lado, obtienen también la maravillosa idea: la inversión de dentro y afuera, de calles y casas. Y en este sentido puede

Fig. 32

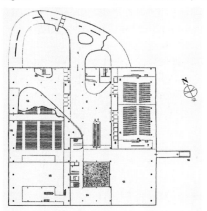

que sorprenda ver que el gran precursor y mago al final de su vida, veinticinco años antes de la sala de arte y del Palacio Municipal de Lille, ya había llegado casi hasta aquí. Su proyecto para el Palacio de Congresos en Estrasburgo, cuyo fracaso se explica minuciosamente en el libro de Karen Michels[3], es en realidad el primer «*Very big building*», aún sin terminar *(Figs. 32 y 33)*.

Koolhaas' Worten reiten sie auf der Welle der Großinvestoren *like a surfer on the waves,* geben ihr auch noch die kulturelle Weihe und erhalten daraus einen unglaublichen Vortrieb. Aber davon einmal abgesehen: eine faszinierende Idee! Die Verkehrung von Innen und Außen, von Straße und Haus! Und da mag es uns überraschen, wenn wir sehen, daß der große Vorläufer und Magier am Ende seines Lebens, ein viertel Jahrhundert vor der Kunsthal und vor Koolhaas' noch größerer Stadthalle in Lille, hier selbst schon fast angekommen war. Sein Entwurf für die Kongresshalle in Straßburg, dessen Scheitern in einem lesenswerten Buch von Karen Michels[3] sehr genau nachvollzogen wird, ist eigentlich das erste, wenngleich unvollendet gebliebene „*Very big building*" *(Fig. 32/33).*

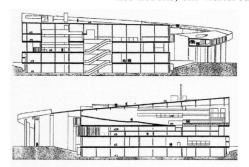

Fig. 33

223

7

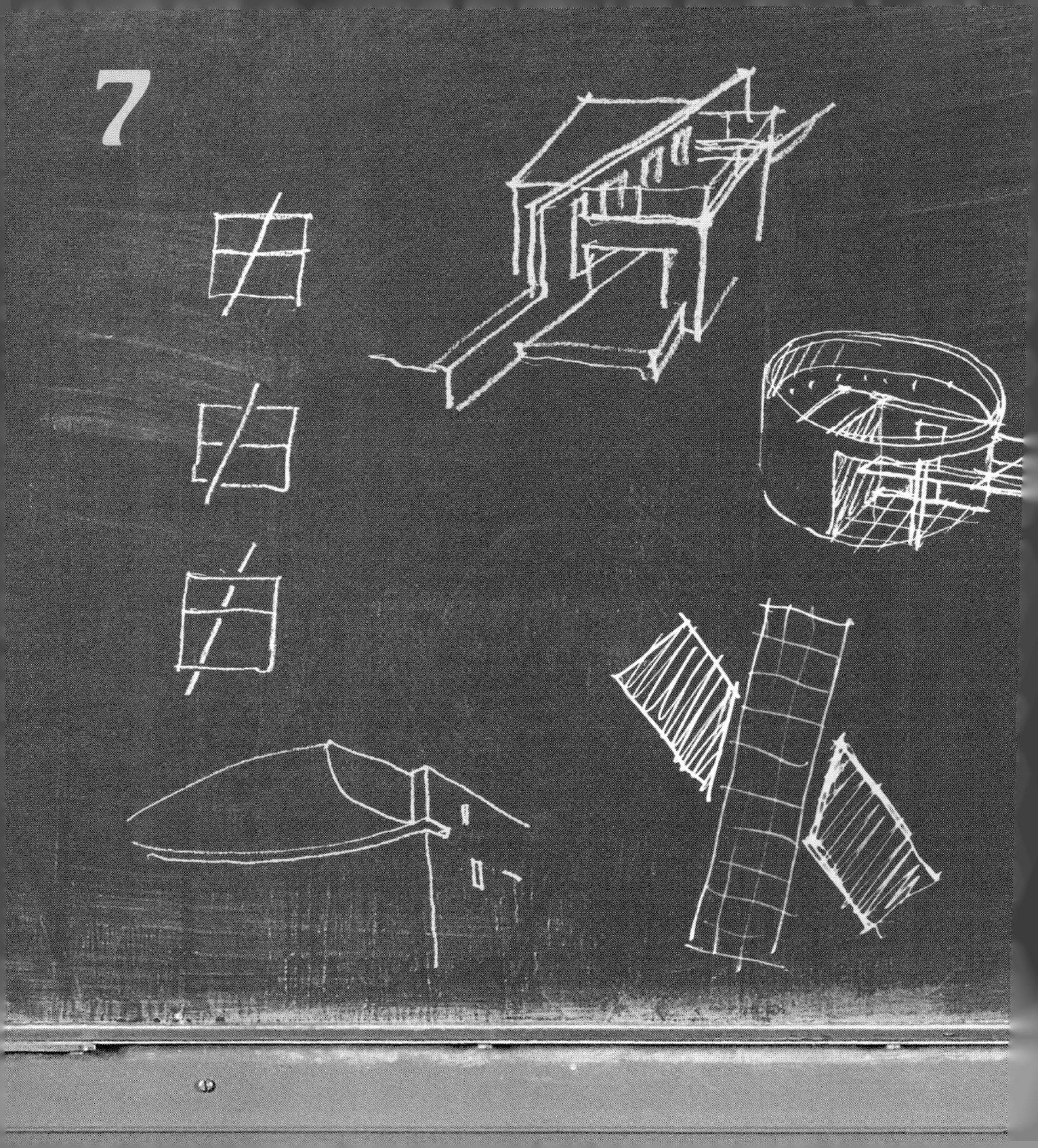

7. Formas de composición: penetración y confrontación

Las acciones que hasta ahora hemos conocido al final siempre han dado como resultado una unidad, un entero. Incluso la multiplicación de nudos autárquicos en el espacio trae consigo una serie de piezas idénticas que resalta de su entorno como una unidad. También la compactación es, por así decirlo, un rebaño alrededor de un pastor. Y la meta en la simplificación o superación de la gran forma es la creación de dicha identidad. Pero ahora vamos a conocer dos estrategias en las que lo que se crea es una multiplicidad, pero con una ambivalencia tal que al final podemos ver dos figuras en una. Aquí juega un papel importante el giro de las piezas entre sí, así como la diversificación por distintos colores, distintos materiales y/o distintos «lenguajes», distintos estilos. Es decir que creamos una multiplicidad heterogénea, la cual se va engranando cada vez más con su entorno urbano, cuya sustancia es también heterogénea y está repleta de contrasentidos. En la estrategia que voy a comentar primero, tenemos la multiplicidad dentro de un edificio, que podemos ver así o así –como en esas postales que según cómo se miren, se ve a una rubia vestida o desnuda. En la segunda estrategia se trata desde el principio la multiplicidad, en la que se confrontan distintas piezas, como en un bodegón. Ambas formas de acción son, por así decirlo, la forma de movimiento de los deconstructivistas. Pero vamos a ver que, por su forma de ser y al contrario que las gran-

7. Kompositionsformen: Durchdringung, Konfrontieren

Die Aktionen, die wir bisher kennengelernt haben, ergeben am Ende immer eine Einheit, ein Ganzes. Selbst das Vervielfachen autarker Raumknoten bringt doch wieder eine Menge in sich identischer Teile, die sich als Ganzes von der Umgebung deutlich abhebt. Auch die Verdichtung ist quasi *eine* Herde um einen Hirten, und bei der Vereinfachung oder der Superierung zur Großform ist die Herstellung dieser Identität ja das eigentliche Ziel. Wir werden jetzt aber zwei Strategien kennenlernen, bei denen es eher um die Herstellung einer Vielheit geht, mindestens aber einer Ambivalenz, bei der wir am Ende zwei verschiedene Figuren in einer sehen können. Dabei spielt oft das Drehen der Teile zueinander eine Rolle – ebenso wie das Diversifizieren durch verschiedene Farbe, verschiedenes Material oder/und verschiedene „Sprache", verschiedene Stile. Wir erzeugen also eine heterogene Vielheit, die sich mit der städtischen Umgebung umso mehr verzahnt, weil deren Substanz ja auch heterogen und voller Widersprüche ist. Bei der Strategie, die ich zuerst vorstellen möchte, haben wir die Vielheit in einem Gebäude, das wir je nach unserer Interpretation seines Aufbaus so oder anders sehen können – etwa wie bei den Jux-Postkarten, die je nach Blickwinkel die schöne Blonde nackt oder bekleidet zeigen. Bei der zweiten Strategie geht es von vornherein um eine Vielheit, in der ganz verschiedene Teile miteinander konfrontiert werden, vergleichbar einem Stilleben. Beide Aktionsformen sind

des obras de arte de deconstructivistas famosos, tienden a hacer volar por el aire la arquitectura, expansionádola como una obra de arte cerrada, y hacer de ella algo así como un jazz arquitectónico: improvisación con materiales encontrados, con varios solistas, con un final abierto.

7.1 Penetración, sobreposición

Por lo general las penetraciones son atípicas, casi violentas para la construcción que avanza paso a paso, que añade una cosa a la otra, que va capa por capa. En un principio también sólo se presentan ahí donde la estructura de edificación debe de mantenerse unida de forma irreversible: como grandes capas distintas, penetradas y, por lo tanto, unidas por puntas o anclajes. Pero es raro que se atraviesen componentes enteros de edificaciones, y en la arquitectura clásica no se me ocurre ningún ejemplo. Así, una división en cuatro partes, es decir naves que se cruzan (por ej. de una iglesia) no es una penetración en este sentido, ya que las cuatro naves se añaden a las quatro líneas de la propia división: *primeramente* la división, *después* las naves. No tiene por qué ser así históricamente, pero la figura puede verse así. Pero una edificación en forma de cubo dividida por un muro que la atraviesa diagonalmente, esto sí que sería una penetración. El muro diagonal atraviesa la casa. Con este ejemplo se ve el gran papel que juega la relación entre ambas piezas para que el término tenga sentido desde el punto de vista de la composición: en este caso ni la casa

die Bewegungsform der Dekonstruktivisten. Doch wir werden sehen, daß sie ihrem Wesen nach – ganz im Gegensatz zu den architektonischen Großkunstwerken bekannter Dekonstruktivisten – gerade dazu tendieren, Architektur als geschlossenes Kunstwerk, als architektonische Symphonie, aufzusprengen und daraus so etwas zu machen wie architektonischen Jazz: Improvisation mit vorgefundenem Material, mit mehreren Solisten, mit offenem Ende.

7.1 Durchdringung, Überlagerung

Für das Bauen, das Schritt für Schritt voranschreitet, eins zum andern fügt, Gewerk für Gewerk, Schicht für Schicht, sind Durchdringungen eigentlich untypisch, etwas Gewaltsames. Sie kommen denn auch zunächst nur dort vor, wo ein bauliches Gefüge irreversibel zusammmengehalten werden soll: als große, verschiedene Schichten durchdringende und damit verbindende Holzstifte, Nägel oder Anker. Daß aber ganze bauliche Komponenten sich durchdringen, ist selten, und mir fällt aus der klassischen Baugeschichte dafür kein einziges Beispiel ein. Eine Vierung jedenfalls, also sich kreuzende (Kirchen-)Schiffe z.B., sind in diesem Sinne keine Durchdringung: Dabei werden an die vier Seiten der eigentlichen Vierung die vier Schiffe angebaut: *erst* die Vierung, *dann* die Schiffe – es muß historisch nicht so sein, doch die Figur kann so gelesen werden. Aber ein kubischer Bau, der durch eine einzige Mauer geteilt würde, die ihn schräg durchquert: so etwas wäre doch wohl eine Durchdringung. Die schräge Mauer durchdringt das Haus. Bei diesem Beispiel zeigt sich, daß das Verhältnis beider Teile zueinander eine Rolle spielt, wenn der Begriff in kom-

ni el muro pueden ser las piezas primarias. Ya que si el muro fuese la forma primaria, las dos mitades de casa habrían sido añadidas con posterioridad de tal forma que a vista de pájaro pareciesen un solo edificio. Pero en realidad se trataría de dos anexos edificados por casualidad junto al mismo muro. Si por el contrario fuese la casa la forma primaria, el muro sería una adición de piezas edificadas diagonalmente, que por casualidad se han colocado así para que parezca un muro. En ambos casos, la penetración sería una ilusión creada por la medición. En nuestro ejemplo sería distinto si ambas piezas tuvieran una relación ambivalente o si la secuencia de edificación fuera alternativa: primero se edifica la parte inferior del muro diagonal, por ejemplo como muro en la pendiente del terreno sobre el cual se quiere edificar. Después vendría la casa en forma de cubo (como pieza primaria), y más tarde se levantarían piezas del muro diagonal y se añadirían a la pieza primaria. En un caso como éste, con una historia tan *compleja con cambios de papeles*, tendría sentido hablar de penetración como resultado. También se ve que las figuras arquitectónicas no pueden ser explicadas geométricamente. Sólo en la sucesión temporal cobran sentido como una serie de pasos de composición. Por ello recordemos: la penetración sólo se crea por el cambio de papeles de las piezas, lo que era primario pasa a ser secundario. A determina a B y después B determina a A, y más tarde otra vez A a B. Ya se ve que dichas figuras son técnicamente delicadas más bien por la historia cambiante que por una planificación pensada.

Por desgracia hay pocos ejemplos históricos concretos, por lo menos yo no conozco ninguno. Por eso tenemos que dejar volar nuestra fantasía. Imaginémonos que en medio de una larga

positorischer Hinsicht sinnvoll sein soll: weder darf in diesem Fall die Mauer das Primärteil sein, noch das Haus. Denn wäre die schräge Mauer das Primärteil, wären beide Haushälften nur so angebaut, daß sie aus der Vogelperspektive gesehen wie ein Haus aussähen. Es wären aber zwei nur zufällig sich gegenüberstehende Anbauten an eine schräge Mauer. Wäre andersherum das Haus das Primärteil, so wäre die schräge Mauer nur eine Addition von schräg an- und eingebauten Mauerteilen, die nur zufällig so aufgereiht sind, daß sie wie *eine* Mauer aussehen. In beiden Fällen wäre die Durchdringung nur eine vermessungstechnisch hergestellte Illusion. In unserem Beispiel wäre das dann anders, wenn beide Teile zueinander in einem ambivalenten Verhältnis stünden, oder wenn die bauliche Reihenfolge verschränkt wäre: zu Anfang wäre der untere Teil der schrägen Wand dagewesen, zum Beispiel als Böschungsmauer auf dem Gelände, das bebaut werden soll, und darüber wäre später der Hauswürfel (als Primärteil) errichtet worden. Und noch später

wären Teile der schräg durchdringenden Böschungsmauer hochgeführt und oben wieder zum Primärteil zusammengeführt worden. Bei einer solchen komplexen Geschichte mit *Wechsel der Rollen* wäre es im Ergebnis sinnvoll, von einer Durchdringung zu reden. Auch hier zeigt sich, daß man architektonische Figuren nicht allein geometrisch erklären kann. Nur im zeitlichen Nacheinander werden sie als kompositorische Schrittfolgen sinnfällig. Deshalb halten wir fest: Durchdringungen entstehen nur durch den Rollenwechsel der Teile: was erst Primärteil war, wird dann Sekundärteil. A bestimmt zuerst B, dann bestimmt B wieder A, und womöglich noch später A wieder B. Man sieht schon: solche Figuren sind technisch heikel und eher durch eine wechselvolle Geschichte als durch absichtliche Planung herbeigeführt.

nave de iglesia ha caído una bomba durante la guerra. Más tarde, durante la reconstrucción se hace pasar una calle por el hueco. Las dos ruinas, a cada lado de la calle se reconstruyen con nuevos frontones alineados. Posteriormente, para hacer referencia a la antigua identidad de ambas piezas, la calle se pavimenta según la antigua planta. Aquí se podría hablar entonces de penetración de dos figuras, iglesia y calle. Parte de la historia hubiese sido destrucción y no construcción. Digo esto porque tiene que quedar claro que tenemos que pensar en una historia así de dramática y movida –y no en trucos de diseño– si queremos presentar una penetración. El cambio de papeles de las piezas se da por el cambio del concepto, de la intención, de la «idea»: lo que hace que este cambio tenga un gran atractivo estético y arriesgado en el sentido técnico, ya que tenemos dos arquitecturas en una; la podemos ver así o así, una ambivalencia que en la pintura moderna también fue intensamente empleada.

Pero quedémonos en la parte técnica, de la que digo que es arriesgada. Tomemos nuestro primer ejemplo, la casa que es atravesada por un muro diagonal. Esta alternancia de papeles sería precaria desde el punto de vista de la cimentación, si se tratara aquí de una penetración «verdadera», es decir si en parte la pared de la casa se apoyara sobre el muro y en parte el muro se apoyase sobre la pared de la casa. Ya que hay que contar con que el asentamiento de la casa es más fuerte que el del muro libre, y así la naturaleza se encarga aquí de aclarar la situación: por medio de una grieta de asentamiento. ¡Crac! Y el muro es rebajado definitiva y claramente a una pieza secundaria. O tomemos el ejemplo de la iglesia en Ronchamp *(Fig. 1)*. También ahí se da, en un punto, un cambio de papeles: el tejado, el gran cuenco de

Kein Wunder, daß es hier wenig konkrete, historische Beispiele gibt, jedenfalls sind mir so keine bekannt. Deshalb müssen wir Fantasie walten lassen: Stellen wir uns vor, ein langes Kirchenschiff wäre im Krieg durch eine Bombe in seiner Mitte völlig zerstört worden. Später, beim Wiederaufbau, hätte man durch die Lücke eine neue Straße hindurchgelegt und beide Ruinen beiderseits der Straße wieder durch neue Giebel in der Flucht der neuen Straße geschlossen. Und noch später hätte man, um auf die frühere Identität beider Teile zu verweisen, die Straße im alten Grundriß aufgepflastert. Hier könnte man dann von der Durchdringung zweier Figuren, Straße und Kirche, sprechen. Ein Teil der Entstehungsgeschichte wäre Zerstörung und nicht Bauen gewesen. Ich sage das, weil klar sein muß, daß wir eine solche wechselvolle und dramatische Geschichte denken müssen, wenn wir kompositorisch – und nicht mit designerischen Tricks – eine Durchdringung zeichnen wollen. Der Rollentausch der Teile entsteht durch einen Wechsel des Konzepts, der Absicht, der „Idee": Das macht ihn im technischen Sinne riskant und ästhetisch so reizvoll, denn wir haben nun zwei Architekturen in einer: wir können sie so oder so herum sehen, eine Ambivalenz, die in der modernen Malerei denn auch intensiv genutzt wurde.

Aber bleiben wir erst bei der technischen Seite, von der ich sage, daß sie riskant sei. Nehmen wir unser erstes Beispiel, das Haus, das von einer schrägen Mauer durchdrungen ist. Handelt es sich um eine „echte" Durchdringung, wäre also teilweise die Hauswand von zwei Seiten an die schräge Mauer angesetzt, teilweise aber die schräge Mauer an die Hauswand, wäre dieser Wechsel der Reihenfolgen schon gründungstechnisch prekär. Denn man muß damit rechnen, daß sich der Hauskubus stärker setzt als die freiste-

cemento que flota sobre las paredes de cemento quebradas y está separado de ellas por una ranura, se convierte de repente en pared. Es decir que la pared atraviesa el tejado. La ranura sigue existiendo y atraviesa a su vez la pared *(Fig. 2)*. Este pequeño desatino es disimulado por la presencia de más ranuras en la pared. Aquí también podría pasar que un día la ranura fuese ampliada por una grieta de tal forma que la parte superior de la pared pasase otra vez a formar parte del tejado. Pero todo delineante sabe que toda línea que es atravesada, es decir todo «cruce», es constructivamente un riesgo. Normalmente no se pueden dar. Me acuerdo de un caso, cuando en los años sesenta yo dibujaba para Baumgarten en el Reichstag. Una especie de pasarela tenía que atravesar un edificio sin perturbar su perfil: una penetración. Y Baumgarten dibujó una cruz: un cruce entre las

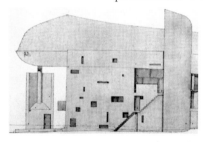

Fig. 2

aristas laterales de la pasarela y de la pared exterior de dicho volumen. Esto sólo es factible con medios industriales, cuando el pretil es reducido a un mínimo, y el suelo y la pared se unen sin rodapiés, o sea con perfiles de acero que están insertados en la pared, etc. Esto ya es diseño, y sólo se puede hacer así. «Profesionalmente», se debería de haber dejado aquí una asimetría, o haber ubicado la escalera hacia el exterior, o con cierta distancia lateral, haberla introducido en un hueco entre los apoyos. Pero entonces ya no habría sido una penetración: la pasarela se pone una vez estén puestos los estribos (contrafuertes), tanto técnicamente como compositivamente. Esta figura aún sería más precaria en el exterior, donde el agua tiene que ser evacuada controladamente.

Fig. 1

hende Mauer, und daß so die Natur hier nachträglich für Klarheit der Verhältnisse sorgt: durch einen kräftigen Setzungsriß. Knack – und die schräge Mauer ist endgültig und eindeutig zum Sekundärteil herabgestuft. Oder nehmen wir ein Beispiel von der Kirche in Ronchamp *(Fig. 1)*: Auch dort gibt es an einer Stelle so einen prekären Rollenwechsel: das Dach, die große Betonschale, die durch einen kleinen Schlitz getrennt über den gekrümmten, dicken Spritzbetonwänden schwebt, wird plötzlich Wand. Die Wand durchdringt also das Dach *(Fig. 2)*. Der Schlitz wird aber weitergeführt und durchdringt wiederum die Wand. Diese kleine Ungereimtheit wird nun in der Wand dadurch überspielt, daß mehr solche Schlitze in die Wand gekerbt werden. Auch hier könnte es sein, daß dieser Schlitz sich eines Tages als Riß fortsetzt und der obere Teil der Wand schließlich durch diesen Bauschaden wieder zum Teil der Betonschale wird. Aber auch sonst weiß jeder geübte Bauzeichner, daß einander durchdringende Linien, also „Kreuze", konstruktiv riskant sind: sie sind meist nicht realisierbar. Ich erinnere mich an einen Fall, als ich in den 60er Jahren bei Baumgarten am Reichstag zeichnete. Ein brückenartiger Steg sollte in einen Gebäudekörper eindringen, ohne dabei sein Profil zu wechseln: eine Durchdringung. Und Baumgarten gab ein Kreuz vor: eine Kreuzung aus den seitlichen Kanten des Stegs und der Außenwand dieses Volumens. Dies ist nur mit industriellen Mitteln machbar, nämlich wenn also Wange und Brüstung auf ein Minimum reduziert werden können und Fußboden und Wand ohne Profilierung durch Fußleisten aufeinanderstoßen, also mit Stahlprofilen, die bündig in die Wand eingebaut sind usw. Das war schon „Design", und nur so ging es. „Baumeisterlich" hätte man hier einen Versatz gelassen, die Brücke weiter außen angesetzt oder – mit seitlichem Abstand – in eine

235

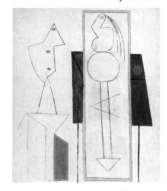

Fig. 3

Así que lo mejor es evitar las cruces y hacer uso de la posibilidad que nos brindaba el ejemplo de la iglesia destruida. La penetración se daba aquí de una forma virtual. Sólo en nuestra cabeza se cruzan las piezas. En el diseño y en la recepción nos servimos simplemente de nuestros preconocimientos, sin construir en verdad el «accidente» constructivo. Las dos piezas tienen que estar juntas, pero también son independientes. De Picasso, quien pintó mucho con este tipo de ambivalencias, existe un cuadro en el Museo Guggenheim de Venecia que muestra este tipo de penetración de forma clara, *L'Atelier*, de 1956 *(Fig. 3)*. Si hacemos desaparecer el área y el espacio en perspectiva, tenemos tres cuadrados oscuros, dos rojos y uno gris, sobre un fondo claro. Pero si contemplamos el espacio en perspectiva desde el punto de vista semántico, veremos dos piezas: una mesa con un mantel rojo y un zócalo gris. El mantel rojo atraviesa la figura de delante, más clara ya que lo vemos como «unidad mantel». Para crear una unidad virtual o semántica de este tipo sólo basta con girar el espacio y el espacio entremedio. Ya que por medio de este giro se pueden separar mejor los cubos unos de otros o relacionarlos entre sí. Esta figura es ya una penetración, en la cual podemos ver una figura (atravesada por un cubo invisible) o dos figuras, cada una con un corte oblicuo. O tomemos la figura que estamos dibujando para la Unterstadt de Kassel: un edificio de recreo redondo perteneciente a un jardín de infancia, ubicado en un parquecito triangular y comunicado con un edificio alargado por medio de una pasarela. La parte inferior de la figura redonda está anexionada al edificio rectangular de la pasarela, mientras que en la parte superior

freigelassene Auflager-Öffnung eingelassen. Dann wäre es aber keine Durchdringung mehr gewesen: Die Brücke kommt erst, wenn die Widerlager da sind – sowohl technisch wie kompositorisch. Noch viel prekärer wäre diese Figur im Außenbereich, wo das Wasser kontrolliert abgeführt werden muß.

Kreuze sollten wir also vermeiden und uns lieber der Möglichkeit bedienen, die in unserem Beispiel von der zerstörten Kirche dargestellt war. Die Durchdringung fand da ja sozusagen nur virtuell statt. Nur unser Kopf läßt die Teile sich kreuzen. Wir nehmen, beim Entwurf wie bei seiner Rezeption, nur unser Vorverständnis zur Hilfe, ohne den baulichen „Unfall" wirklich herzustellen. Zwei Teile gehören zusammen, aber sie sind auch selbstständig. Von Picasso, der viel mit solchen Ambivalenzen gearbeitet hat, gibt es ein Bild, das in Venedig bei Guggenheim hängt und diese Art der Durchdringung eindrucksvoll vorführt: „L'Atelier", von 1956 *(Fig. 3)*. Wenn man die Bedeutungsebene und den perspektivischen Raum ausblendet, hat man *drei* dunkle Vierecke, *zwei* rote und ein graues, vor hellem Hintergrund. Sieht man aber in den perspektivischen, semantisch nur durch einige Schrägen und ein paar Muster ange-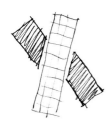deuteten Raum, sieht man zwei Teile: einen Tisch mit roter Tischdecke und einen grauen Sockel. Die rote Tischdecke durchdringt die helle Figur davor, weil wir sie als Einheit „Tischdecke" sehen. Um solche virtuelle oder semantische Einheit herzustellen, genügt das Drehen von Raum und Zwischenraum gegeneinander. Durch gedrehte Stellung nämlich lassen sich die Kuben am besten voneinander trennen oder umgekehrt aufeinander beziehen. Schon diese nebenstehende Figur ist eine Durchdringung, bei der wir entweder eine (von einem unsichtbarem Kubus durchdrungene) Figur oder zwei Figuren mit jeweils schräger Schnittfläche sehen können.

domina del todo el edificio redondo. Como ya he dicho: esta polivalencia es –intencionadamente y con pretensión de diseño– bastante nueva: yo vi esto por primera vez en el trabajo de diploma de mi amigo de carrera Reissinger, sobre la plaza octogonal de Leipzig en Berlín *(Figs. 4 y 5)*. Bastantes años antes de los experimentos de los New York Five y veinte años antes del llamado deconstructivismo, Reissinger diseñaba figuras que contenían este tipo de penetración, así como un espacio urbano que instrumentalizaba distintas capas históricas. Reissinger quería ubicar sobre la plaza el zócalo en forma de cruz, el cual había sido diseñado por Friedrich Gilly para este lugar para el memorial de Friedrich II en 1797, que tampoco se construyó. Sobre ella y ligeramente desplazado hacia un lado mi amigo dibujó una rebanada de un edificio de varios pisos, la cual despedazaba esta figura octogonal y solamente dejaba ver fragmentos de ella. Eckart Reissinger, el más dotado diseñador que conocí, falleció desgraciadamente demasiado pronto en un accidente de esquí. A finales de los años 60 existía ya la casa de Hofman de Richard Meier *(Fig. 6)* y poco después la Villa III de Eisenman *(Fig. 7)* las cuales trabajaban ya con este tipo de penetraciones. Pero estos ejemplos más bien académicos muestran que las penetraciones –como meras manipulaciones de «diseño» y carentes de una estratificación histórica– pueden llegar a ser ligeramente artificiales y formales.

Fig. 4

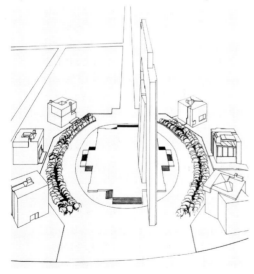

Oder nehmen wir die Figur, die wir für die Kasseler Unterneustadt gezeichnet haben: ein rundes, zu einem Kindergarten gehörendes Spielhaus, das in einem dreieckigen Plätzchen steht und über eine Brücke mit einem Langhaus verbunden ist. Dabei ist im unteren Bereich die runde Figur an das rechtwinklige Brückengebäude angebaut, während oben sich das Rundgebäude ganz durchsetzt. Auch hier ist das durchdringende Gebäude fast nur virtuell, nur durch eine Stahlbrücke und durch die rechtwinklige Nische präsent. Wie gesagt: Solche Mehrdeutigkeit ist – als Absicht und entwurflich gewollt – ziemlich neu. Ich sah so etwas erstmals bei meinem Studienfreund und Mitdiplomanden Reissinger bei seiner Diplomarbeit zum Leipziger Platz in Berlin *(Fig. 4/5)*. Noch Jahre vor den Versuchen der New Yorker Five und zwanzig Jahre vor dem sogenannten Dekonstruktivismus zeichnete Reissinger Figuren, die solche Durchdringungen enthielten und einen Stadtraum, der verschiedene historische Schichten instrumentalisierte. Reissinger wollte auf dem Platz den kreuzförmigen Treppensockel errichten, den Friedrich Gilly 1797 für sein ebenfalls nie verwirklichtes Denkmal für Friedrich II. an dieser Stelle gezeichnet hatte. Darüber aber zeichnete er, leicht zu einer Seite versetzt, eine Hochhausscheibe, die diese große Achteckfigur

Fig. 5

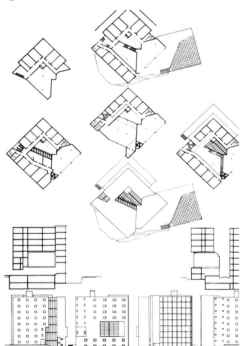

Fig. 6

Fig. 7

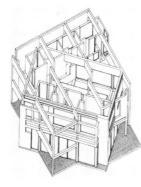

Pero a mí, sin embargo, me da la impresión de que la penetración sólo desarrolla el dramatismo que hay en ella, cuando se entrelaza lo nuevo y lo viejo: el reconstruido Palacio municipal de Berlín con el Palacio de la República en nuestro diseño de 1993, o la denominada «media luna» puesta al descubierto en 1994 en Kassel, un muro de la fortaleza barroca con el Friedrichsplatz como planta baja del barroco tardío y desde arriba la vista al nuevo aparcamiento subterráneo. Tal y como lo había yo propuesto por aquel entonces, por desgracia demasiado tarde.

Este caso es tan prototípico que me gustaría mencionarlo aquí. La gran plaza Friedrichsplatz, cada cinco años centro de la exposición mundial de arte Documenta, es una de las mayores plazas de Europa. Se creó debido a que aquí, en el siglo XVII, existía una fortaleza que rodeaba la ciudad con muros y fosos. Para solucionar el problema de aparcamiento, un astuto inversor propuso en 1993 a un centro comercial cercano esconder un garaje subterráneo de dos plantas con mas de 500 aparcamientos bajo la plaza. El garaje se acercaría también al máximo posible al centro comercial. A pesar de que ya se había visto durante una obra anterior de un garaje que la antigua fortificación aún se encontraba completa, la ciudad concedió el permiso de obras. En el proyecto se había dibujado el garaje a través de la antigua fortificación. Si se hubiese tenido en cuenta la ubicación de la fortificación, entonces el garaje habría tenido que haber sido proyectado en dirección de la «competencia del centro comercial», y eso por supuesto que no podía ser. El patrimonio histórico pidió que antes de que

wieder zerschnitt und nur fragmentarisch erlebbar machte. Eckart Reissinger, der begabteste Entwerfer, der mir begegnet ist, ist leider viel zu früh bei einem Skiunfall ums Leben gekommen. Ende der 60er Jahre gab es dann das Haus Hofman in Hamilton von Richard Meier *(Fig. 6)*, und bald darauf die Villa III von Eisenman *(Fig. 7)*, die mit solchen Durchdringungen arbeiten. Aber diese eher akademischen Beispiele machen auch deutlich, daß Durchdringungen – als bloße entwurfliche Manipulation und ohne historische „Geschichte" – leicht gestelzt und maniriert werden können.

Jedenfalls scheint mit, daß Durchdringungen eigentlich nur dann die dieser Aktion innewohnende Dramatik erst richtig und unmittelbar entwickeln, wenn wirklich Altes und Neues miteinander verschränkt wird: etwa das wiederaufgebaute Stadtschloß Berlins mit dem Palast der Republik wie in unserem Wettbewerbsentwurf von 1993 oder der 1994 freigelegte, sogenannte „Halbe Mond", ein Ravellin der barocken Stadtbefestigung von Kassel, mit dem spätbarocken Parterre des Friedrichsplatzes und, von oben her einsehbar, mit der neuen Tiefgarage darunter, wie ich es damals – leider zu spät – vorgeschlagen hatte.

Dieser Fall ist so prototypisch, daß ich ihn hier kurz darstellen möchte. Der große Friedrichsplatz in Kassel, Zentrum der alle fünf Jahre abgehaltenen Weltkunstschau *documenta*, einer der größten Stadtplätze Europas, verdankt seine Entstehung der Stadtbefestigung, die hier bis ins 17. Jahrhundert die Stadt zickzackförmig mit Bastionsmauern und Graben umgrenzte. Um nun das wie überall große Parkplatzproblem zu lösen, hatte 1993 der pfiffige Investor eines anliegenden Großkaufhauses vorgeschlagen, eine zweigeschossige Tiefgarage mit fast 500 Plätzen unter dem Platz zu verstecken und diese bis dicht vor sein Kaufhaus zu legen. Obwohl

Fig. 8

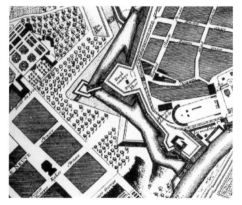

Fig. 9

fuese derruida la fortificación se excavase por completo para hacer algunas fotos arqueológicas. Esto hizo que en el Friedrichsplatz resucitara la grandiosa fortaleza *(Figs. 8 y 9)*. La ciudad de Kassel, destruida por la guerra y por el tráfico, se volvía a reconocer de repente como ciudad histórica. Por supuesto que en la ciudad volvió a surgir la discusión sobre si no se podría, por lo menos, salvar parte de esos muros. Incluso una valiente ciudadana ganó el pleito ante el tribunal administrativo para conservar el muro. En esa situación –en realidad ya demasiado tarde– conseguí los planos de la obra y diseñé una propuesta de salvamento *(Fig. 10)*. Según mi propuesta, la mayor parte de los muros y del foso se habrían podido conservar sacrificando solamente veintitrés aparcamientos. Además estos restos hubiesen quedado visibles para la ciudad. Mi propuesta era omitir el tejado del garaje en el lado exterior del muro y ubicar la rampa que une los dos pisos en el foso. El bastión habría ascendido así hacia la plaza barroca y el Friedrichsplatz habría pasado a ser reconocible con toda su historia: lo que antes había sido foso, ahora sería la bajada al garaje, lo que había sido volumen, sería ahora hueco, el barroco quedaría arriba, el garaje abajo, etc. El periódico local informó al día siguiente de mi propuesta, y ahora le correspondía de nuevo al ayuntamiento tomar

242

So etwa sähe Wilkens' Lösung von oben aus: In der Südwestecke wäre der Platz geöffnet und man sähe auf die Ravellinspitze, um die die Autos nach unten bzw. oben herumführen.
(Zeichnung: Wilkens mh.)

FRIEDRICHSPLATZ

Rettung für den „Halben Mond"?

Einen „Rettungsversuch in letzter Minute" für die

Clou dieser Idee: Durch die Öffnung des Platzes an seiner Süd-

platz bekommt eine sehr stadtsche Doppelbödigkeit: Oben

Stellplätze verloren gingen. Sie würde jedoch „einen wirkli-

Fig. 10

man schon bei einem ersten Garagenbauwerk unter dem östlichen Platz festgestellt hatte, daß die alte Befestigungsanlage noch komplett erhalten war, genehmigte die Stadt das Garagenprojekt, bei dem die gesamte Anlage schräg über den alten Ravellin hinweggezeichnet wurde. Wäre man bei der Projektierung der Schräglage des Ravellins gefolgt, um ihn nicht zerstören zu müssen, hätte die Garage ausgerechnet in Richtung auf die „Konkurrenz" des Betreibers gelegen, und das durfte natürlich nicht sein. Nun hatte sich der Denkmalschutz ausbedungen, die alte Bastion zwecks archäologischer Aufnahmen vor ihrem Abriß komplett freizulegen. Das führte nun dazu, daß auf dem Friedrichsplatz diese ganze prächtige Stadtbefestigung wiedererstand *(Fig. 8/9)*. Das von Krieg und Straßenbau total zerstörte Kassel wurde mit einem Schlage als historische Stadt wiedererkennbar – natürlich begann nun erneut die Diskussion in der Stadt, ob man nicht wenigstens Teile dieser Stadtmauer erhalten könnte. Und eine wackere Bürgerin setzte beim Verwaltungsgericht mit Erfolg ein Bürgerbegehren zum Erhalt der Stadtmauer durch. In dieser Situation – eigentlich viel zu spät – habe ich mir die Planungsunterlagen für die Tiefgarage besorgt und einen Rettungsvorschlag gezeichnet. Danach hätte, bei Verlust von nur 23 Stellplätzen, ein großer Teil des spitzen Vorwerks mit Stadtgraben stehen bleiben können, und zwar von der Stadt her sichtbar. Denn ich schlug vor, auf der stadtzugewandten Seite außerhalb der Stadtmauer die Garagendecke wegzulassen und verlegte die Rampe vom

243

la palabra. En el concejo, días más tarde, un concejal enseñó el periódico con mi dibujo y por supuesto que sólo oyó halagos. Pero, a falta de información, explicó que por desgracia los costos serían mayores. (Más tarde el jefe constructor me explicó que incluso hubiera sido mas barato). El segundo alcalde, en realidad un defensor del proyecto, obtuvo para asombro del público, un paro de obra que solicitó con urgencia para «la protección de los deseos de la ciudadanía». Pero esto pronto demostró ser una artimaña del juez del tribunal de administración. Ya que éste sólo le había pasado la pelota al contratista para que fuera a poner una denuncia al tribunal por paro de obra ilegal. Y le dieron la razón, dado que el astuto alcalde, tal y como se supo hace poco, le había «vendido» con un contrato enfitéutico antes de dar comienzo la obra la parte baja del Friedrichsplatz. Por supuesto que la sexta sala del tribunal administrativo federal anuló más tarde la sentencia, pero para aquel entonces ya se había derruido la fortificación. En sólo un par de horas. Y lo único que queda se encuentra a la salida del garaje, un pedazo de muro momificado –como es costumbre en estos casos.

He contado esta historia porque muestra el dramatismo que surge de penetraciones arquitectónicas. Y porque muestra lo que debería de ser deconstructivismo: en todo caso no significa construir sobre una tabula rasa. En este caso, el drama no funcionó, en la superficie todo vuelve a estar en orden, pero se ve que es un trato concreto con las cosas, con lo que existe y se interpone en el camino. El deconstructivismo no debe entenderse como un «estilo de penetración». Eso puede servir como espectáculo utilizado para la comercialización de la ciudad, pero en general deberíamos de entender bajo deconstructivismo *el arte de la interpretación y la reanimación de las ruinas* de la historia que encontramos por

ersten zum zweiten Garagengeschoss in den ehemaligen Stadt-graben. Die Bastion wäre also plötzlich nach oben in den Barock-platz durchgedrungen und der ganze Friedrichsplatz mit seiner Geschichte erkennbar geworden: Was früher Stadtgraben war, wäre jetzt Garagenabfahrt geworden, was Volumen war, wäre Hohl-raum, Barock wäre oben, Garage unten gewesen usw. Die Lokal-zeitung berichtete anderntags über diesen Vorschlag, und nun hatte die Stadt den Schwarzen Peter in der Hand *(Fig. 10)*. In der Stadtverordnetenversammlung tags darauf hielt der Baustadtrat die Zeitung mit meiner Zeichnung hoch und fand natürlich nur loben-de Worte für diesen Vorschlag, um dann – wider besseres Wissen – zu erklären, daß dadurch leider, leider Mehrkosten entstünden. (Der Leiter des Bauunternehmens hat mir später gestanden, daß meine Lösung billiger gekommen wäre.) Zum Erstaunen der Öf-fentlichkeit erwirkte nun der zweite Bürgermeister der Stadt, ei-gentlich ein Befürworter des Garagenprojekts, in einem Eilantrag einen Baustop „zum Schutz des Bürgerbegehrens". Das erwies sich jedoch bald als eine Finte des ehemaligen Verwaltungsrichters. Denn er hatte nur dem Träger den Ball zugespielt, damit dieser sei-nerseits vors Verwaltungsgericht zog, um die Aufhebung des un-rechtmäßigen Baustops einzuklagen, und die bekam er auch. Der trickreiche Bürgermeister hatte ihm nämlich, was erst jetzt heraus-kam, wohlweislich den Friedrichsplatz, jedenfalls dessen Untersei-te, schon vor Baubeginn in Erbpacht „verkauft". Natürlich kassierte der sechste Senat des Landesverwaltungsgerichts dieses Urteil we-nig später, aber da war die schöne Festung schon zertrümmert, innerhalb weniger Stunden. Statt dessen steht nun im Dunkel der Garage an ihrem Ausgang ein mumifiziertes Mauerstück – wie üblich in solchen Fällen.

todas partes. Pero esto es un arte cansado y muchas veces nada popular y hasta ahora hemos perdido todas las batallas contra los «hacedores del todo nuevo».

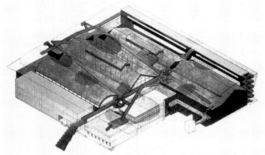

Pero también hay ejemplos de acciones decostructvistas logradas: por ejemplo en la Cuenca del Ruhr, en la zona del parque IBA-Emscher. Aquí les muestro un ejemplo de Francia, el centro cultural Le Fresnoy de Tschumi *(Figs. 11 y 12)*. Este trabajo muestra de manera inmejorable las inimaginables posibilidades y la riqueza espacial para las nuevas relaciones que ofrece la reinterpretación de viejas piezas.

Fig. 11

Otra forma algo distinta para la creación de ambivalencia la está probando últimamente el discípulo de Shinuara, Toyo Ito en Japón. Para ello se intercambian las propiedades de volumen = cerrado y espacio intermedio = abierto: la recepción es el espacio interior cerrado, el espacio exterior es el verdadero volumen cóncavo. Esta ambivalencia también la conocemos de la pintura. Donde por ejemplo un desnudo, es decir un cuerpo en un espacio en perspectiva, es simplemente sobre la pantalla un espacio intermedio pálido. Por el contrario, el fondo se convierte en el cuerpo real: por ejemplo, aquí en Modigliani *(Fig. 13)*.

Fig. 12

Ich habe diese Geschichte erzählt, weil sie die Dramatik vorführt, aus der architektonische Durchdringungen entstehen. Und weil sie zeigt, was Dekonstruktivismus sein könnte: jedenfalls nicht Bauen auf tabula rasa. Hier ist das Drama zwar gescheitert, alles ist oberflächlich wieder in Ordnung, aber man sieht: es ist ein bestimmter Umgang mit Sachen, mit Beständen, die im Weg stehen. Dekonstruktivismus sollte jedenfalls nicht als „Durchdringungsstil" mißverstanden werden. So etwas mag als großes Spektakel zu Zwecken der Stadtvermarktung ja nützlich sein. Aber im Regelfall sollten wir den Dekonstruktivismus gerade umgekehrt als *die Kunst der Interpretation und Wiederbelebung der Geschichtstrümmer* verstehen, die wir überall um uns herum noch finden! Aber dies ist eine mühselige und oft auch unpopuläre Kunst, und wir haben bislang fast alle Schlachten gegen die „Alles-neu-Macher" verloren. Aber es gibt Beispiele für gelungene dekonstruktivistische Aktionen: Im Ruhrgebiet im Bereich des IBA-Emscherparks oder in Frankreich zum Beispiel: Tschumis Kulturzentrum Le Fresnoy *(Fig. 11/12)*. Diese Arbeit zeigt am besten den räumlichen Reichtum und die schier unglaublichen Möglichkeiten, die solche Uminterpretation alter Teile für neue Zusammenhänge bietet.

Eine etwas andere Form der Erzeugung von Ambivalenz wird in letzter Zeit in Japan von Shinuaras Schüler Toyo Ito ausprobiert. Dabei werden die Eigenschaften von Volumen = geschlossen und Zwischenraum = offen vertauscht: das Foyer ist der geschlossene Innenraum, das eigentliche, konkave Volumen aber der Außenraum. Auch diese Ambivalenz kennen wir aus der Malerei, wo zum Beispiel ein weiblicher Akt, also im perspektivischen Raum ein Körper, auf der kon-

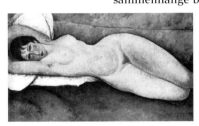

Fig. 13

247

Fig. 14

Otro campo para la aplicación de dichas ambivalencias es el trato con objetos. Por ejemplo, se me ocurre una situación en la que se trataba de un antiguo cuartel de caballería. En el borde de un patio rodeado de establos había aún un bonito pabellón de hípica para el cual los organizadores del concurso habían obtenido el permiso de demolición. Por algún tiempo le estuvimos siguiendo la pista a un proyecto en el que el pabellón de hípica, el lugar central, casi se hubiese convertido en una urbanización «patchwork». Del volumen del pabellón habría resultado un espacio exterior rodeado por arcadas surgidas de los antiguos arcos de las ventanas. Es como si nos hubiésemos puesto la vieja chaqueta al revés. Lo existente nos ofrece posibilidades insospechadas: otro ejemplo realizado es la catedral destruida en Salemi, la cual Siza y Roberto Collová transformaron en una plaza urbana *(Fig. 14)*. Siempre crece lo nuevo sobre lo viejo. ¡Cultura significa construir y no destruir!

7.2 Confrontación de lo incompatible: deconstructivismo

La otra acción para la creación de variedad es la confrontación. En vez de dibujar un edificio grande diseñamos dos o más. En vez de optimizar todo en una dirección, optimizamos según diferentes criterios. En un edificio optimizamos, por ejemplo, la capacidad de acumulación térmica: diseñamos un pesado edificio masivo con

kreten Ebene der Leinwand nur ein blasser Zwischenraum ist, wohingegen der räumliche Hintergrund zum eigentlichen malerischen Körper wird: etwa hier bei Modigliani *(Fig. 13)*. Ein weites Feld für die Anwendung solcher Ambivalenz ist wieder der Umgang mit Beständen. Mir fällt hier eine Situation ein, wo es um eine ehemalige Kavalleriekaserne ging. Dort gab es – noch – eine schöne Reithalle, die am Rande eines von Stallungen gebildeten Hofs stand und von den Auslobern des Wettbewerbs zum Abriß freigegeben war. Wir verfolgten eine Zeitlang ein Konzept, bei dem das Volumen der Reithalle nach Herausnehmen des hinfälligen Daches der zentrale freie Platz in einer Art Teppichsiedlung geworden wäre. Aus dem Volumen Reithalle wäre ein Außenraum geworden, mit einer Arkade aus den schönen alten Bogenfenstern umgeben. Wir hätten die alte Jacke sozusagen linksrum angezogen. Hier im Bestand eröffnen sich ungeahnte Möglichkeiten. Ein verwirklichtes Beispiel für solche Umkehrung ist die Reparatur des erdbebenzerstörten Zentrums von Salemi, wo die Architekten (Siza und Roberto Collová) die ganz zerstörte Kathedrale in einen städtischen Platz verwandelt haben *(Fig. 14)*. Immer wächst das Neue auf dem Alten. Denn Kultur heißt Bauen und nicht Zerstören!

7.2 Das Nebeneinander des Unvereinbaren: Dekonstruktivismus

Die andere Aktion zur Erzeugung von Vielheit ist die Konfrontation. Statt ein großes Gebäude zu zeichnen, zeichnen wir zwei – oder mehr. Statt alles in einer Richtung zu optimieren, optimieren wir nach verschiedenen Kriterien. Zum Beispiel optimieren wir bei dem einen Gebäude die Wärmespeicherfähigkeit: wir zeichnen

muros y cubiertas de cemento. En el otro edificio optimizamos la capacidad de aislamiento térmico: diseñamos un edificio de madera ligero para ser construido por medio de grandes planchas. Ambas formas de edificación tienen sus pros y sus contras desde el punto de vista energético, pero la coexistencia trae consigo efectos sinergéticos. Podemos utilizar la mejor capacidad de almacenamiento térmico para actividades continuas, y el mejor aislamiento para actividades esporádicas. De este modo tenemos dos ventajas en una, se trata, por así decirlo, de dos estilos, si en nuestra práctica tampoco nos da miedo probar dos estilos arquitectónicos para un mismo proyecto. Junto a la villa que diseñamos para la plaza de la Unterstadt en Kassel, justo al lado del viejo puente colgante, se encuentra esta torre junto a la casa, cuyo lenguaje arquitectónico es bastante conservador: es de piedra y las ventanas son bastante estrechas y pequeñas. En la parte superior hay una corona de seis columnas blancas de cemento y un arquitrabe, y por detrás un biotopo inaccesible de arbustos y árboles. La propia villa al lado, un gran edificio de varias viviendas al cual se encontraba comunicado por medio de puentes, tenía un estilo moderno-clásico *(Fig. 15)*: un sistema de dominó hecho de planchas y pilares, grandes ventanales y, por fuera, paredes de entarimado de madera revocadas. Un ambiente distinto y elegante. Este dúo de villa y torre junto con el puente colgante contiguo estilo Biedermeier, forma un conjunto un tanto enigmático. La torre con los árboles, ¿no es del romanticismo? Desde el punto de vista arquitectónico, ¿pertenece esta torre al puente Biedermeier o a la moderna villa? El dúo se entrelaza con el lugar y se convierte en un trío.

Fig. 15

einen schweren Massivbau mit Mauern und Betondecken. Im anderen optimieren wir die Wärmedämmfähigkeit: wir zeichnen einen leichten Holzbau für Großtafelbauweise. Beide Bauformen haben ihre Vor- und Nachteile, auch in energietechnischer Hinsicht. Aber das Nebeneinander bringt Synergie-Effekte. Wir können die bessere Speicherfähigkeit des Steinhauses mehr für die kontinuierliche Tätigkeit, die bessere Dämmung des Holztafelhauses mehr für kurzfristige und spontanere Tätigkeiten nutzen. Wir haben jetzt zwei Vorteile in einem, es sind sozusagen zwei Stile. Ja, in unserer Praxis scheuen wir uns auch nicht, etwa zwei architektonische Stile für eine Aufgabe anzusetzen. Bei der Villa, die wir für die Kasseler Unterneustadt für den Platz gleich neben der schönen alten Hängebrücke zeichneten, gibt es diesen Turm neben dem Haus, der in seiner architektonischen Sprache sehr konservativ ist: Er ist aus Stein und hat stehende, ziemlich schmale und kleine Fenster. Oben in der Südostecke ist ein Brutkasten für eine Schleiereule mit Einflugnische vorgesehen und dahinter ein unzugängliches Biotop aus windzerzausten Bäumen und Buschwerk. Die eigentliche Villa daneben, ein großes Mehrfamilienhaus, mit welcher der Turm durch Brücken verbunden ist, ist im Stil der klassischen Moderne gehalten *(Fig. 15)*: Ein Domino-System aus Platten und Stützen, große liegende Fenster und außen glatt überputzte Holztafelwände. Eine ganz andere, elegantere Atmosphäre. Diese Zweiheit aus Villa und (Atelier-) Turm bildet mit der schönen Biedermeier-Hängebrücke gleich daneben nun ein etwas rätselhaftes Ensemble. Ist dieser Turm „mit den Bäumen obendrauf" nicht auch aus der Romantik? Gehört er architektonisch zur Biedermeier-Brücke oder zur modernen Villa? Die Zweiheit verwächst mit dem Ort und wird zur Dreiheit.

Fig. 16

Esta constelación, de varias piezas y varias asociaciones y colores, se denomina en la pintura bodegón. Observemos un ejemplo de Paul Klee *(Fig. 16)*, el
último óleo que pintó. Sobre un fondo negro se
encuentran varios objetos de colores incompatibles,
se encuentran agrupados sobre una plancha naranja y
otra roja. Solamente las imágenes de un ángel y de
una luna están por medio. El ángel encerrado y vuelto
hacia dentro. Klee, que por aquél entonces ya estaba
muy enfermo, y como artista judío había abandonado
el Bauhaus de Dessau y la academia de Düsseldorf así
como a muchos colegas y amigos, muestra en este
cuadro una imagen de este mundo lleno de tantas incompatibi-
lidades. Distintos colores, formas y contenidos que no pegan entre
sí. Una coexistencia parecida, la creamos cuando confrontamos
piezas en la arquitectura: independizamos piezas por medio de
contrastes de colores, materiales, por medio de ambientes contras-
tivos, optimaciones contrastivas, por medio de geometrías claramente diferentes y por –esto es muy importante– giros de unas
piezas frente a otras.

Este método es por supuesto igual que los anteriores, ideal
para situaciones donde ya existen piezas que puedan dialogar con
las nuevas. La ciudad existente con piezas como antiguos pabellones industriales, cuarteles vacíos, etc., es el terreno ideal para
dichas confrontaciones. Colocamos diferentes piezas unas frente
a otras y les damos un contexto espacial. Por ejemplo, edificios
alargados que se mueven en dirección de sus cabrios y aleros, y
edificios «redondos» que se encuentran firmes sobre el suelo. Un
ejemplo muy poético y discreto de esta multiplicidad se encuen-

In der Malerei nennt man diese Konstellation so verschiedener Teile, die mit verschiedenen Assoziationen und Farben verbunden sind: Stilleben. Betrachten wir ein Beispiel von Paul Klee *(Fig. 16)*, das letzte Ölbild, das er noch gemalt hat: Auf schwarzem Grund sind einige in den Farben eigentlich ganz unvereinbare Gegenstände versammelt: wobei sie sich auf einer roten und einer orangenen Platte gruppieren. Nur das Bild eines Engels und ein Mond sind dazwischen, der Engel ganz verriegelt, einwärts gekehrt. Klee, der zu dieser Zeit sterbenskrank ist und als jüdischer Künstler das Dessauer Bauhaus und die Düsseldorfer Akademie und viele Kollegen und Freunde hinter sich gelassen hat, gibt hier wohl ein Bild dieser Welt aus so vielen Unvereinbarkeiten. Verschiedene, kaum zueinander passende Farben, Formen, Inhalte. Solches stillebenhafte Nebeneinander erzeugen wir, wenn wir in der Architektur Teile konfrontieren: wir verselbstständigen die Teile durch kontrastierende Farben und Materialien, kontrastierende Atmosphären, kontrastierende Optima, durch deutlich verschiedene Geometrien und – ganz wichtig – durch Drehung gegeneinander.

Dieses Verfahren ist natürlich wie die vorigen ideal in Situationen, in denen schon Teile da sind, die wir mit den neuen in Zwiesprache bringen können. Die vorhandene Stadt mit ihren leerstehenden Bauten, ihren verwaisten Industriegebäuden, ihren desertierten Kasernen ist das ideale Terrain für solche Konfrontationen. Wir stellen verschiedenartige Teile sich gegenüber und bringen sie in einen räumlichen Zusammenhang: Langhäuser z.B., die sich in der Richtung ihrer Pfetten und Traufen „bewegen", und „runde" Häuser, die fest auf dem Boden stehen. Neue Häuser und alte Häuser. „Holz"-Häuser und „Stein"-Häuser. Ein sehr poetisches und stilles Beispiel solcher Vielheit findet sich übrigens in der

Fig. 17

tra en la Kunsthal en Rotterdam, de la que ya hemos hablado anteriormente. Ahí se encuentran debajo del tejado en voladizo en el lado de la calle tres pilares, uno al lado del otro. Aquí volvemos a tener el tema: no hay optimización. Las dos piezas de la gran forma son de diferentes materiales tal y como ya habíamos visto: acero a la izquierda y cemento a la derecha de la rampa interior. Yo mismo trabajé al final de mi carrera con este tema, antes de que en Berlín nos alcanzara la ira contra la guerra del Vietnam y apareciera el libro de Marcuse *Tolerancia represiva*. Mi último trabajo para las clases de Ungers, para el cual teníamos que diseñar una galería de arte, lo subtitulé: «Collage en tres estilos» *(Fig. 17)*. A mí me fascinaba la idea de confrontar en una obra tres caligrafías totalmente diferentes. La parte superior era un cubo de cemento dirigido hacia arriba en una planta de aire (simplemente apoyada sobre pilares): tosco y lleno de fuerza como de la mano de Le Corbusier. Al lado se encontraba un ala alargada bajo un tejado ligero y ondulado, como de la caligrafía de Alvar Aalto. A lo largo de la calle había una placa flotante sobre puntales y sobre un zócalo que tenía la altura de un par de escalones: Mies. Estas tres figuras delimitaban un patio de esculturas. Yo me imaginé lo que habría pasado si a un galerista le hubiese fascinado mi idea y hubiese pedido a los tres héroes que cooperasen. Mies se habría disculpado educadamente y sin muchas palabras diciendo que él ya no participaba en ese tipo de exposiciones de construcciones. Corbusier habría dicho que ya no estaba dispuesto a edificar en Berlín. En la exposición de construc-

„Kunsthal" in Rotterdam, von der ja in der letzten Lektion schon die Rede war. Dort gibt es unter dem weit vorkragenden Dach an der Seite zur großen Straße drei verschiedene Stahlstützen nebeneinander. Da ist das Thema wieder: Keine Optimierung! Auch sind die beiden Teile der Großform, das hatten wir schon gesehen, aus verschiedenem Stoff: Stahlbau links und Betonbau rechts der inneren Rampe. Ich selbst habe am Ende meines Studiums schon einmal eine Zeitlang – noch bevor uns die Wut über den Vietnam-Krieg in Berlin erreicht hatte und Markuses Buch von der „Repressiven Toleranz" erschienen war – an diesem Thema gearbeitet. Meine letzte Studienarbeit im Seminar bei Ungers, wo wir eine Kunstgalerie entwerfen sollten, hieß im Untertitel: Collage aus drei Stilen *(Fig. 17)*. Mich faszinierte die Vorstellung, drei ganz verschiedene Handschriften für ein solches Bauwerk zu konfrontieren. Der Kopfbau war ein Betonkubus über einem Luftgeschoß, der nach oben gerichtet war: grob und kraftvoll wie aus der Hand Le Corbusiers. Daneben gab es einen langen Trakt unter einem locker gewellten Dach, wie ein liegender Akt, ganz in der Handschrift Alvar Aaltos. Entlang der Straße lief eine schwebende Platte auf Stützen über einem einige Stufen hohen Sockel: Mies. Diese drei Figuren umrahmten einen Skulpturen-Hof. Ich kann mir vorstellen, was passiert wäre, wenn sich ein Gallerist für diese Idee begeistert und die drei Heroen um Mitwirkung gebeten hätte. Mies hätte höflich aber kurz abgesagt. Er nehme an solcher Art Bauausstellungen nicht mehr teil. Corbusier hätte mitgeteilt, daß er nicht noch einmal bereit sei, überhaupt in Berlin zu bauen. Bei der Bauausstellung im Hansaviertel hatte er zehn Jahre vorher nur mitgewirkt, nachdem man ihm ein Gelände in schöner Entfernung von allen anderen, aber in wirkungsvoller Nähe zu den Olympia-Sportanlagen von

ciones en el barrio de Hansa hace diez años, sólo participó tras conseguir un solar alejado de todos los demás, pero a su vez lo suficientemente cerca de las instalaciones deportivas para las Olimpiadas de 1936. Solamente Aalto, pienso yo, habría querido cooperar, aunque la idea le hubiera resultado un tanto sospechosa. Los tres eran modernistas, los tres aún estaban poseídos por la idea de que tenían que poner orden –*su* orden– en el mundo. Que de la contraposición de sus variaciones del tema habría salido la música perfecta –eso ni se les ocurrió.

Justamente en la época en que diseñé para las clases de Ungers mi «Museo en tres estilos», cayó en mis manos una cita del filósofo Nicolai Baerdiajeff que, por aquel entonces, me impresionó mucho y que desde entonces siempre me ha acompañado. En 1956, antes de que los tanques rusos acabasen con la rebelión húngara, Baerdiajeff advirtió: «Las utopías son realizables, la vida avanza hacia ellas. Y quizás comience una nueva época, una época, en la cual la clase alta ilustrada sueñe con medios y métodos para esquivar las utopías, para volver a una forma de sociedad no utópica, menos perfecta, pero más libre». Son palabras patéticas. Pero me parece un bonito programa deconsructivista, también para el arte y la arquitectura.

1936 angeboten hatte. Nur Aalto denke ich, hätte vielleicht zugesagt, wenngleich auch ihm die Idee suspekt gewesen wäre. Alle drei waren Moderne, alle drei noch besessen von der Idee, daß man die Welt in Ordnung – in *ihre* Ordnung bringen müsste. Daß aus ihren Variationen des Themas auch gegeneinander erst die richtige Musik wird – darauf wären sie nie gekommen.

Gerade in der Zeit, als ich im Seminar von Ungers dieses „Museum in drei Stilen" zeichnete, fiel mir in einer Zeitung ein Zitat des ungarischen Philosophen Nicolai Baerdiajeff in die Hände, das mich damals sehr beeindruckte, und das mich bis heute immer begleitet hat. Baerdiajeff hatte 1956, bevor die sowjetischen Panzer den ungarischen Aufstand niederrollten, warnend festgestellt: „Utopien sind verwirklichbar, das Leben schreitet auf sie zu. Und vielleicht beginnt ein neues Zeitalter, ein Zeitalter, darin die geistige und gebildete Oberschicht von Mitteln und Wegen träumen wird, den Utopien auszuweichen und zu einer nicht-utopischen, einer weniger 'vollkommenen', aber freieren Gesellschaftsform zurückzukehren." Pathetische Worte. Aber ein schönes, dekonstruktivistisches Programm, auch für die Kunst und die Architektur.

1500
"Personen"

Baukunst
außen → innen

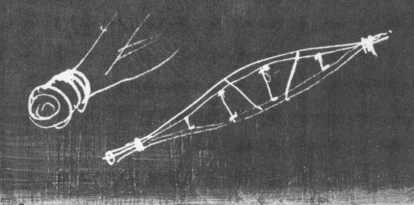

1790

"Bürger"

Architektur —
Architektur

"von innen
nach außen"

8. Sobre el arte de los espacios exteriores e intermedios

Hasta ahora hemos visto algunas formas y estrategias, según las cuales juntando las piezas logramos arquitectura, composición. Esta visión seguro que no está completa del todo, y no me gustaría que llegaran a la conclusión de que éstas son las únicas estrategias de la composición arquitectónica. Sólo he presentado algunas de ellas, para que podamos tener una noción de lo que puede significar y de cómo nace la arquitectura clásica. En la parte en que tratamos la caja mágica vimos ya algo parecido. Le Corbusier también formuló en su día una serie de métodos compositivos, de los cuales nos ocuparemos aquí brevemente, ya que se citan a menudo. Como vemos, nuestra presentación de métodos es más amplia y abarca distintas formas. Últimamente se discuten estrategias como dobleces, o espacios lisos y elasticidad. Son métodos difíciles de reconocer. Se trata más que nada de diseño de edificios. No son métodos progresivos que van paso a paso, sino que describen el estado complejo y dinámico de un edificio, que se da cuando salimos del límite ridículo de lo cuadrado y la gravedad de la tierra.

Ahora tendremos que preguntarnos qué otras categorías podrían también jugar un papel importante en la composición clásica. Por supuesto que esta enumeración de métodos es sólo un aspecto. Otro aspecto es la forma, o mejor dicho, la dirección en la que realizamos un «diseño». Desde adentro hacia a fuera o viceversa.

8. Über die Kunst der Außen- und Zwischenräume

Wir haben bislang einige Formen und Strategien kennengelernt, nach denen wir die Teile zu Architekturen zusammenfügen, „komponieren". Diese Übersicht war sicher nicht vollständig, und wir sollten uns hüten zu glauben, daß dies alle Strategien architektonischer Komposition seien. Ich habe nur einige aufgezählt und dargestellt, damit eine Ahnung davon entsteht, was überhaupt mit Komposition in der Architektur gemeint sein könnte und wie die klassische Architektur entsteht. Wir haben ja beim Abschnitt über die Zauberkiste schon eine solche Aufzählung kennengelernt, nämlich die, mit der Le Corbusier arbeitete. Meine Aufzählung hier ist neutraler und erfasst verschiedenere Formen. Neuerdings werden Strategien wie Faltungen, glatte Räume, Elastizität etc. diskutiert. Es ist aber unschwer zu erkennen, daß sie schon eher zum Gebäudedesign gehören: Das sind Methoden, die nicht Schrittfolgen, sondern komplexe dynamische Raumzustände beschreiben, die immer dann entstehen, wenn wir die banalen Begrenzungen der „Viereckigkeit" und der Lotrechten verlassen.

Nun müssen wir uns fragen, welche anderen Kategorien bei der klassischen Komposition von Räumen noch eine Rolle spielen. Denn natürlich ist diese Reihe nur ein Aspekt. Ein anderer ist die Art oder genauer die Richtung, in der wir einen Entwurf zusammenbringen: von innen nach außen oder von außen nach innen? Das wird jeder erfahrene Entwerfer eindeutig beantworten: in beiden Richtungen!

Cualquier diseñador con experiencia responderá de la siguiente forma: en ambas direcciones. Por supuesto que esta respuesta es correcta, pero los mayores de nosotros aún nos acordamos de la advertencia de nuestros maestros funcionalistas que decían: ¡Diseñar de adentro hacia afuera! A la arquitectura moderna la acusaban de estar proyectado desde afuera hacia adentro, desde la apariencia representativa. Pero para entender mejor el sentido de esta curiosa contradicción tenemos que entrar un poco en la historia y, como en un viaje en tren, sacar la cabeza por la ventana. Así podremos ver mejor dónde nos encontramos.

8.1 Digresión sobre historicidad, modernismo y postmodernismo

Fig. 1

Es verdad, la arquitectura se ha ido proyectando cada vez más desde «afuera», y lo raro es que en el modernismo esto ya no ocurría, o no tenía que haber ocurrido. Ya que era una de las piruetas que se hacían cuando se quería ser «absolutamente moderno»[1]. En el pasado siempre se ha tratado de demostrar qué relación tenían los edificios entre sí y con su entorno. En Europa, éste era *el* tema principal después de la Edad Media; cuando las *personas*, los ciudadanos, abandonaron la sombra de la todopoderosa catedral y empezaron a salir a la plaza: del espacio isométrico, del orden jerárquico al espacio perspectivo, al espacio relacionado con un objeto[2] *(Fig. 1)*. En este momento se crea lo que hoy llamamos arte arquitectónico. El arquitecto artesano se ocupa de *componer*. Eran especialistas que pensaban en perspectivas y sabían dibujar, pero que a su vez todavía eran artesanos.

Und das ist ja sicher auch richtig. Doch nur zu gut klingt den Älteren unter uns noch die Parole unserer funktionalistischen Lehrmeister im Ohr: von innen nach außen entwerfen! Das war ihr Vorwurf an die vormoderne Architektur, daß diese immer von außen entworfen war, von dem repräsentativen Erscheinungsbild her. Aber um den Sinn dieses merkwürdigen Gegensatzes besser zu begreifen, müssen wir einen kleinen Exkurs in die Geschichte machen und wie bei einer Zugfahrt den Kopf aus dem Abteilfenster herausstrecken, um besser zu sehen, wo wir uns eigentlich gerade befinden.

8.1 Exkurs über Historismus, Moderne und Postmoderne

Tatsächlich ist die Architektur nämlich immer hauptsächlich „von außen" entworfen worden, und das Seltsame ist nur, daß es in der Moderne dann angeblich nicht mehr geschah oder geschehen sollte. Das war einer der vielen Kopfstände, die man im Geiste von „Absolut modern sein"[1] vollführte. Jedenfalls war es vorher immer darum gegangen, wie Gebäude zu ihrer Umgebung und zueinander in Beziehung gebracht werden sollten. In Europa war dieses jedenfalls *das* Thema, als zu Beginn der Neuzeit die *Personen*, agierende Bürger aus dem Schatten der alles überragenden Mutter Kathedrale auf die *piazza* hinaustraten: aus dem isometrischen, hierarchisch geordneten „Schema" in den perspektivisch auf ein Subjekt bezogenen Raum[2] *(Fig. 1)*. Jetzt entstand die Baukunst der Bau-Künstler: starker Persönlichkeiten, die perspektivisch denken und zeichnen konnten, die aber dennoch *Handwerksmeister* waren. Jeweils ein solcher Handwerker-Architekt übernahm die Aufgabe, die von den

Cada uno de estos arquitectos se relacionaban entre sí, y se relacionaban al mismo tiempo con el entorno, con las piezas y partes de los edificios, que habían sido creados por otros artesanos. Componían el todo, y además hacían de urbanistas. Es decir, desempeñaban el papel de arquitectos de los espacios urbanos, «desde afuera». Y usaban solamente los elementos que hemos enumerado. Los tejados y las técnicas de bóvedas limitaban las formas y limitaban la fantasía de los arquitectos. Pero de todas maneras ellos fueron capaces de construir los fantásticos espacios interiores y exteriores que hoy conocemos. Casi todas sus decisiones de «diseño» de edificios partían de un espacio urbano. Y por lo general, las autoridades reales, también dibujaban.

Fig. 2

Con relación a esto, siempre me acuerdo de la conferencia que mi amigo Felix Sigrist –un arquitecto suizo– dio aquí, en la universidad de Kassel en 1992, sobre su trabajo en Bután. Sigrist, empleado en una ONG suiza, tenía que proyectar en esa zona remota del Himalaya un complejo compuesto de un hospital y una escuela de agronomía. Sin embargo, en vez de proyectar, asumió el papel de maestro de la construcción, que allí aún existía. Como maestro, tenía que ocuparse de acoplar las formas artesanales tradicionales a la finalidad del

Fig. 3

edificio, en primer lugar tenía que amoldar el edificio al entorno, y después tenía que cerciorarse de que los artesanos supieran qué piezas había que poner en qué parte de la construcción. El trabajo de los artesanos también estaba determinado a grandes rasgos por las normas de artesanía, por lo que el grado de fantasía creadora quedaba delimitado.

verschiedenen Handwerkern zu gestaltenden Bauteile und die Gebäudemassen in einen kompositorischen Zusammenhang zueinander und zur Umgebung zu bringen. Er komponierte also das Ganze und betätigte sich obendrein als Stadtarchitekt, als Architekt der Stadträume, „von außen". Und er bediente sich dazu einzig und allein der Komponenten, die wir schon kennengelernt haben. Wobei die Dachstühle und die verfügbaren Wölbtechniken die Formvielfalt begrenzten und der Fantasie dieser Meister einen Rahmen setzten, in dem sie dann doch alle diese wunderbaren Innen- und Außenräume schufen, die wir noch heute bewundern. Fast alle Entscheidungen zu Gebäudeentwürfen gingen aus ihrer Einordnung in einen Stadtraum hervor. Und in der Regel zeichneten die königlichen Auftraggeber dabei kräftig mit.

Mir fällt in diesem Zusammenhang immer der Bericht des Schweizer Architekten Felix Sigrist ein, den er an unserer Hochschule 1992 über seine Arbeit in Bhutan gegeben hat. Sigrist sollte in diesem weltabgeschiedenen Hochland des Himalaya im Auftrag einer Schweizer Hilfsorganisation einen Komplex aus einem Krankenhaus und einer Schule für Landwirtschaft planen. Doch anstatt zu entwerfen, hat er nun genau diese Baumeister-Rolle übernommen, die dort noch existierte. Als Baumeister hatte er sich darum zu kümmern, daß die tradierte Form für ein solches Gebäude auf die Zwecke hin bemessen wurde, daß es (erstens) schön in seiner Nachbarschaft stand und daß (zweitens) die einzelnen Meister wußten, welche Teile sie an welchen Stellen in das Gesamtwerk einzufügen hatten. Auch ihre Arbeit war in groben Zügen durch die Regeln des Handwerks bestimmt und ließ der schöpferischen Fantasie nur in einem festgelegten Rahmen Freiheit. Sigrist zeichnete also wie ein Baumeister der Renaissance diese Umrisse, legte die

Fig. 4

Fig. 5

Sigrist diseñaba por lo tanto sus bocetos como los maestros del Renacimiento: fijaba la posición del edificio en la topografía y ordenaba a los respectivos maestros artesanos que fabricasen las piezas según las normas de su arte. Tan sólo tres años más tarde los edificios ya estaban terminados. No habían necesitado energía eléctrica ni combustible, es decir, el edificio había sido construido sin máquina alguna, simplemente con la fuerza y habilidad de hombres y animales *(Figs. 2 a 5)*. Es así como también nos podemos imaginar la creación de las grandes obras de los maestros en la vieja Europa. Aunque se usaban las técnicas artesanales y se utilizaba una tremenda riqueza ornamental, la construcción no duraba más que la de las obras de hoy en día. Los grados de libertad arquitectónicos de este arte eran menores y se basaban más bien en la composición de los edificios y de sus piezas principales, y en la relación frente al espacio urbano existente y en la forma de dirigir la luz del día hacia los interiores. Comparado con el de hoy, el procedimiento entregaba algo esperado por todos, a pesar de algunas rarezas, como una cornisa demasiado alta en el nuevo palacio de un arquitecto del barroco, que podían causar sorpresa.

Sólo después de que las funciones de los edificios se diversificaran, cuando se introdujeron los primeros productos industriales y los conocimientos de la ciencia desterraron las regulaciones del arte y la artesanía, el canon de las formas tradicionales amenazaba con desaparecer. Nació un nuevo tipo de arquitecto que tenía que ocuparse de unir los nuevos contenidos artesanales con

Lage in der Topografie fest und beauftragte verschiedene Meister ihres Fachs, die Bauteile nach den Regeln ihrer Kunst herzustellen. Nur drei Jahre – das muß man sich einmal vorstellen! – nur drei Jahre später war das Bauwerk – ganz ohne elektrischen Strom oder anderen Treibstoff, also – von LKW-Transporten abgesehen ohne jegliche Maschinen – fertiggestellt *(Fig. 2-5)*. So ähnlich können wir uns wohl die Entstehung der Werke der Baumeister-Baukunst auch hier im alten Europa vorstellen. Die Bauzeiten waren trotz des enormen handwerklichen Aufwands, trotz all dieses ornamentalen Reichtums eben doch nicht viel länger als bei heutigen Bauten. Aber die architektonischen Freiheitsgrade dieser Kunst waren geringer, lagen mehr in der Komposition der Bauten und ihrer Hauptteile zueinander und zum schon bestehenden Stadtraum und in der Art, das Tageslicht hineinzubringen, als in der Durchgestaltung der Bauten selbst. Der Vorgang brachte also – ganz anders als heute – etwas durchaus für jedermann Erwartetes hervor, wobei bestimmte Neuerungen im üblichen Gefüge wie ein „zu hoch" liegendes Sims am neuen Palast eines Barockarchitekten durchaus ein gewisses Erschrecken oder Erstaunen hervorrufen konnten.

Erst als die jeweiligen Zwecke der Gebäude immer differenzierter wurden, als durch Einführung erster Industrieprodukte und wissenschaftlicher Erkenntnisse die althergebrachten Regeln der Kunst und des Handwerks teilweise gegenstandslos wurden, drohte dieser Kanon erwartbarer und tradierter Formen ganz aus den Fugen zu geraten. Es entstand ein neuer Typ von Architekt, der einerseits darauf bedacht sein musste, die neuartigen betrieblichen Inhalte mit den vertrauten Formen in Einklang zu bringen, und der andererseits sehen musste, wie diese riesigen neuen Anlagen unter Einsatz der neuen industriellen Produkte und der alten Baugewerke

las formas conocidas, y tenía que ver cómo construir los nuevos complejos usando los nuevos productos industriales y las viejas destrezas de construcción. Estos nuevos especialistas eran cada vez mejores, en cuanto menos estuvieran ligados a gremios o a normas artesanales. Ya no se trataba de artesanos, sino que al principio eran gente con estudios, gente que había estudiado medicina o astronomía, o militares que tenían experiencia en fortificaciones, o simplemente vivos inteligentes, que como Mac Adam (quién inventó la calle asfaltada), sobrevivían comerciando con caballos. Esta gente desconcertó completamente el antiguo arte de la construcción, pero su aporte fue no haber perdido de vista el tema arquitectónico y haber hecho aceptable el brusco cambio para la gente.

Veamos un ejemplo de cómo respondieron los nuevos arquitectos profesionales a las nuevas exigencias del manejo de nuevos materiales y métodos de construcción, sin asustar innecesariamente al público. Hace algo más de 200 años, pocos años después de la revolución francesa, un arquitecto llamado Laves estaba encargado de construir una sala de teatro en Hanover que abarcase veinte metros de luz sin poner pilares. Era, para la época, una distancia de luz increíble. Mandó rodear con argollas de hierro los extremos de troncos de veinte metros de largo; luego hizo que los carpinteros los abrieran a lo largo y separó las dos mitades por medio de cuñas, formando así una viga portante con forma de pez. Más tarde reforzó las vigas colocando bandas de acero en distintos puntos.[3] Laves había comprendido instintivamente que el incremento del ancho de una viga, con casi la misma cantidad de material, aumentaba la capacidad portante; esto es lo que los ingenieros describen como momento de iner-

zu erstellen waren – zu Niedrigkosten. Diese neuen Spezialisten waren umso besser, je weniger sie an irgendwelche Zunft- und Handwerksregeln gebunden waren: sie waren also keine Handwerker mehr, sondern zuerst gebildete Leute, die z.B. Medizin und Astronomie studiert hatten, oder Militärs, die Erfahrungen mit Befestigungsanlagen hatten, oder einfach gewitzte Schlauberger, die sich – wie Mac Adam, der die Teerstraßen erfunden hat – mit dem Pferdehandel über Wasser hielten. Diese Leute brachten die alte Baukunst zwar gehörig durcheinander, aber ihre Leistung war eigentlich, daß sie dabei das alte Architekturthema nicht aus den Augen verloren und diesen Umsturz für das Publikum erträglich machten.

Sehen wir uns an einem Beispiel an, wie die ersten Berufsarchitekten mit dieser Aufgabe, neue Anforderungen mit neuen Baustoffen und Baumethoden zu beantworten, fertig wurden, ohne das Publikum unnötig zu verstören. Vor etwa 200 Jahren, also wenige Jahre nach der französischen Revolution, hatte der Geheime Baurat und Architekt Laves in Hannover die Aufgabe zu lösen, einen Theatersaal mit einer Decke von mehr als 20 Metern Spannweite zu überspannen – damals eine für Decken schier unglaubliche Spannweite. Laves ließ 20 m lange Stämme auf der Baustelle von Bauschmieden an beiden Enden mit Eisenmanschetten umschließen und ordnete danach an, daß die Zimmerleute sie zwischen den Manschetten mit Beilen der Länge nach auftrennen sollten. Dann ließ er beide Hälften mit Keilen und Spindeln auseinanderzwingen und den entstehenden Fischbauchträger durch zwischengestellte Holzstempel und Eisenbänder sichern.[3] Baurat Laves hatte instinktiv erfasst, daß die Vergrößerung der Trägerhöhe bei fast gleichem Materialaufkommen die Tragfähigkeit erhöht – was die Statiker spä-

cia. A la vez revolucionó el orden de los gremios de la construcción y convirtió a los artesanos en obreros. Esto es, como ejemplo, una versión de industrialización, en la que vemos que es en este momento cuando nacen de forma simultánea el arquitecto de profesión y el obrero de la construcción.

A partir de aquí será mejor no hablar ya de arte arquitectónico, sino mejor de *arquitectura*. O mejor dicho, de *arquitectura de arquitectos*. Éste es el principio de la arquitectura moderna, descrita claramente por Benevolo; y esta forma, mucho más que el arte constructivo, está dirigida a la solución de problemas técnicos y necesidades de uso de los edificios (aunque siempre detrás de la fachada clásica). Pero con el descubrimiento de nuevos materiales, sobre todo para cubiertas, el arquitecto se va liberando del cuadrado y comienza a organizar –ya en la época de la revolución francesa– las nuevas empresas de forma análoga a la terminología burocrática y enciclopédica, sin respetar las demás tradiciones. Ya habíamos hablado antes de esto. Aquí nacen de las clasificaciones de la creciente burocratización los «reformatorios» que, según sus conceptos de uso y según los materiales y los métodos de construcción, no eran familiares ni tradicionales. El arte de los primeros arquitectos fue presentar el tremendo volumen de construcción y todas las transformaciones y extrañezas del nuevo mundo de tal forma que el provinciano urbano pudiese sentirse orientado. Con este llamado historicismo, se mantenía la *familiaridad* y la *dignidad*. A principios del siglo XX se pudo ir soltando, paso a paso, ese historicismo. Desde este momento la vanguardia creyó que ya no era necesario proyectar desde la ciudad, desde afuera y desde delante, sino desde dentro, desde atrás, desde el uso. Se atreven incluso a

ter mit dem Trägheitsmoment beschreiben werden. Für das Publikum aber war davon außer der prächtigen Saalgröße nichts spürbar. Gleichzeitig hatte Laves den zünftigen und kunstgerechten Bau durcheinandergebracht und aus Handwerkern Bauarbeiter gemacht. Das ist beispielhaft ein Stück Industrialisierung, und wir sehen, wie dieser Augenblick gleichzeitig den Bauarbeiter *und* den Berufsarchitekten hervorbringt.

Von nun an sprechen wir deshalb besser nicht mehr von Baukunst, sondern von *Architektur* oder noch deutlicher: von *Architekten-Architektur*. Das ist der Anfang der Modernen Architektur, wie er sehr eindrücklich von Benevolo beschrieben wird. Und diese Architekten-Architektur ist – in viel stärkerem Maße als die Baukunst – auf die betrieblichen Zwecke der Gebäude und die Bewältigung der bautechnischen Probleme ausgerichtet, wenngleich zunächst immer nur hinter den klassischen Fassaden. Aber mit der Entstehung neuer Baustoffe, vor allem neuer Dachdeckungsmaterialien, kann sie sich zunehmend aus den Fesseln der Viereckigkeit befreien und sich nun – schon zu Zeiten der französischen Revolution – daran machen, die neuen „Betriebe" analog zu den bürokratischen und enzyklopädischen Begrifflichkeiten ohne Rücksicht auf sonstige Traditionen zu organisieren. Wir hatten im Zusammenhang mit den organisatorischen Superierungen schon davon gesprochen: Jetzt entstehen also aus all diesen neuen Klassifizierungen der wachsenden Bürokratie all die neuen „Anstalten", die sowohl nach Art ihres betrieblichen Inhalts wie auch hinsichtlich ihrer Baustoffe und der Art der Baumethoden alles andere als vertraut und tradiert waren. Es war die Kunst dieser frühen Berufsarchitekten, das gewaltige Bauvolumen und alle diese ungeheuren Veränderungen und Verfremdungen der neuen Welt so zu bemän-

architektur – architektur

271

planificar barrios enteros, y también ciudades enteras de esta manera como grandes empresas con diferentes espacios de uso clasificados. De dentro hacia afuera, ciudades como «instituciones» gigantes, sí, verdaderas «instituciones de salud mental». La mejor de todas está en Murmansk, en Siberia, construida bajo el mandato estalinista. Por lo general, la humanidad se ha salvado casi siempre de estos experimentos, debido a las anticuadas relaciones de propiedad existentes. Pero los edificios empezaron a proyectarse a partir de aquel momento de adentro hacia afuera.

Recién en la generación de mis profesores, Eiermann y Baumgarten, desapareció el funcionalismo de «reformatorio» para pasar a ser una ciencia arquitectónica apoyada en una experiencia constructiva y técnica, y en los llamados detalles. Hubo una época en la cual Mies era el *rey* absoluto. Comprensible, ya que aportó algo así como objetividad de arquitecto. Los edificios ya no eran «reformatorios», sino «templos», que con acero y cristal se unían a las antiguas reglas y estrategias compositivas de la artesanía. Se podía creer, y muchos lo creían entonces, que Mies había vuelto al antiguo arte constructivo de los viejos maestros. Ya he hablado de la obra de la Galería Nacional. En cualquier pueblo de provincia, los arquitectos diseñaban edificios de seguros y bancos con detalles de Mies, y en Karlsruhe, Egon Eiermann, el embajador de Mies, daba cada miércoles una conferencia sobre ojales de camisas bien o mal cortados y otros conocimientos sobre el buen detalle artesanal. Para nosotros, los alumnos, estaba claro que esta arquitectura era un artesanado modernista, que se componía solamente de detalles y que no tenía nada que ver ni con arquitectura ni con el trabajo de ingeniería, sino con la creación de una relación óptima entre costes y

teln, daß die damaligen Provinzstädter sich darin doch noch zurechtfinden konnten: Mit diesem sogenannten Historismus wahrte man immerhin ein Stück *Vertrautheit und Würde.* Erst Anfang des 20. Jahrhunderts konnte man dann darangehen, nach und nach auch diese historistischen Hüllen fallen zu lassen. Von nun an glaubte die Avantgarde, man müße nicht mehr von der Stadt, von außen und von vorne, sondern von innen, von hinten, vom Betrieb her entwerfen. Ja man traute sich sogar zu, ganze Stadtteile und gar Städte in dieser Manier als große Betriebe mit verschieden klassifizierten „Nutzflächen" auszudenken. Von innen nach außen: Städte wie gigantische Anstalten, ja wirkliche Heilanstalten, am „vollkommensten" in Murmansk in Sibirien, unter stalinistischem Diktat. Sonst ist die Menschheit von solchen Großversuchen – meist wegen der verworrenen Gegebenheiten überkommener Grundbesitzverhältnisse – verschont geblieben. Aber zumindest Gebäude wurden jetzt von innen nach außen entworfen.

Erst in der Generation meiner Lehrer, Eiermann und Baumgarten, löste sich dieser Anstalts-Funktionalismus schließlich ganz in einer mehr an konstruktiven und technischen Erfahrungen orientierten „Gebäudelehre" und im sogenannten „Detail" auf. Es entstand eine kurze Epoche, in der Mies – verständlicherweise – der absolute „*King*" war: Er brachte scheinbar so etwas wie eine neue Baumeister-Objektivität zurück. Die Gebäude waren nun keine „Anstalten" mehr, sondern ganz unspezifische „Tempel", und sie knüpften mit Stahl und Spiegelglas an die alten handwerklich-kompositorischen Regeln und Strategien an. Man konnte glauben – und sehr viele glaubten das damals – daß mit Mies die Baukunst der Baumeister in modernem Gewand zurückgekehrt sei. Wobei das „gute Detail" die Konkretion dieser Selbsttäuschung war: In der

uso. Para los problemas de la vivienda y para la ampliación de la ciudad no existían conceptos. En este aspecto no existía una relación con el arte arquitectónico de los antiguos maestros. A mediados de los años sesenta, en la época en que Mies terminó su Galería Nacional, esto cambió.

Entonces Ungers escribió su proyecto de final de carrera con el título *Berlín, calles y ciudades.* Ésta era la nueva visión. Para mi sorpresa, dio una conferencia sobre historicismo, en la cual por primera vez no se lo describía simplemente como demencia de la arquitectura clásica. Por lo contrario, Ungers demostró con qué procedimiento el historicismo componía nuevas unidades utilizando elementos históricos que parecían incompatibles. Esta visión fue enriquecida por la crítica arquitectónica sarcástica de nuestro compañero Meyer-Christian, que junto con el joven profesor e ingeniero Polony, resaltó la verdadera ingeniería frente a la estética del tecnicismo arquitectónico y puso en movimiento los ámbitos de la arquitectura. No sin razón es un «diseño» hecho por Meyer-Christian para una clase de Ungers la portada de su gran libro sobre la arquitectura postmoderna de Heinrich Klotz *(Fig. 6)*. Aquí comenzó una nueva forma de tratar la labor arquitectónica. Aquí

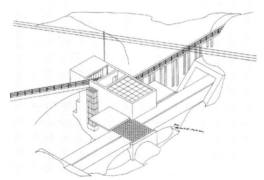

Fig. 6

no se trabaja en perspectiva, sino en isometría, no se dibuja con lápiz, sino con tinta. Los dibujos de la clase de Ungers, libres de plantas y otras ornamentaciones, daban el tono sarcástico en el año 1965. De esta misma forma pronto se habló de los problemas

Ausbildung eines „guten", d.h. werk- und materialgerechten Details, konnten sich die Architekten noch wie Baumeister fühlen. Ich habe das eingangs mit der „mittelalterlichen" Baustelle der Nationalgalerie dargestellt. Noch in jedem Provinznest befleißigten sich die Architekten beim Bau von Versicherungen und Bankfilialen jetzt „sauberer" Mies-Details, und in Karlsruhe hielt der deutsche Mies-Botschafter Egon Eiermann Vorlesungen über richtig und falsch geschnittene Knopflöcher in Hemden – statt parallel sollten sie besser quer zum Saum sitzen – und gab andere verblüffende Erkenntnisse über das gute, handwerkliche Detail zum besten. Für uns Jüngere war jedoch allzu deutlich, daß diese Architektur eine modernistische Handwerkelei war, ja daß sie eigentlich nur noch aus aufwendigen Details bestand und weder mit Architektur noch mit Ingenieurarbeit, also mit der Herstellung eines optimalen Kosten/Nutzen-Verhältnisses irgendetwas zu tun hatte. Für die Probleme des Wohnens und vor allem für die Erhaltung und Erweiterung von Stadt hatte sie keinerlei Konzept. In dieser Beziehung knüpfte sie gerade nicht an die Baukunst der Baumeister an. Dies änderte sich erst Mitte der 60er Jahre, in der Zeit also, als Mies seine Nationalgalerie in Berlin fertigbaute.

Damals schrieb Ungers ein Diplomthema „Berliner Straßen und Plätze" aus – das war die neue Sichtweise. Und zu meinem Erstaunen hielt er in dieser Zeit auch eine Vorlesung über den Historismus, in der dieser erstmals nicht einfach als Demenz der klassischen Architektur dargestellt wurde. Ganz im Gegenteil: Ungers zeigte, mit welchen Verfahren der Historismus die verschiedensten, scheinbar unvereinbaren Komponenten aus der Geschichte zu ganz neuen Einheiten komponiert hatte. Und diese Sichtweise, noch ergänzt durch die sarkastische Architektur-Kritik

de renta o de los precios de alquiler. La visión se clarificó y se liberó de prejuicios, y sobrepasó los límites del solar privado. El edificio se transformó por fin en una parte del espacio urbano. Nosotros ya no creíamos en nada y «queríamos saberlo todo desde el principio y de nuevo».

Me acuerdo de la discusión sostenida en la clase de Ungers, en la que pensábamos cómo tendría que ser una arquitectura de pocos términos y que el ayuntamiento pudiera aprobar. Una arquitectura del lado izquierdo del cerebro. ¡Racionalismo! En Italia tenía lugar el mismo movimiento. La escuela de Tesin que estaba influenciada por el profesor veneciano Aldo Rossi, y que también pensaba en la historia de la arquitectura de «izquierda». En Inglaterra eran los Smithons y Stirling, el cual nos corregía en la clase de Ungers. Todos estos arquitectos descubrieron la relación entre arquitectura y el espacio público de la ciudad y comenzaron a liberarse del «buen detalle» para acercarse a lo palpablemente técnico y racional. El edificio ya no era una máquina aislada, ni tampoco un «reformatorio», sino que era parte de un gran contexto urbano y social.

Algunos como Stirling o Ludwig Leo, quien también corregía en las clases de Ungers, no se separaron del funcionalismo. Pero ahora lo ponían a disposición de los «usuarios» y lo llenaban de patetismo y gracia, hecho que los diferenciaba del flaco modernismo de Mies. En un concurso para la Casa de la Economía en Kassel, tuvimos la oportunidad de conocer a un representante de esta corriente, a Ernst Giesel. Fascinados –pero por supuesto también decepcionados– pudimos presenciar como despedazaba nuestro diseño *(Fig. 7)* como si fuera un venado, todas las habitaciones «buenas», como él las llamaba, todos esos órga-

unseres Mitstudenten Wolf Meyer-Christian, der zusammen mit dem jungen Statik-Professor Polony die wirkliche Ingenieurtechnik gegen den ästhetischen Architektur-Technizismus ausspielte, brachte Bewegung in die festgefahrene Architekturszene. Einer von Meyer-Christians im Ungers-Seminar gefertigten Studienentwürfen ziert denn auch nicht zu Unrecht den Einband von Heinrich Klotzens großem Buch über die postmoderne Architektur *(Fig. 6)*. Hier begann eine neue Art, mit architektonischen Aufgaben umzugehen, die sich auch darin zeigte, daß nicht mehr perspektivisch, sondern isometrisch, nicht mehr mit weichem Bleistift, sondern mit scharfem Tuschestrich gezeichnet wurde. Die von allem Pflanzenwerk und sonstigem Stimmungsdekor befreiten Zeichnungen der Ungers-Klasse gaben 1965 den neuen, trockenen und oft sarkastischen Ton an, mit dem dann auch bald über Grundrenten, Mietpreise und die „Unwirtlichkeit unserer Städte" geredet wurde. Jedenfalls wurde der Blick klarer und vorurteilsfreier und ging jetzt über die Grenzen der Privatgrundstücke hinaus. Das Gebäude war endlich wieder ein Teil des Stadtraums – und wir glaubten nichts mehr und wollten alles „noch einmal ganz von vorne" wissen.

Ich erinnere mich an Diskussionen in der Ungersklasse, wo wir überlegten, wie eine Architektur beschaffen sein müsste, die man mit wenigen Begriffen „vom Stadtrat beschließen lassen" könnte. Eine Architektur aus der linken Gehirnhälfte: Rationalismus! In Italien gab es den gleichen Aufbruch, später dann die „Tessiner Schule", die vor allem durch den in Venedig lehrenden Aldo Rossi beeinflusst war und die ebenfalls an die „linke", rationalistische Baugeschichte anknüpfte. In England die Smithons und Stirling, der übrigens bei uns in der Ungers-Klasse Korrekturen gab. Alle diese Architekten entdeckten den Zusammenhang von Gebäu-

nos como la pequeña biblioteca o la sala de reuniones salían hacia fuera, para con ellos –y aquí los funcionalistas se nos acercaban demasiado– crear un espacio exterior. «Otra vez están haciendo arquitectura habitacional», dijo al ver nuestro diseño,

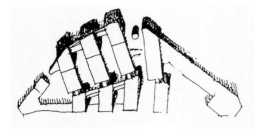

Fig. 7

y no entendió que se trataba de nuestro programa. El quería sacar estas formas hacia afuera, enseñarlas en el exterior y nosotros simplemente las habíamos escondido en la gran forma de nuestra estructura, como en la planificación de espacio de Loos, para así crear también una mezcla de distintas actividades por medio de la mezcla de los distintos volúmenes espaciales. Pero él también quería un espacio exterior, y ya no varios solitarios. Hay que tener presente que eso estaba por aquel entoces menos extendido que hoy en día, y también fue la

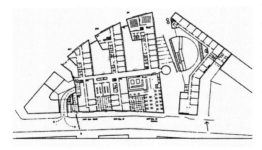

Fig. 8

base sobre la cual se estableció nuestra cooperación. Al final llegamos a un compromiso con el cual pudimos identificarnos todos *(Fig. 8)*. Gisel, en parte el por él muy apreciado Ludwig Leo, y también Stirling son funcionalistas de esta forma escultural. La última obra de Stirling en este estilo, la fábrica de Braun en Melsungen, cerca de Kassel,

es una gran escultura de este tipo *(Fig. 9)*. Para cada actividad y función, un órgano distinto. Y todos estos órganos están ubicados en el paisaje, unidos por tubos, calles y puentes, como en una gran granja.

de und öffentlichem Stadtraum wieder und begannen, sich vom sogenannten „Detail" mehr dem technischen und rational faßbaren Ganzen zuzuwenden. Das Gebäude war keine isolierte Maschine und Anstalt mehr, sondern Teil eines größeren städtischen, auch sozialen Kontextes.

Manche, wie Stirling und übrigens auch Ludwig Leo, der ebenfalls im Ungers-Seminar Korrekturen gab, trennten sich dabei nicht vom Funktionalismus. Sie nahmen ihn aber jetzt für die „Nutzer" in Anspruch und luden ihn mit einem gewissen Pathos und einer Ruppigkeit auf, die ihn deutlich von der dürren Mies-Moderne unterschieden. Mit Ernst Gisel, einem bekannten Schweizer Repräsentanten dieser Richtung, haben wir 1989 an einem Wettbewerb um das Haus der Wirtschaft in Kassel zusammengearbeitet. Fasziniert – aber natürlich auch entsetzt – konnten wir dabei zusehen, wie er unseren schönen Entwurf *(Fig. 7)* nach und nach wie ein Wildbret auswaidete, alle „guten Räume", wie er sie nannte, alle diese Organe wie etwa die kleine Bibliothek oder den Konferenzsaal nach außen kehrte, um damit dann – und darin kamen diese Funktionalisten uns nahe – einen Außenraum herzustellen. „Ihr macht ja schon wieder Wohnungsbau!" sagte er zu unserem Entwurf, und verstand gar nicht, daß das doch unser Programm war. Er wollte diese Formen herausarbeiten, sie „nach außen" zeigen! Und wir hatten sie einfach im Sinne etwa von Loos' Raumplan in den Großformen unserer Baustruktur verschwinden lassen, um dort mit der Mischung verschieden großer Raumvolumen auch eine Mischung verschiedener Aktivitäten zu erzeugen. Aber auch er wollte einen Außenraum, keine Solitäre mehr. Das war damals, das muß man sich klarmachen, noch viel weniger verbreitet als heute, und das war dann auch die Basis, auf der unsere Zusammenarbeit vorankam.

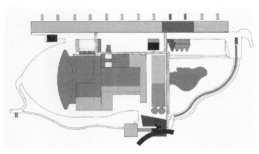

Fig. 9

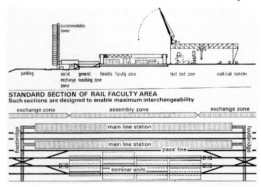

Fig. 10

En Inglaterra e Italia, pero también en Alemania, existían los «metabolistas» que dibujaban la utopía futurista de un neomodernismo, llenos de ironía en contra de las costumbres. Submarinos amarillos arquitectónicos, con gracia, con sarcasmo, nunca serios del todo. En Inglaterra el gracioso Cedric Price diseñó una universidad móvil sobre vagones, la cual fue para nosostros importante, ya que se metía con las rídigas formas de pensar de los «verdaderos» órdenes del espacio *(Fig. 10)*. En Estados Unidos existía el libro *Learning from Las Vegas* de Venturi y Scott, una especie de «pop-art» arquitectónico que desató una discusión en Berlín e Italia sobre la parte semántica o semiótica de la arquitectura. Arquitectura como sistema de símbolos. Allí estaba nuevamente la unión racionalista de las palabras y las cosas, que le había interesado a Foucault en relación con el nacimiento del poder moderno.

Cada vez que el emperador Mies van de Rohe venía a Berlín en el año 1967, el mundo arquitectónico se desequilibraba. Muchos de entre nosotros abandonaron la profesión, se pasaron a la planificación, se pusieron a redactar, se fueron a la política. Yo mismo, como muchos de la redacción de *arch +*, me fui al departamento de planificación del aeropuerto de Francfort. Estos

Jedenfalls kam es noch zu einem Kompromiß, mit dem wir uns alle gut identifizieren konnten *(Fig. 8)*. Gisel, in mancher Hinsicht der von ihm hoch geschätzte Ludwig Leo, aber auch Stirling sind Funktionalisten dieser skulpturalen Art. Das letzte Werk Stirlings dieser Machart, die Fabrik von Braun bei Melsungen in der Nähe Kassels, ist eine solche Großskulptur *(Fig. 9)*: für jede Art Tätigkeit und Funktion ein anderes Organ. Und alle diese Organe sind in der Landschaft ausgebreitet und durch Rohre, Straßen und Laufstege verbunden – wie ein landwirtschaftlicher Großbetrieb.

In England und Italien, ein bißchen auch bei uns, gab es außerdem damals die „Metabolisten", die futuristische Utopien einer neuen Moderne zeichneten, voller Ironie gegen die bestehenden Lebensgewohnheiten: architektonische „Yellow submarines", witzig, sarkastisch, nie ganz ernst gemeint. In England zeichnete der witzige Cedric Price eine mobile Waggonuniversität, die vor allem deshalb für uns wichtig war, weil sie die festgefahrenen Denkmuster von funktional „richtigen" Raumzuordnungen durch Verschiebepläne irritierte *(Fig. 10)*. Und in den USA gab es das Buch „Learning from Las Vegas" von Venturi und Scott: eine architektonische pop-art-Variante der auch in Berlin und Italien umgehenden Diskussion über die semantische oder semiotische Seite der Architektur. Architektur als Zeichensystem. Da war sie wieder, die (rationalistische) Verbindung der Wörter und der Sachen, die Foucault im Zusammenhang mit der Entstehung moderner Macht so interessiert hat.

Jedenfalls war kurz nach jenem Besuch von „Kaiser" Mies in Berlin 1967 die architektonische Fachwelt völlig aus den Fugen geraten, ich habe ja eingangs schon davon erzählt. Viele von uns verließen das Berufsfeld, gingen in die Planung, zu Redaktionen, in

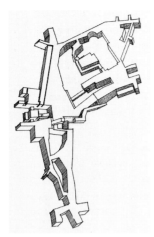

trabajos de planificación nos parecían ser la consecuencia lógica. No éramos diseñadores, sino planificadores. Buscábamos el punto de partida, desde donde pudiéramos planificar públicamente, sin tener que comprometernos con el «buen gusto», ni con el dueño de la obra. Ocupación de antiguas casas y naves industriales en Berlín, planificar y construir con los habitantes, autoayuda organizada y prestarle nuevamente atención al espacio público y al sistema del espacio público escalonado. Era la época en que Beuys daba sus conferencias sobre democracia popular. Era el principio de algo, el intento de liberar al arte de su gueto. Aquellos que antes habíamos enterrado la arquitectura, observábamos desde afuera cómo los que se habían quedado en el trajín arquitectónico, también Ungers, codificaban nuestros orígenes en un nuevo estilo. En Friedrichstadt se construía con citas históricas y semántica de columnas. Esto era lo que nosotros llamábamos la trampa del clasicismo.[4]

De todas maneras, estos tormentosos años trajeron consigo un importante aumento del campo visual con el que trabajaban los arquitectos. Y sólo en este nuevo nivel pudo la arquitectura por fin volver a diseñar «desde fuera», desde la ciudad. Un desarrollo que hizo revivir la arquitectura y que está fuertemente unido a los dos profesores Aldo Rossi y O. M. Ungers. Poco a poco se fue descubriendo otra vez la relación entre interior y exterior, perdida en el funcionalismo, y no sólo de forma estética, sino también de forma práctica como sistema de responsabilidad. Paso a paso se desarrolla otra visión de

die Politik. Ich selbst ging (wie übrigens auch ein Großteil der damaligen arch + Redaktion) zur gerade gegründeten Planungsabteilung des Frankfurter Flughafens. Solche Planungsjobs schienen uns damals die logische Konsequenz dieser neuen Sichtweise. Wir waren nicht Entwerfer, sondern „Planer"! Wir suchten nach Ausgangspositionen, von denen aus man „öffentlich" planen könnte, ohne sich mit privaten Bauherrn zu arrangieren, und ohne für den „guten Geschmack" zeichnen zu müssen. „Instandbesetzung" alter Mietskasernen und Fabriketagen in Berlin, Planen und Bauen mit den Bewohnern, organisierte Selbsthilfe und: Wiederbeachtung des öffentlichen Raums und des Systems der „gestuften Öffentlichkeit". Das war auch die Zeit, in der Beuys seine Seminare in Volksdemokratie abhielt. Es war ein erster Anfang von etwas, ein Versuch, die Kunst aus ihrem schönen Ghetto zu befreien. Jedenfalls saßen diejenigen von uns, die Jahre zuvor die Architektur beerdigt hatten, jetzt außerhalb des Fachs und sahen mit leichter Verachtung, wie die im Architekturbetrieb Zurückgebliebenen, auch Ungers, unsere Anfänge zu einem neuen Stil kodifizierten, besonders in der Friedrichstadt. Blockrandschließung mit historischen Zitaten und Säulensemantik: das war das, was wir dann die Klassizismusfalle nannten.[4]

Auf jeden Fall brachten diese turbulenten Jahre eine enorme Vergrößerung des Sichtfeldes, mit dem Architekten arbeiteten: Und erst auf diesem neuen Niveau konnte die Architektur endlich zum Entwerfen „von außen", von der Stadt her, zurückkehren, eine Entwicklung zur Wiederbelebung der Architektur, die mit den Namen der beiden Architekturlehrer Aldo Rossi und O. M. Ungers untrennbar verbunden ist. Nach und nach wurde die im Funktionalismus lange verlorengegangene Beziehung von Innen und Außen wieder-

arquitectura y espacios, para la cual Benedict Loderer creó un instrumento de dibujo que permite la inversión de los volúmenes exteriores a volúmenes interiores. Aquí expondré una comparación dibujada de una urbanización clásica planificada en Italia, y un ejemplo de urbanismo moderno de la misma ciudad, en Fabiano *(Figs. 11 y 12)*.

Entretanto los jóvenes arquitectos querían crear una red de los distintos oficios, ramas, etc., para activar las ventajas resultantes. Ya hemos hablado de la exposición de Hoffmann-Axthelms sobre la «mezcla de Kreuzberg», en la que se presentaba la tremenda productividad del barrio berlinés, que se caracteriza por su densidad y la mezcla de funciones, es decir, lo contrario al orden funcionalista. Por consecuencia, el tema del postmodernismo es el urbanismo, la mezcla productiva permitida por el espacio público. Un alumno de «OMU» (Oswald Mathias Ungers) y del grupo OMA (Office for Metropolitan Architectur), conocidos mundialmente, creó por aquel entonces junto con Zoe Zenghelis una

especie de viñeta artística de esta potencia urbana. El retículo de las calles de «delirious New York» *(Fig. 13)*, en el cual cada bloque está dedicado a un dios. Una peculiar representación de la metrópolis. Por fin, después de una larga fase autista, la arquitectura vuelve de muchas formas a la ciudad.

Fig. 13

entdeckt, und zwar nicht bloß ästhetisch, sondern auch praktisch als fein abgestuftes System der Zugänglichkeit und Verantwortung. Man entwickelte erst allmählich wieder eine andere Sicht auf Architektur und Räume, wofür Benedikt Loderer mit der zeichnerischen Umkehrung von Außen- zu Innenvolumen ein sehr tüchtiges Instrument geschaffen hat. Hier der so gezeichnete Vergleich eines baumeisterlich geplanten italienischen Stadtquartiers mit einem gebauten Beispiel modernen Städtebaus aus der gleichen Stadt Fabiano *(Fig. 11/12)*.

Inzwischen ging es den Jüngeren darum, die verschiedenen Tätigkeiten, Berufe, Fachdisziplinen usw. miteinander zu vernetzen und die mannigfachen Fühlungsvorteile zu aktivieren. Hoffmann-Axthelms Ausstellung „Kreuzberger Mischung", in der die erstaunliche Produktivität eines gründerzeitlichen Berliner Stadtteils vorgeführt wurde, der durch solche Dichte und Nutzungsmischung gekennzeichnet ist, also das klare Gegenteil funktionalistischer Gliederung, habe ich ja eingangs schon erwähnt. Das eigentliche und immer deutlicher werdende Thema der Postmoderne war konsequentermaßen der städtische, diese produktive Mischung ermöglichende öffentliche Raum. Ein Schüler von „OMU" (Oswald Mathias Ungers), der später die inzwischen weltbekannte Gruppe „OMA" (Office for Metropolitan Architecture) gründete, schuf damals mit Zoe Zenghelis eine Art Cartoon dieser städtischen Potenz: Das alles vermittelnde Straßenraster von „Delirious New York" *(Fig. 13)*, in dem jeder Block einem anderen Traum/ Gott/Götzen gewidmet ist. Eine einprägsame Darstellung des Städtischen, der Metropole. Endlich – nach einer langen autistischen Phase – wandte sich die Architektur in vielfältiger Form wieder der Stadt zu.

8.2 ¡Proyectar desde fuera hacia adentro!

He dado este repaso histórico porque quería mostrar que el funcionalismo ha sido solamente un pobre episodio en la larga historia de la arquitectura. Y que el funcionalismo trataba principalmente el detalle y el «de adentro hacia afuera», dejando de lado dos aspectos importantes: el espacio *exterior* y *la composición*. Estos dos aspectos fueron durante mucho tiempo la base de la arquitectura. Los antiguos maestros no tenían un edificio en la mente, sino una relación de los espacios interiores *y* exteriores. Esos espacios exteriores cercados por los espacios interiores, los pasos de un espacio a otro, de lo oscuro a lo claro y como se unía todo, eran los temas que tenían que resolver con una limitada gama de componentes, que ya he descrito al principio. Y lo resolvían de muchas formas diferentes y siempre con nuevas sorpresas. Pero si hojeamos en revistas actuales de arquitectura, veremos siempre edificios, muchas veces extravagantes, que de tanto narcisismo no sirven para crear un espacio arquitectónico exterior. Citando a Tessenow se puede decir que: «están acompañados por una alta valorización generalizada de lo extraño, de lo llamativo, de lo sobreinteligente etc., y como novedad llamativa o peculiaridad nunca son magistrales». Por lo que respecta a la magistralidad, en el sur de Europa se han dado los mayores avances en este tema. Quiero resaltar por ejemplo a Grassi en Italia, o a Luigi Snozzi en el Tesino, un maestro escasamente reconocido, Mirailles y Moneo en España y naturalmente a Alvaro Siza en Portugal, así como en Inglaterra a David Chipperfield. En cuanto a nuestro trabajo, se puede decir que en 1986 por primera vez los Baufrösche en el casco viejo de Nuremberg demostramos trabajar de esta manera *(Figs. 14 y 15)*.

Ich habe diesen persönlich-historischen Exkurs hier einge-
schoben, weil ich deutlich machen möchte, daß der Funktionalismus nur eine kurze und weithin ärmliche Episode in der langen
Geschichte der Architektur gewesen ist, und daß es vor allem
anderen eigentlich immer um zwei Aspekte ging, die hinter der
funktionalistischen Gebäudelehre und dem hochgelobten guten
Detail eine Zeitlang unbeachtet blieben: *Außenraum und Komposition*. Diese Aspekte waren – wie wir gesehen haben – lange Zeit
die Grundsubstanz von Architektur. Die alten Baumeister hatten
nicht Gebäude im Kopf, sondern einen Zusammenhang von
Innen- *und* Außenräumen. Diese von Innenräumen umschlosse-
nen Außenräume, die Übergänge vom einen zum anderen, vom
Dunklen zum Hellen, und wie das Ganze sich zusammenfügen
sollte: das war das Thema, das sie mit dem begrenzten Repertoire
an Komponenten zu beantworten hatten, die ich eingangs dargestellt habe. Und sie beantworteten es vielfältig und mit immer
neuen Überraschungen. Blättern wir aber in heutigen Architektur-
zeitschriften, so sehen wir immer nur Gebäude, häufig extra-
vagante Gebäude, die in ihrem Narzismus gar nicht dazu taugen,
einen größeren architektonischen Außenraum herzustellen. Sie
sind, um den alten Tessenow zu zitieren, „begleitet von einer
allgemein betonten Hochschätzung des Eigenartigen, des Auffal-
lenden, des „Übergescheiten", u.s.w., (und als) auffällige Neuerungen oder Eigenartigkeiten immer unbaumeisterlich." Was
diese Art Baumeisterlichkeit angeht, so haben die Südeuropäer
hier die größeren Fortschritte gemacht, besonders Grassi, dieser
italienische Sohn Tessenows, aber auch Luigi Snozzi im Tessin,

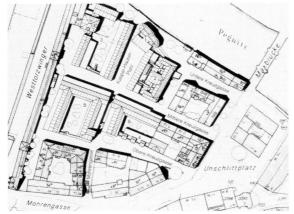

Fig. 14

Todos estos arquitectos tienen en común que no se pierden en detalles y que revelan poco del trajín interior hacia afuera. El verdadero tema de estos ejemplos es el modo en que se acercan al espacio público, cómo entran a dialogar con el entorno, cómo dirigen la luz hacia los espacios oscuros y cómo unen amplios espacios exteriores. Éste es su tema y éste siempre ha sido el tema de la arquitectura. Sí, podríamos decir que en contradicción con la ciencia moderna, *están proyectados de adentro hacia afuera*. ¿Cómo nos podemos acercar? ¿Cuántas entradas tiene que haber? ¿Cómo es el paso del espacio público al privado? ¿Vive allí alguien que vigila la calle? ¿Dónde se aparcan los coches? ¿Desaparecen por la noche en un garaje y se entra desde allí directa-

Fig. 15

mente al edificio o hay que caminar por una acera, de tal forma que se les puede ver venir? ¿Hay tiendas y una mezcla de usos? ¿Cómo se pueden integrar los edificios antiguos? Todas son preguntas que tienen que ver con el espacio exterior y que no tienen nada que ver con la construcción en sí, es

ein viel zu wenig beachteter Baumeister, Miralles und Moneo in Spanien, und natürlich in Portugal Alvaro Siza. Aber auch in England arbeitet David Chipperfield in diese Richtung. Was unsere eigene Praxis angeht, so haben wir (die Baufrösche), erstmals 1986, in der Altstadt von Nürnberg ein Beispiel für solche Arbeitsweise abgeliefert *(Fig. 14/15)*.

Allen diesen Architekten ist gemein, daß sie nicht mit irgendwelchen „Details" ablenken und auch wenig vom inneren „Betrieb" nach außen erkennbar machen. Aber wie sie an den öffentlichen Raum herantreten, wie sie mit ihrer Umgebung in einen Dialog eintreten, wie sie das Licht in die schattigen Räume lenken und weite Außenräume aufspannen, das ist ihr Thema, und das ist das Thema von Architektur immer schon gewesen. Ja, wir können sagen, daß sie – ganz im Gegensatz zur klassisch-modernen Lehre – *von außen nach innen entwerfen*. Wie wird man auf das Gebäude zugehen? Wieviel Eingänge muß es geben? Wie stufen wir von Öffentlichkeit zu Nichtöffentlichkeit? Wohnt dort jemand, der die Straße „bewacht"? Wo werden wir die Autos unterstellen? Werden sie dezent versteckt stehen oder einen öffentlichen Raum markieren? Verschwinden die Nachhausekommenden in der Garage und kommen von da direkt in das Gebäude? Oder müssen sie von dort auf dem Gehsteig laufen, sodaß man sie ankommen sieht? Gibt es Läden und überhaupt eine Mischung von Nutzungen? Wie lassen sich die vorhandenen Altbauten integrieren? Alles Fragen, die den Außenraum betreffen und mit der Bauaufgabe selbst, sozusagen ihrem betrieblichen und konstruktiven „Innen", gar nichts zu tun haben. Man kann tatsächlich etwas übertreibend sagen, daß Gebäude mit hoher architektonischer Qualität zuerst allein unter solchen Aspekten

decir con su aspecto constructivo y de uso, su «interior». Se podría exagerar y decir que los edificios de alta calidad arquitectónica se proyectan sólo a partir de estos factores, y más tarde, es el diseñador el que se muda con sus funciones y el uso. Como si se tratara de un edificio ya existente, él adapta la obra modelada por las fuerzas exteriores a su nueva utilización.

entworfen werden, und erst dann „zieht" der Entwerfer probehalber mit dem Betrieb, den „Funktionen", dort wie in einen bestehenden Bau „ein" und paßt das von diesen Außenkräften geformte Gebäude dem inneren Betrieb entwurflich an.

9. Sobre materialidad, ritmo y lividez

9.1 Alabanza a la «suciedad»

En el capítulo anterior expliqué que la historia de la arquitectura moderna es también la historia del torpe interés por con-
templar solamente una edificación, y dejar de lado la totalidad
del entorno.

Por otro lado, al tratar la confrontación y la creación de la
variedad vimos que el contraste de las fachadas y estilos juegan
un papel importante. Un papel parecido a la instrumentación en
la música, pues una composición musical también se puede tocar
solamente al piano. Sin embargo, la música será más fuerte en
expresión si a cada una de las piezas compositivas se les asigna
un instrumento diferente: cuando una cantilena es interpretada
por una flauta travesera, que surge del amplio zócalo que forman
los violines, o cuando el ritmo lo llevan los grandes timbales con
un fuerte *crescendo*, como en el caso de los primeros compases de
la «Primera Sinfonía» de Brahms, esta instrumentación puede ser
rica y colorida como por ejemplo la de Igor Strawinsky, o muy
compacta y coral, como la de Messiaën: ésta no es del todo cons-
tituyente, pero apoya. Refuerza la expresión y la claridad, ya que
las figuras que transcurren de forma paralela, las podemos diferenciar mejor. Por otro lado el material musical se asocia con distintos estados de ánimo; como por ejemplo la flauta travesera con

9. Über Materialität, Tempo und Leichtigkeit

9.1 Lob der „Schmutzigkeit"

Ich habe in der letzten Lektion gezeigt, daß die Geschichte der neueren Architektur auch eine Geschichte der zunehmenden Borniertheit des architektonischen Interesses ist, das immer nur das eine Gebäude sieht und kaum noch den ganzen Zusammenhang drumherum. Andererseits haben wir vorher, als es um die Konfrontationen und die Erzeugung von Vielheit ging, ja auch gesehen, daß die Kontrastierung der Fassaden und der „Stile" eine wichtige Rolle spielt.

Wir müssen uns deshalb, gerade wo es um Komposition und zusammengesetzte und konfrontierte Bauten geht, mit der Materialität der Oberflächen beschäftigen: die Komposition wird nämlich dadurch ausdrucksvoller und verständlicher. Ähnlich wie die Instrumentierung in der Musik, in der man ja auch eine Komposition auf dem Klavier allein spielen kann. Aber die Musik wird ausdrucksstärker, wenn man die kompositorischen Bauteile bestimmten Instrumenten zuweist: wenn eine Kantilene von einer Querflöte übernommen wird, die aus dem breiten Sockel aufsteigt, den die Streicher legen. Oder wenn der Rhythmus von der großen C-Pauke mit eindringlichem Crescendo vorgegeben wird wie in den berühmten Anfangstakten von Brahms' Erster. Diese Instrumentierung kann sehr reich und bunt sein wie etwa die von Igor Strawinsky

la ternura y la pureza, una trompeta con la claridad, etc. También la instrumentación en la arquitectura juega un papel parecido. Por ello cuando se trata de composición y edificios compuestos y confrontados, tenemos que preocuparnos de la materialidad de la superficie. En relación con Berlín *Mitte* (centro), he hablado con un cierto desprecio sobre cómo conocidos arquitectos reducen su función a los edificios y la materialidad de las superficies. Con ello he tratado de mostrar que esta reducción se encuentra en una línea histórica, que va desde el arte urbanístico de los antiguos maestros hasta los solitarios narcisistas de la arquitectura de los arquitectos. Un zócalo con amplios muros de vidrio, como en la villa Thugendhat es, por ejemplo, una mala instrumentación. En comparación a esto, la biblioteca de Splund, en Estocolmo, es un ejemplo de cómo se puede realizar un boceto con poca elección de materiales.

Debido a que la arquitectura, como composición, depende del «construir» clásico, en el sentido de que se avanza paso a paso, los materiales de *artesanía* juegan un papel imprescindible: es decir, ladrillos, piedras calizas, piedras talladas, así como también el revoque, las vigas de madera, y por supuesto también los perfiles laminados. De estos materiales pueden nacer las pesadas composiciones clásicas, estabilizadas por la fuerza de gravedad. (Esto aclara también la moda actual del abandono de estos materiales que demuestran el paso hacia el «diseño»; es decir, la preferencia de madera aglomerada como material de fachada, en vez del uso de una madera más adecuada.) Las estructuras de entramados a tracción y otras construcciones de ingeniería sólo se pueden concebir como una inserción de piezas, y no como una figura primaria que determina una composición completa. Para eso son

oder sehr kompakt und chorisch wie die von Messiaën: sie ist letztlich nicht konstitutiv, aber sie unterstützt. Sie dient dem Ausdruck und der Deutlichkeit. Wir können nämlich bestimmte gleichzeitig verlaufende Figuren besser auseinanderhalten. Und außerdem verbindet sich das musikalische Material mit bestimmten Stimmungen, mit Zartheit und Reinheit bei der Querflöte, mit signalhafter Deutlichkeit bei der Trompete usw. Eine ähnliche Rolle spielt die Instrumentierung in der Architektur auch.

Weil die Architektur als Komposition auf das klassische „Bauen" im Sinne des Nach-und-nach-Zusammensetzens angewiesen ist, spielen die *handwerklichen* Baumaterialien eine unverzichtbare Rolle: Also Steine, Bruchsteine, gehauene Steine, Ziegel, Putze, Holzbalken, aber auch Walz-Stahlprofile. Aus diesen Stoffen können die klassischen, meist mit Schwerkraft stabilisierten Kompositionen entstehen. (Dies erklärt auch die gegenwärtige, oft etwas gesucht wirkende Abkehr von diesen Materialien, die den Übergang zum „Design" verdeutlicht: also die Wahl von Sperrholz als Fassadenmaterial etwa statt einer dafür doch eigentlich viel besser geeigneten Brettverschalung). Auch zugbeanspruchte Fachwerkkonstruktionen und andere Ingenieurtragwerke sind – jedenfalls als eingefügte Bauteile und wenn sie nicht die gesamte Primärfigur bestimmen – noch verständlich und als Komponenten ablesbar. Hiermit soll überhaupt nichts gegen komplexe Ingenieur-Konstruktionen gesagt werden. Und ich will hier auch nicht zu einem handwerklichen oder – wie die Architekten in den 50er Jahren sagten – „urigen" Bauen auffordern. Was ich allein damit betonen will, ist, daß von den klassischen Materialien diese suggestive Kraft und Verständlichkeit in besonderem Maße ausgeht. Darin lag zu einem nicht unwesentlichen Teil die fast magische Wirkung der Betonbau-

Fig. 1

Fig. 3

demasiado abstractas, y con ello no quiero decir nada en contra de estas construcciones. Tampoco quiero invitar a construir de forma artesanal o de forma autóctona, como decían los arquitectos de los años cincuenta, pero tenemos que ver que de los materiales clásicos en gran medida brota esta fuerza sugestiva. Ahí tenemos en buena parte el efecto mágico de las construcciones de hormigón de Le Corbusier, y también de Barragán *(Figs. 1 y 2)* o de Ando. Aunque el hormigón de Ando es liso como la seda, juega el papel que jugaban los muros clásicos. Mientras no sea utilizado para soluciones estáticas complicadas, el hormigón tiene la calidad bruta de los materiales clásicos: una cierta irregularidad, manchas naturales y, naturalmente, peso y dureza. Todos los componentes clásicos tienen esta crudeza natural que desaparece detrás del revoque o de las fachadas superpuestas.

Esta suciedad del material bruto juega un papel importante y por lo tanto tenemos que tratarla con mayor detalle. Yo la llamo así a propósito (suciedad), porque así la enfrento a la esterilidad y limpieza del «diseño», incluidos sus limpios detalles. Esta suciedad es una gran cualidad, en la medida en que todo desaparece debajo de un remate perfecto. Sobre todo en edificios públicos, ya que le otorga a los espacios un sentido objetivo y al mismo tiempo comprensible. Creo que en esta suciedad se encuentra el éxito mundial de la *Documenta* de 1955 en Kassel. Bode ofreció a los artistas los muros «objetivos» de la grandiosa ruina del Friedericianum en el Kassel destruido, y los artistas vieron de inmediato la singular oportunidad para sus cuadros. Bode utilizó justamente lo que la arquitectura clásica puede aportar *(Figs. 3 y 4)*: hace brillar las cosas, es

Fig. 2

Fig. 4

ten des späteren Le Corbusier (nach 1945), aber auch der Bauten Barragáns *(Fig. 1/2)* oder Andos. Obwohl der Beton bei Ando glatt ist wie Seide: er spielt die Rolle klassischer Mauern. Beton hat, solange er nicht für allzu komplizierte Tragwerkslösungen eingesetzt wird, noch diese den klassischen Baustoffen eigene rohe Qualität: eine gewisse Ungleichmäßigkeit und Fleckigkeit, und natürlich Gewicht und Härte. Alle klassischen Baukomponenten haben diese natürliche „Roheit", die dann meist heute unter dem „Putz", unter Wärmedämmungen und hinter vorgehängten Fassaden verschwindet.

Diese „Schmutzigkeit" des rohen Stoffs spielt jedenfalls eine wichtige Rolle: wir müssen uns eine Weile näher mit ihr beschäftigen. Ich nenne sie absichtlich so, weil ich sie der Sterilität und „Sauberkeit" des „Design" mit seinen „sauberen Details" gegenüberstelle. Die fleckige Schmutzigkeit ist zunehmend und in dem Maße, in dem alles und jedes unter blankem Finish verschwindet, eine Qualität, besonders bei öffentlichen Bauten, weil sie den Räumen etwas Objektives und gleichzeitig Begreifbares gibt. In dieser Rohheit, behaupte ich, lag der Welterfolg der *documenta* 1955 in Kassel. Bode bot den Künstlern die „objektiven" rohen Mauern dieser großartigen Ruine des Fridericianums im zerstörten Kassel an, und die Künstler begriffen sofort die Chance für ihre Bilder. Bode nutzte genau das, was die klassische Architektur leisten kann: sie bringt die Dinge in ihr zum Vorschein. Sie ist der ideale Hintergrund *(Fig. 3/4)*: verständlich, vertraut, sicher. Sie unterhält nicht, sie verblüfft nicht, sie versucht nicht, uns zu imponieren. Sie ist einfach nur da, ein verlässlicher Rahmen für das Leben, die Bilder, die Dinge.

el trasfondo ideal, entendible, familiar y seguro. No divierte, no asombra, no trata de imponer; se encuentra sencillamente ahí, un marco de confianza para la vida, las imágenes, las cosas.

Imaginémonos por un momento la sede del parlamento en las ruinas del Reichstag, más o menos igual de improvisado como la primera Documenta de Bode. Un parlamento de bajo coste, lleno de gracia y hermosura. Esto fue lo que propuse a la comisión que organizaba la construcción del Bundestag en 1992. Estaba todo allí y Paul Baumgarten, que escenificó en los años sesenta la sala de plenos y distintas salas de reuniones, se acercaba bastante a esta imagen, aunque no tanto como yo creía. Ya en aquel entonces, un concepto como éste habría desconcertado a los contratistas. Con unas cuantas remodelaciones y modernizaciones ya se podrían haber mudado. Esta propuesta no encontró apoyo por parte de los parlamentarios. Poco tiempo después, se sacó nuevamente todo lo que se había integrado. En vez de una arquitectura improvisada sobre los muros del emperador Guillermo (y sobre las ampliaciones de la posguerra) tenemos los vestidos nuevos del rey. Una verdaderamente triste recaída al antiguo modernismo.

El viejo papel de la arquitectura clásica, el de manifestar poder, lo ha tomado hoy la arquitectura de alta tecnología. Esto hay que tenerlo siempre presente, ya que aquí, la discusión sobre «si el acero o el vidrio son materiales democráticos y la piedra no lo es» (en la que lamentablemente también participó Behnisch) cobra una cierta evidencia, aunque de una forma un tanto cínica. Democracia y «diseño» de edificios son hoy las insignias del poder industrial. Estas insignias son las que hoy en día se pueden permitir una complicada división de poderes y un «diseño» arquitec-

Man stelle sich einen Moment lang ein Parlamentsgebäude in den Ruinen des Reichstags vor, ähnlich improvisiert wie die erste *documenta* Bodes, ein „low-cost"-Parlament voller Witz und Schönheit. Genau das schlug ich 1992 dem Bauausschuss des Deutschen Bundestags vor. Es war ja alles da. Und Paul Baumgarten, der in den 60er Jahren darin den Plenarsaal und verschiedene Sitzungssäle eingebaut hatte, war dieser Vorstellung schon sehr nahe gekommen. Nicht nah genug, wie ich als sein damaliger Mitarbeiter meinte. Aber mehr davon hätte vermutlich schon damals die Ansprüche der Bauherrschaft überfordert. Man hätte mit ein paar Umbauten und Modernisierungen einziehen können. Mein Vorschlag fand bei den Abgeordneten keinerlei Resonanz. Und kurz danach wurde alles, was dort eingebaut worden war, wieder herausgerissen. Eine riesige „tabula rasa". Statt einer improvisierten Architektur in den Mauern Kaiser Wilhelms (und in den Einbauten der Nachkriegszeit) nun des Kaisers Neue Kleider, in High-Tech! Ein wirklich trauriger Rückfall in die alte Moderne.

Die alte Rolle der klassischen Architektur, Macht zu manifestieren, diese Rolle hat heute überall solches High-Tech-„Design" übernommen. Dieser Gedanke ist mir wichtig, denn hier bekommt die ziemlich alberne Diskussion mit Kategorien wie „Stahl und Glas sind demokratisch, Stein ist undemokratisch", an der leider auch Behnisch einige Zeit mitgewirkt hat, eine gewisse, allerdings zynische Sinnfälligkeit. Denn Demokratie und Gebäude-Design sind heute die Insignien der Industrie-Mächte, die sich beides – eine aufwendige Gewaltenteilung *und* industrielles Gebäude-Design – leisten können. Komponierte Architektur mit „schmutzigen" klassischen Mauern aber wird eher zum „Vorrecht" der Schwellenländer. Chandigarh war so ein Beispiel. Aber auch die Regierungsgebäude

tónico. La arquitectura compuesta, con muros sucios y clásicos, es más bien un derecho de países en el umbral del desarrollo. Chandigarh nos sirve de ejemplo. También las obras de Kahn en Bangladesh. Mi utopía es, en todo caso, una combinación de un sistema de derechos desarrollado y una arquitectura ahorradora, sucia y con colores llamativos. Justamente los edificios públicos. Estos tendrían que diferenciarse de los edificios lisos y comerciales, de forma objetiva palpable y entendible.

Quiero seguir con este aspecto polvoriento o de la suciedad limpia. A través de François Julien, filósofo parisino, que estuvo en China y aprendió chino para poder entender mejor desde fuera el pensamiento europeo, nos enteramos en la *Documenta* X de que en China hay una denominación que no está tan lejos de esta suciedad limpia: en español *soso*, en ingles *stale,* en alemán *fade*. Son todo palabras que en idiomas europeos tienen una connotación *negativa*. Sin embargo en chino, según Julien, esta denominación representa calidad. En el arte culinario algo insípido, soso, es algo de buen sabor, ya que deja espacio para distintas interpretaciones. Algo que está claro, como por ejemplo dulce o agrio, negro o blanco, en el pensamiento chino es algo soso o llano. Algo que esté bien claro es ya añejo, ya que no deja ninguna posibilidad de interpretación y/o cambio. A lo mejor es ésta la otra calidad de suciedad, de crudo, que en el entendimiento de la cultura china es soso, aún abierto para ser tratado, libre de cualquier composición subjetiva y de interpretación. Una calidad de material que llamo «objetiva». (También hablamos de colores (de material) «objetivos», frente a colores que fueron elegidos subjetivamente).

Los japoneses parece que tienen un término parecido, la estética japonesa es una estética que apuesta por los cambios y el

Kahns in Bangladesh. Meine architektonisch-politische Utopie ist jedenfalls eine Kombination von entwickeltem Rechtssystem mit dieser sparsamen, „schmutzigen", von Farben durchleuchteten Architektur, gerade in den öffentlichen Bauten. Gerade sie sollten sich von den glatten kommerziellen Gebäuden in dieser Weise absetzen, objektiv, anfassbar und verständlich.

Ich möchte noch einen Augenblick bei diesem Aspekt der Rohheit, der „sauberen Schmutzigkeit" bleiben. Von Francois Julien, einem Philosophen aus Paris, der sich für Jahre nach China begeben und Chinesisch gelernt hat, um das europäische Denk- und Begriffssystem von außen her besser erkennen zu können, erfuhren wir auf der *documenta* X, daß es im Chinesischen einen Begriff gibt, der von dieser „Schmutzigkeit" vielleicht nicht soweit weg ist: Auf spanisch *soso*, englisch *stale*, deutsch *fade*, was in allen europäischen Sprachen jedenfalls *negative* Konnotationen enthält. Im Chinesischen, so Julien, sei dies jedoch gerade eine Qualität. Etwas, was *fade* ist, ist dort – z.B. in der Kochkunst – etwas besonders geschmackvolles, weil es noch verschiedene Interpretationen zuläßt, jedenfalls nicht klar in der einen oder anderen Richtung ist. Solches klare Süß oder Sauer, Schwarz oder Weiß ist im chinesischen Denken etwas Plattes, etwas, das keine Möglichkeiten und Ambivalenzen mehr in sich trägt. Das Eindeutige ist einfach abgestanden, enthält gar keine Möglichkeiten der Veränderung und Interpretation mehr. Vielleicht ist dies die andere Qualität der Schmutzigkeit/Rohheit, daß sie in diesem chinesischen Sinne fade ist, noch offen für verschiedene Behandlung, frei von allzu subjektiver Gestaltung und Interpretation: eine Materialeigenschaft, die ich auch „objektiv" nenne. (Wir sprechen auch von „objektiven" (Material-)Farben – im Gegensatz zu den Farben, die subjektiv gewählt sind.)

visible envejecimiento de los materiales. En el libro *Diseño, una estética japonesa*, de Tanizaki Junijiro podemos leer: «En occidente la gente utiliza vajillas de plata, de acero y de estaño, y las pulen para que brillen, pero nosotros tenemos una aversión hacia estos objetos brillantes. Nosotros a veces también necesitamos calderas, tazas para el sake y botellas de plata, pero nunca las pulimos. Por el contrario, nos alegramos cuando este brillo desaparece y con el tiempo las cosas ennegrecen». Más adelante afirma: «No se puede negar que en lo que nosotros consideramos refinado, se encuentra un elemento de impureza y falta de higiene. Mientras que los occidentales tratan de tapar o eliminar la suciedad de forma radical, los asiáticos la tratan de estetificar».[1] En esta estética de Tanizakis, uno de los grandes escritores japoneses de la primera mitad del siglo XX, hay varios párrafos que alaban lo ambiguo, la media sombra, los tonos del material desteñidos por el tiempo, donde reconozco mucho de mi cariño por la limpia suciedad.

Veamos algunos ejemplos cercanos: el primero es el de los edificios de la isla museo Hombroich, proyectados por un escultor y edificados con ladrillos de la zona del Rin, que ya habían sido

Fig. 5

utilizados y provenían de demoliciones *(Fig. 5)*. Heerich, quien desarrolla sus esculturas desde cuerpos geométricos y enseña a los arquitectos, casi como en un libro de texto, lo enérgica que puede ser la arquitectura, realizando conceptos compositivos con muros de ladrillos polvorientos y sucios *(Fig. 6)*. Las ventanas y lucernarios de acero laminado, las puertas de hierro y madera prensada, el suelo de mármol blanco y gris. Todas las piezas están reducidas a formas sencillas de realización. Lugares ideales para cuadros, esculturas y paseos.

Bei den Japanern scheint es einen ähnlichen Begriff zu geben. Die japanische Ästhetik setzt auf solche Veränderlichkeit und sichtbare Vergänglichkeit der rohen Materialien. So liest man in Tanizaki Junìchiros „Entwurf einer japanischen Ästhetik": „Im Westen verwenden die Leute unter anderem für das Besteck Silber und Stahl und Nickel und polieren es, damit es möglichst glitzert, aber wir haben eine Abneigung gegen solche funkelnden Gegenstände. Zwar benutzt man auch bei uns gelegentlich Wasserkessel, Sake-Schalen und -Flaschen aus Silber, doch nie werden sie so poliert. Im Gegenteil, man freut sich, wenn der Oberflächenglanz verschwindet und sie mit dem Alter schwarz anlaufen." (…) „Jedenfalls", heißt es wenige Seiten später, „läßt sich nicht leugnen, daß in dem, was wir als ‚Raffinement' schätzen, ein Element von Unreinlichkeit und mangelnder Hygiene steckt. Während die Abendländer den Schmutz radikal aufzudecken und zu entfernen trachten, konservieren ihn die Ostasiaten sorgfältig und ästhetisieren ihn, so wie er ist."[1] In dieser Ästhetik Tanizakis, der übrigens zu den großen japanischen Schriftstellern der ersten Hälfte des 20. Jahrhunderts zählt, gibt es zahllose Äußerungen, die das Uneindeutige, den Halbschatten, die durch Alter melierten Töne des Materials loben, und worin ich viel von meinem Lob der „sauberen Schmutzigkeit" wiedererkenne.

Fig. 6

Sehen wir uns zwei hiesige Beispiele an: Das erste sind die schon einmal zitierten Bauten der Museumsinsel Hombroich, große klare Prismen aus dunklen rheinischen Klinkern aus Abbruchmauerwerk *(Fig. 5/6)*. Heerich, der seine Skulpturen aus geometrischen Körpern entwickelt, zeigt den heutigen Architekten geradezu lehrbuchhaft, wie kraftvoll Architektur sein kann, wenn sie ein kompositorisches Konzept mit solchen staubig–rohen Klinkerwänden umsetzt und dafür – das muß

Como segundo ejemplo, la universidad de Ulm de Steidle. Estos edificios alargados, viven en gran medida de esa suciedad del material clásico de construcción que es la madera *(Figs. 7 a 9)*. Como en muchas de sus obras, se crea un entorno auténtico y simple. La madera casi no se puede usar en edificios oficiales alemanes. Pero la arquitectura tuvo aquí la suerte de que esa era una época de reconstrucción y una construcción sólida elevaba mucho los costes, y de esta forma la gente de Steidler pudo mágicamente realizar un edificio estatal de una crudeza desconocida y poco complicada que pegaba con el ambiente universitario.

El desarrollo acelerado de los últimos años hacia un «diseño remate» (Finish) ha sido propulsado por una necesidad cuya importancia ya no podemos ignorar, aunque parezca una exageración en comparación a otras necesidades. Hablo de la protección térmica. No sin motivo hubo un manifiesto de conocidos diseñadores en contra de la nueva norma térmica (típica alemana). Ya que el estándar exigido por la norma haría desaparecer cualquier edificio bajo un abrigo de poliespuma. Justamente las piezas sucias y brutas, es decir, los componentes más importantes, desaparecen. Cuanto más alto sea el valor de aislamiento de una capa, más sensiblemente reaccionará el edificio frente a cualquier fisura: en estos puentes térmicos se condensa toda la humedad del espacio dando comienzo el efecto destructivo. Para este dilema sólo hay

Figs. 7 y 8

man allerdings auch sehen – auf die Beheizbarkeit verzichtet. Fenster und Oberlichter sind aus verzinktem Stahl, die Türen aus Stahl und aufgedoppeltem Leimholz, der Fußboden aus weiß-grau gemasertem Marmor: alle Teile sind auf einfach herstellbare Formen reduziert. Ideale Gefäße für Bilder, Skulpturen und Spaziergänger.

Als zweites Beispiel Steidles Ulmer Universität. Diese langgestreckten Bauten leben sehr stark von der „Roheit/Fadheit" des klassischen Baumaterials Holz *(Fig. 7–9)*. Wie in vielen seiner Bauten entsteht eine legere und authentische Umgebung. Dabei ist Holz in staatlichen deutschen Bauten kaum durchsetzbar. Aber hier kamen der Architektur die schwierigen Gründungsverhältnisse zugute. Massivbau war zu vertretbaren Kosten nicht möglich. Und so konnten die Steidle-Leute einen Staatsbau mit dieser ungewohnten und unkomplizierten Roheit zaubern, einen ganz und gar dem legeren Hochschulbetrieb angemessenen Bau.

Allerdings wird die Entwicklung zu mehr Finish und Design in den letzten Jahren durch einen Umstand sehr begünstigt, dessen Notwendigkeit wir schlecht von der Hand weisen können, obwohl er im Vergleich zu anderen Bereichen übertrieben scheint: ich meine den Wärmeschutz. Nicht zufällig hat es ein Manifest bekannter Entwerfer gegen die neue, (typisch deutsche) Wärmeschutzverordnung gegeben. Denn der Standard, der darin gefordert wird, lässt jedes Gebäude unter einem Mantel von Schaumstoff verschwinden. Gerade die „schmutzigen" rohen Teile, also die wichtigsten Komponenten, verschwinden darunter. Und je höher der

Fig. 9

Dämmwert einer Hülle, desto empfindlicher reagiert bekanntlich der Bau später auf jede kleine Undichtigkeit: an dieser undichten

dos salidas: una carrocería de cristal, hojalata o aluminio colgada por fuera, es decir «diseño» de edificio, o una segunda arquitectura por delante, como lo hizo Ernst Gisel con su ayuntamiento de Fellbach *(Fig. 10)*, cuya capa aislante se compone de un edificio fachada de mampostería a la vista, libre de juntas. Los mismos métodos son utilizados por los «Cinco del taller» en sus hermosas obras de hormigón visible, aunque aquí ya no cumplen con la norma alemana de protección térmica. Pero este método es complicado y ocupa mucho espacio. En nuestras obras mostramos la estructura bruta en forma de pilares de hormigón o fuertes postes de madera que en realidad no sostienen nada como es el caso en nuestra hilera de casas que enmarca la perspectiva de la antigua iglesia del convento en Hannover-Marienwerder *(Fig. 11)*. Desde que Kollhoff descubrió el barrio Berlage en Amsterdam como ejemplo urbano simple, se tapa el revoque térmico con una fachada falsa

Fig. 11

en la «nueva y simple arquitectura de Berlín». Esto se hace sabiendo que el revoque tiene una larga tradición en el Berlín prusiano. Los mejores edificios tienen una mezcla de revoque y estuco; por lo que en realidad no habría nada en contra de revocar la protección térmica sobre el muro, el cual se encuentra, en la parte superior de un zócalo de hormigón a la vista, que es de piedra caliza, sabiendo además que esto ocupa un mínimo de superficie construida (lo que juega un papel importante teniendo en cuenta el precio del suelo, que es de miles de marcos por metro cuadrado). Existe una larga tradición de simular materiales en la fachada, también en la arquitectura clásica, y sobre todo en la arquitectura ahorrativa prusiana. Schinkel era un experto en estos engaños. Grandes relieves de

Fig. 10

Wärmebrücke wird sich die ganze Raumfeuchte niederschlagen und so den Nährboden für alle möglichen Fäulniserzeuger bilden. Aus diesem Dilemma gibt es nur zwei Auswege: eine Karosserie aus Glas, Blech, Aluminium usw. vorhängen: also Gebäude-„design". Oder: eine vorgestellte Zweite Architektur so wie bei Ernst Gisels Fellbacher Rathaus, dessen Dämmhülle von einem selbsttragenden Fassadengebäude aus Sichtmauerwerk umhüllt ist. Die gleiche Methode wendet das Atelier 5 bei seinen schönen Sichtbetonbauten an, die allerdings der deutschen Wärmeschutznorm nicht mehr entsprechen *(Fig. 10)*. Auch ist diese Methode aufwendig und platzraubend. In unserer Arbeit bringen wir zuweilen das rohe Tragwerk in Gestalt von Sichtbetonpfeilern oder kräftigen Holzpfosten zurück, die in Wirklichkeit aber überhaupt nichts tragen wie hier bei dieser langen Hauszeile, die auf die alte Klosterkirche von Hannover-Marienwerder zuläuft *(Fig. 11)*. Bei der „neueinfachen" Berliner Architektur wird die Wärmedämm-Hülle mit Blendmauerwerk verkleidet, seitdem Kollhoff die Amsterdamer Südstadt von Berlage als Vorbild einfachen Städtebaus entdeckt hat. Dabei hat doch gerade im preußischen Berlin Putz eine lange Tradition. Die besten Bauten sind eine Mischung aus Putz und Stuck! Von daher also spräche nichts dagegen, über einem Sockel aus Sichtbeton oder vorgehängten Natursteinen die Wärmedämmhülle einfach auf der Dämmung zu putzen, zumal das die geringste Konstruktionsfläche in Anspruch nimmt, (was bei Bodenpreisen von zigtausend Mark doch eine nicht unwesentliche Rolle spielt). Das Vortäuschen hat eine alte Tradition auch in der klassischen Architektur, besonders im sparsamen Preußen. Schinkel war ein Meister in solchen Mogeleien: Große „Steinreliefs" aus tiefgezogenem Blech, mit Sand geschlämmt, von Malern hergestellter „Marmor", vergoldete Reliefs und Schnitzereien

piedra simulada en hojalata, revestidos con arena. Mármol hecho por pintores, relieves dorados y tallados de estaño fundido. Entiendo también que no se debe llenar Berlín *Mitte* de cajas de acero y cristal, o cajas de hojalata, pero tampoco tiene que llenarse de granito y ladrillos superpuestos. Una fachada berlinesa sería la fachada de hormigón visible y con revoque en la Plaza París, según el bosquejo para la academia de Ludwig Leo – eso sí sería la «nueva simplicidad berlinesa»[2].

Si se ha logrado el paso al «diseño», como en las construcciones de lata de Gehry, o si se practica la nueva simplicidad, como en Berlín *Mitte*, la tendencia es casi siempre la misma: contra lo sucio, lo barato y lo técnicamente correcto, es decir, contra lo ahorrativo y lo que está completamente determinado por la función. Demostrar el poder de los dueños, por medio de los nuevos vestidos del rey, y hacer creer a los usuarios de esta nueva simplicidad o arquitectura diseñada que son feos y pequeños. Es por ello que hago hincapié en esta nueva calidad que llamo suciedad, pero que muchas veces es una apariencia más genuina de la limpieza. Limpieza en el sentido de materiales que no son nocivos para el clima, ni para el agua ni para la salud. Y a ellos está ligada esta estética de lo gris y de la palidez, de los colores poco brillantes. Una especie de limpieza que es un arte en los templos budistas de Japón. La arquitectura que aún no es «diseño» de edificios tiene esta pátina de la vejez, no es alegre, ni fresca ni limpia como una chica de portada, sino que es expresiva y necesita toda la gama, de claro a oscuro, de brillo a opaco, de alegre a triste. Pero para la creación de una familiaridad, no queda más remedio que hacer realzar nuevamente las conocidas y familiares piezas por encima del abrigo térmico. Aquí se crea una asombro-

aus gegossenem und vergoldetem Zinn usw.! Ich verstehe ja, daß Berlin-Mitte nicht mit Stahl-Glas-Kisten oder Blechkisten zugebaut werden soll. Aber deshalb muß es doch nicht immer gleich Granit und Vormauerziegel sein. Am Pariser Platz Gebäudefassaden aus Sichtbeton und Putz wie der Entwurf für die Akademie von Ludwig Leo – das wäre wirklich eine berlinische „neue Einfachheit"[2].

Ob der Übergang zum „Design" wie bei Gehrys Blechbauten vollzogen, oder die neu-einfache Architektur wie in Berlin-Mitte praktiziert wird, die Stoßrichtung ist meist die gleiche: gegen das „Rohe-Fade", das Billige und technisch Richtige, also gegen die Sparsamkeit gerichtet, ganz von der Funktion bestimmt, die Macht der Bauherrenschaft durch des Kaisers Neue Kleider herauszustreichen und uns, den Benutzern dieser neu-einfachen oder „designten" Gebäude, zu imponieren. Deshalb betone ich hier diese Qualität, die ich „Schmutzigkeit" oder „Roheit/Fadheit" nenne, die aber meist die Erscheinungsform von Sauberkeit ist: Sauberkeit im Sinne klima- und wasserunschädlicher und gesundheitlich unbedenklicher Baustoffe. Und mit ihnen ist diese Ästhetik des Vergrauens, Verblassens, der nicht mehr so frischen Farben untrennbar verbunden. Eine Art Sauberkeit, die in den buddhistischen Tempeln Japans zu einer hohen Kunst entwickelt ist. Architektur, die noch nicht Gebäude-„design" ist, hat diese unschuldige Patina des Alterns, ist nicht „heiter", „frisch" und „sauber" wie ein Cover-girl. Sie ist von ausdrucksvoller Roheit/Fadheit. Und dazu braucht sie das ganze Register: von hell bis dunkel, von glänzend bis stumpf, von heiter bis düster usw. Aber zur Herstellung von Lesbarkeit und Vertrautheit kommt sie nicht da herum, zuweilen die vertrauten, rohen Gebäudeteile *vor* die Dämmstoffhülle vorzublenden. In dieser Hinsicht stellt sich eine erstaunliche Analogie zum Historismus des vori-

sa analogía frente al historicismo del siglo pasado. También éste se veía obligado a esconder las nuevas técnicas amorfas detrás de las familiares fachadas históricas. Lo que entonces fueron las nuevas técnicas de la estática, son hoy las técnicas de la física. Y llevará algún tiempo hasta que la ciudadanía acepte fachadas jersey para el uso cotidiano, como la que Cristo le puso al Reichstag.

Quiero finalmente incluir a esta reflexión un ejemplo del ya citado concurso de la *Documenta*-Halle (Sala de la *Documenta*) de 1993. El ejemplo trabaja con este tipo de instrumentación y esa «suciedad». Es el de la oficina de arquitectura Elvira. Este grupo de Berlín propuso una superficie completamente nivelada entre la plaza Friedrich y el valle. La impresión que daba esta figura frente a lo amplio del paisaje era casi surrealista. Integraron planchas de metales nobles entre los adoquines. Esto era casi todo, ya que cuando llegaran los veranos de la *Documenta*, estas planchas con sus prismas de luces incorporados, se elevarían para iluminar el garaje subterráneo y harían de éste el lugar del arte de la *Documenta*. Según nuestra opinión, simplemente el olor a goma de rueda y las huellas en el suelo del aparcamiento entre los objetos artísticos habría sido suficiente. Esto habría creado un trasfondo auténtico del arte contemporáneo. El utilizar huellas y cambios es una peculiaridad clara de este tipo de bocetos. No somos los decoradores ni los servicios de limpieza de la sociedad. El ejemplo para una arquitectura como ésta es más bien Joseph Beuys: grasa y fieltro. Para demostrar que somos modernos no tenemos que abandonar la «suciedad» clásica. Es mejor preservar lo que sucede a nuestro alrededor y contrarrestarlo ahí donde sea necesario.

gen Jahrhunderts her. Auch der sah sich genötigt, die amorphen neuen Techniken hinter historisch vertrauten Fassaden zu verstecken. Ging es damals um die neuen Techniken der Statik, spielt heute die Bauphysik diese Rolle. Und es wird noch eine Weile dauern, bis die Öffentlichkeit weiche, textile Pullover-Fassaden, von denen Cristos verpackter Reichstag immerhin eine Vorahnung gegeben hat, für den Alltag akzeptieren wird.

Ich will zum Schluß dieser Betrachtung noch ein Beispiel aus dem schon zitierten Wettbewerb zur *documenta*-Halle von 1993 wiedergeben, der stark mit „Instrumentierung" und dieser „Schmutzigkeit" arbeitet: Es ist der Wettbewerbsbeitrag des Berliner Architektursalons Elvira. Diese Berliner Gruppe hatte beim Übergang vom Friedrichsplatz zum Tal hin ein etwas niedrigeres Plateau gezeichnet, ganz waagerecht und vor der Weite der Landschaft fast surrealistisch wirkend, mit einigen in das Pflaster eingelassenen, rechteckigen Edelstahlplatten. Und das war schon fast alles: denn wenn ein *documenta*-Sommer anstand, sollten die Edelstahlplatten mit den darunter verborgenen Lichtprismen hochfahren und die dann erleuchtete Tiefgarage darunter zum Ort von *documenta*-Kunst machen. Allein der Geruch von Reifengummi und die Spuren auf dem Garagenboden hinter den Kunstobjekten: Das hätte einen authentischen Hintergrund heutiger Kunst abgegeben! Bezeichnend für diese Art von Entwürfen ist das Agieren mit Spuren und Veränderungen. Wir sind nicht die Dekorateure und Saubermänner der Gesellschaft. Das Vorbild ist eher Joseph Beuys: Fett und Filz! Wir müssen das „schmutzige" klassische Bauen ja nicht um des Nachweises willen aufgeben, unbedingt modern zu sein. Besser ist es, zu sehen, was um uns passiert, und wo nötig mit lesbaren architektonischen Texten gegenzuhalten.

Me gustaría finalizar este tema, aunque todavía queda mucho por discutir. La instrumentación es principalmente una cuestión de la utilización de la luz y de los colores, pero éste es un campo muy amplio y más que nada subjetivo, que no me atrevo a abordar y que no tiene que ver con el aspecto de la composición que estoy tratando aquí.

9.2 Ritmos específicos

Otro aspecto juega en la composición un papel importante, al igual que en la música: el ritmo. En nuestro arte, el ritmo marca la velocidad con la que una relación de espacios se puede construir o leer intelectualmente. Análogamente a la construcción de una estructura espacial con el ordenador, el ritmo se correlaciona a razón inversa con el número de puntos que se fijan en el espacio. Es decir, cuantos más puntos haya que fijar en el espacio para describir la composición, más lentitud adoptará ésta. Las líneas de una composición lenta saltan de punto a punto, mientras que una composición rápida se compone de pocas líneas. De este modo, una parábola o un segmento circular estarán formados por muchos puntos. Pero los puntos siguen una misma ecuación y cuando una línea como ésta se pone en marcha, es previsible la línea completa. En el sentido de tiempo, se trata por lo tanto de una línea entre dos puntas, rápida como una piedra que se lanza y que se percibe con un simple vistazo. Y en este sentido, hoy por hoy encontramos cada vez más composiciones con un ritmo acelerado. Este ritmo tiende a allanar el «diseño», y ya hemos visto anteriormente en la obra de Mendelsohn esta línea veloz, que se quiere

Lassen wir es damit bewenden, obwohl das Thema bei weitem nicht abgeschlossen ist. Instrumentierung ist auch und hauptsächlich eine Frage des Einsatzes von Farben und Licht. Aber das ist ein weites und mehr subjektives Feld, an das ich mich nicht herantraue, und das mit dem Aspekt des komponierten Nacheinanders, den ich hier verfolge, ja auch nicht unmittelbar zu tun hat.

9.2 Spezifische Tempi

Ein anderer Aspekt spielt bei der architektonischen Komposition eine nicht unwichtige Rolle – wie in der Musik übrigens auch: das Tempo. Das Tempo bezeichnet in unserer Kunst die Geschwindigkeit, mit der ein räumlicher Zusammenhang intellektuell aufgebaut bzw. gelesen werden kann. Ganz analog zum Aufbau eines solchen räumlichen Konstrukts im Computer korreliert das Tempo umgekehrt mit der Anzahl der Punkte, die im Raum festgelegt werden müssen. Also: je mehr Punkte im Raum fixiert werden müssen, um die Komposition zu beschreiben, desto „langsamer" ist sie. Die Linien einer „langsamen" Komposition „zuckeln" von Punkt zu Punkt wie ein Ochsengespann. Wohingegen eine schnelle Komposition sich in wenigen großen Linien zusammenfügt. Dabei setzt sich streng genommen eine Parabel oder ein Kreissegment auch aus vielen Punkten zusammen: aber diese folgen einer einzigen Gleichung, und wenn ein solcher Linienzug erstmal in Schwung ist, ist die ganze Linie schon absehbar. Im Sinne des Tempos ist es also *eine* Linie zwischen zwei Punkten, schnell wie ein geworfener Stein und mit einem Blick zu erfassen. Und gerade in diesem Sinne haben wir es derzeit häufig mit Kompositionen in äußerst rasantem

salir del ritmo de la composición. Monstruosos bosquejos cuyos ritmos se anticipan a la furia del edificio de bomberos de Hadid.

Ritmos como éstos juegan un papel importante a la hora de relacionar un edificio con otros ya existentes, ya que éstos tienen su propio ritmo y se sobreentiende que la relación se crea cuando los ritmos no se diferencian mucho entre sí. Se podría decir que una composición tiene que ir disminuyendo su ritmo, según se va acercando al centro de la ciudad, si es que quiere formar parte de ella; pues los anillos de una ciudad tienen su propio ritmo, que va disminuyendo paulatinamente hacia el centro. Si miramos el mapa de una ciudad europea, nos damos cuenta de que sus líneas aumentan en velocidad hacia afuera. En el casco antiguo saltan de un punto de quiebre a otro, fuera de las fortificaciones se transforman en amplias rectas, y más hacia el exterior, donde las calles se separan de las rasantes, las líneas de las calles toman la forma rápida de parábolas. Con los edificios sucede lo mismo. Los edificios medievales, ya en su silueta, tienen varios puntos de quiebre. Las líneas de las plantas no se aceleran, sino que están compuestas, y por lo menos en las curvas, están construidas por varios puntos y esquinas. Las elevaciones son igual de lentas. Las formas son, pues, altamente complicadas y necesitan una gran cantidad de puntos en el ordenador para describirlas. Estos edificios tienen un ritmo lento, tan lento que hoy por hoy no lo podemos seguir (o pagar). Pero podemos ralentizar el ritmo de tal forma que las líneas se puedan juntar. Hacia afuera las composiciones pueden ser más veloces. No quiero decir con ello que tengamos que acoplar el ritmo de esta forma, también podemos hacer lo contrario deliberadamente, y acoplar nuestro edificio a las carrocerías de los automóviles en vez de a los edificios viejos.

Tempo zu tun. Dieses Tempo tendiert zur Glätte des „Designs", und wir haben diese rasanten Linien, die aus dem mühseligen Schritttempo der komponierten Architektur ausbrechen wollen, schon anfangs bei Mendelsohn gesehen. Ungestüme Entwürfe, deren Tempo schon die Furiosi von Hadids Feuerwehrgebäude vorwegnehmen.

Das Tempo spielt nun aber gerade dann eine Rolle, wenn wir Gebäude in eine Beziehung zu schon bestehenden bringen wollen. Denn diese haben ihr eigenes Tempo, und es versteht sich von selbst, daß eine Beziehung nur zustande kommen kann, wenn die Tempi nicht allzu verschieden voneinander sind. Ja, wir könnten sagen, daß eine Komposition ihr Tempo zur Stadtmitte hin zurücknehmen muß, wenn sie dort mitspielen will. Denn die Ringe der Stadt haben zweifellos ihr eigenes, zur Mitte hin abnehmendes Tempo. Betrachten wir den Lageplan einer europäischen Stadt, werden wir mit großer Regelmäßigkeit feststellen, daß ihre Linien nach außen hin schneller werden. In der Altstadt zuckeln sie von Knickpunkt zu Knickpunkt. Außerhalb der ehemaligen Stadtbefestigung werden sie großzügiger und gerader, und noch weiter draußen, wo sich die Straßentrassen von den Baufluchten trennen, nehmen die Straßenlinien die rasante Form von Klotoiden und Parabeln an. Mit den Gebäuden verhält es sich ganz ähnlich. Mittelalterliche Gebäudeformen sind leicht schief und haben – schon im Umriß – mehrere Knickpunkte. Die Linien des Grundrisses nehmen kein Tempo auf, sie sind zusammengesetzt und – in den Kurven jedenfalls – mühselig aus vielen Knickpunkten zusammengebaut. Die Aufrisse sind ähnlich langsam profiliert. Die Formen sind also hochkomplex und benötigen – etwa im Computermodell – eine Unzahl von Punkten zu ihrer Beschreibung.

Esto es una cuestión de contenido y aquí no queremos tratar el contenido de la arquitectura. Quiero mostrar simplemente estos ritmos específicos y la posibilidad de dialogar con un entorno antiguo si aminoramos este ritmo.

En vez de trazar una línea elegante y ondeada, también podemos por ejemplo, quebrarla dos veces, y así elevamos el número de las piezas y de los puntos en el espacio, tal y como hicimos en nuestro proyecto para el barrio «Kreuzgassenviertel» en el casco viejo de Nuremberg *(lección 8.2)*. En vez de dibujar teja-

dos a dos aguas y frontones, es decir poner trajes folclóricos a los edificios, podemos también convencer al protector del patrimonio de que a veces basta con disminuir la velocidad del ritmo, para no enturbiar la tranquilidad de la parte vieja de una ciudad. Haríamos, por así decirlo, que nuestros edificios entren en escena con vestidos modernos y cuidaríamos de que esto no resulte tan veloz. Un ejemplo inolvidable del manejo del compás y ritmo fue la «moderna» reinserción de edificación en la destruida Pinacoteca de Munich. El arquitecto Döllgast simplemente siguió el ritmo de los grandes y delgados pilares de acero, poniéndolos frente a la nueva y simple fachada. De esta forma la nueva arquitectura se acopló a

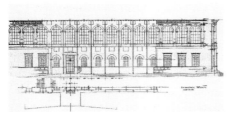

Figs. 12 y 13

la antigua. En todo caso se trata de una categoría a poner en práctica y con la cual podríamos trabajar *(Figs. 12 y 13)*.

Solche Gebäude haben ein sehr gemächliches Tempo, zu gemächlich, als daß wir es heute noch mitmachen (und bezahlen) könnten. Aber wir können das Tempo soweit mäßigen, daß beide Linienzüge noch zusammengehen; weiter außerhalb können die Kompositionen entsprechend rascher werden. Damit will ich nicht sagen, daß wir immer das Tempo derart anpassen *müssen*. Wir können natürlich auch absichtlich dagegenhalten, unser Gebäude dort den Karosserien der Autos anpassen statt den alten Gebäuden. Dies ist eine Frage des Inhalts, und wir beschäftigen uns hier nicht mit den Inhalten von Architektur. Ich will Sie nur auf diese spezifischen Tempi aufmerksam machen und auf die Möglichkeit, allein durch ein langsames Tempo Zwiesprache mit einer alten Umgebung aufzunehmen. Statt einer elegant geschwungenen Linie können wir sie auch zweimal leicht knicken. Und wir können die Zahl der Teile und damit der Raumpunkte erhöhen, so wie wir es beim Entwurf des Kreuzgassenviertels in der Nürnberger Altstadt gemacht haben *(Lektion 8.2)*. Statt also Gauben und Steildächer zu zeichnen und unseren Gebäuden sozusagen ausgediente Trachten anzulegen, könnten wir unsere Denkmalschützer davon überzeugen, daß es oft schon genügt, das Tempo zu verlangsamen, um die altstädtische Ruhe nicht allzusehr zu stören. Wir würden sozusagen unsere Gebäude in heutigen Kleidern auftreten lassen und nur darauf achten, daß sie „nicht zu schnell" werden. Ein unvergeßliches Beispiel für solchen Umgang mit Tempo und Rhythmus war die „moderne" Lückenschließung im kriegszerstörten Teil der Münchner Pinapothek *(Fig. 12/13)*. Döllgast hatte einfach den Rhythmus der mächtigen Pfeiler mit schlanken Stahlrohren fortgesetzt, die er vor das neue Mauerwerk setzte. Und schon ging die neue Architektur im Gespann der alten mit. Jedenfalls sind Tempo und Rhythmus Kategorien, die wir gerade im Umgang mit alten Beständen einsetzen können.

9.3 Gravidez y transparencia

Por gran último tenemos que tratar un aspecto más que siempre juega un papel en la instrumentación de la arquitectura: el peso y la transparencia. El peso juega un gran papel ya que crea dominio. Una pieza primaria tiene que ser más pesada que una pieza secundaria. Un peso se puede crear por medio de materiales pesados como hormigón o piedra, pero también por medio

de volumen. Las superficies cerradas e infladas hacia afuera, que reducen los espacios delanteros a espacios intermedios o salas de recibimiento, también crean peso. Por el contrario, las construcciones tensas con tensores diagonales siempre parecen ser estéticamente ligeras. Si se juntan dichos volúmenes con estruc-

Fig. 14

turas ligeras, se crea una contradicción tensa. Siempre me acuerdo del cubo de ladrillos en Francfort, detrás del puente ferroviario

de acero enrejado, sobre el Meno. Ambas obras, el cubo de ladrillos y el puente, se apoyan en su mutua contradicción de peso y ligereza. Un importante papel lo juegan las tranquilas verticales del volumen pesado y las dinámicas diagonales de la ligera construcción del puente. El taller de Charles Eames habría perdido

Fig. 15

mucho de su extrema ligereza sin la ascendiente cruz de Andrés *(Figs. 14 y 15)*. Todos saben a lo que me refiero.

Otro maestro en la creación de ligereza era mi antiguo maestro Paul Baumgarten. Basta recordemos la elegante ligereza demostrada en la sobreedificación que le hizo al hotel berlinés del zoo-

Schließlich ist hier noch kurz ein Aspekt zu behandeln, der bei der Instrumentierung von Architektur immer eine Rolle spielt: Gewicht und Transparenz. Das Gewicht spielt eine Rolle, um Dominanz herzustellen. Ein Primärteil soll auch schwerer wirken als ein sekundäres Teil. Solches Gewicht läßt sich durch natürlicherweise schwere Baustoffe wie Mauersteine oder Beton herstellen,

aber auch durch Volumen, durch geschlossene und womöglich nach außen gewölbte Flächen, die Räume davor zu ihren Zwischenräumen, Vorräumen oder Foyers herabstufen. Umgekehrt sind zugbeanspruchte Konstruktionen mit diagonalen Zugstäben immer ästhetisch extrem leicht. Bringt man solche Volumen mit solchen Gitterkonstruktionen zusammen, erhält man einen spannungsvollen Gegensatz. Ich erinnere mich dabei immer an den Anblick der kraftvollen, (heute unnötig verniedlichten) Backsteinkuben des

Fig. 16

Frankfurter Kraftwerks hinter der Eisenbahn-Stahlgitterbrücke über

den Main, wo beide Teile, Backsteinkubus und Stahlbrücke, sich in ihrer Gegensätzlichkeit in Gewicht und Leichtigkeit gegenseitig stützten. Eine besondere Rolle spielen dabei die Großflächigkeit und die ruhige Senkrechte auf der Seite des gewichtigen Volumens und die Durchsichtigkeit und die dynamischen Diagonalen auf der Seite der leichten Brückenkonstruktion. Ohne diese aussteifenden Andreaskreuze hätte auch das berühmte Atelier von Charles Eames viel von seiner extremen Leichtigkeit verloren *(Fig. 14/15)*. Es ist übrigens das Musterbeispiel von Leichtigkeit! Bei uns heißt es nur: da machen wir Eames. Und jeder weiß, was gemeint ist.

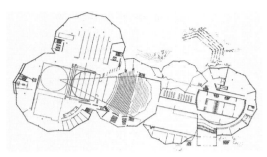

Fig. 17

Fig. 18

lógico en 1955 *(Fig. 16)*. Por él me fui a Berlín, después de haber visto en Karlsruhe su propuesta para el teatro del palacio. La propuesta me impresionó. El teatro tenía que construirse en el complejo simétrico del palacio que dominaba por su forma radial el esquema urbano. «Cualquier construcción puesta aquí tenía que sumarse al orden barroco y someterse al absolutismo, o perturbar completamente el complejo histórico. No quedaban dudas de por qué Baumgarten había ganado el concurso. No presentó ninguna clase de arquitectura. Su teatro pertenecía a la categoría de «Construcciones volantes». La planta tenía la diáfana figura de una nube y las fachadas eran de hojalata. Lo que más impresionaba era que los bordes externos de los polígonos en el interior no se prolongaban *(Fig. 17)*. En el interior había un núcleo rectangular completamente distinto, con un sólo apoyo en la parte del escenario, y que subía levemente en un costado. La cáscara exterior de tantas esquinas *no* era el resultado de la estructura interior, que la habría transformado en una construcción cristalina.

No era más que una débil concha, un flexible biombo, de forma casual.[3] Baumgarten había trabajado con Alvar Aalto en el barrio de Hansa. Esto se ve en su nube y las muchas «casuales», y sus tantas «verticales» *(Fig. 18)*. Como muchos, él también aprendió

322

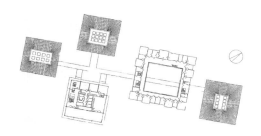

Fig. 19

Ein anderer Meister in der Erzeugung von Leichtigkeit war mein langjähriger Lehrmeister Paul Baumgarten. Man denke nur an die elegante Leichtigkeit der Aufstockung des Berliner Hotels am Zoo von 1955! *(Fig. 16)*. Ich ging damals seinetwegen nach Berlin, nachdem ich in Karlsruhe seinen Wettbewerbs-Entwurf für das Theater am Schloß gesehen hatte. Dieser Entwurf beeindruckte mich in mehrfacher Hinsicht: Das Theater mußte neben die symmetrische Schloßanlage plaziert werden, die bekanntlich den ganzen von ihr radial ausstrahlenden Stadtgrundriß beherrscht: „Jede Architektur an dieser Stelle mußte sich entweder in die barocken Ordnung einfügen und sich ihrem Absolutismus unterwerfen oder aber das ganze historische Ensemble empfindlich stören. Es war völlig klar, warum Baumgarten diesen internationalen Wettbewerb gewonnen hatte. Der hatte einfach gar keine Architektur gemacht. Sein Theater gehörte eher in die Kategorie „Fliegende Bauten". Der Grundriß hatte die flüchtige Kontur einer Wolke und die Fassaden waren aus Blech! Und was am meisten überraschte, war, daß die äußere Kontur der Vielecke sich im Innern *nicht* fortsetzte *(Fig. 17)*. Im Innern gab es eine ganz andere, rechtwinklige Substanz, die sich von außen her nur in einer im Bühnenbereich aufgesetzten, nach einer Seite leicht ansteigenden Dachfigur zeigte. Jedenfalls war die vieleckige Hülle *nicht* das Resultat einer vieleckigen inneren Struktur, was sie zu einem kristallinen Gebilde verfestigt hätte. Sie war ganz konsequent nichts weiter als eine sehr labile Schale, ein flexibler Paravent, dessen

de los otros y avanzó, así como lo estamos haciendo nosotros. El teatro volador no se construyó nunca. Pero pudo construir la corte constitucional en ese mismo lugar, cuya planta de pabellones cuadrados, en el fondo, son unas nubes *(Fig. 19)*. Cuando se lo dije, se sorprendió. Cuando diseñamos su interior, hicimos lo posible por hacer redondos los pabellones. Redondos en el sentido que hemos discutido en un principio.

Estos elementos se pueden intercambiar de tal forma que se crean sorprendentes ambivalencias de «pesado-ligero» o «interior-exterior», así como también «lleno o vacío». De esto ya hablamos cuando tratamos la penetración. Como ejemplo se puede nombrar nuestra propuesta para el concurso de la sala de la Documenta de 1992, que en nuestra opinión, no llegaba a la altura de la propuesta de la gente de Elvira (ninguna de las propuestas llegó siquiera a la primera selección). Aquí muestro el edificio de entrada que lleva a la sala que se encuentra debajo de la plaza *(Figs. 20 y 21)*. Vista de lejos, es una villa clásica alzada sobre el valle. Un cubo pesado del que sale un muelle que se estira hacia el valle. Sólo al contemplarlo de cerca se ve que este pesado cubo es una tienda ligera y translúcida. El uso de la tela en vez de piedra ridiculiza el patetis-

Fig. 20

mo de la arquitectura clásica que había existido aquí hasta la guerra, y crea un espectáculo y ambiente de circo, ambiente de *Documenta*. Algo así, como un buen escenario para el malabarismo que se esperaba que llegara hasta aquí, no sólo en los veranos de *Documenta*.

Grundform nur ganz zufällig ist.³ Baumgarten war vorher im Hansaviertel Kontaktarchitekt von Alvar Aalto, und das sieht man seinen Skizzen von der Wolke mit ihrer „Zufälligen", den vielen Senkrechten, durchaus an *(Fig. 18)*. Auch er hat, wie wir alle, bei den anderen geguckt und sich weitergebracht, so wie wir das hier auch machen. Übrigens ist dieses fliegende Theater nie gebaut worden. Baumgarten durfte statt dessen auf diesem Bauplatz dann das Verfassungsgericht bauen, dessen Grundriß aus quadratischen Pavillons im Grunde eine ganz ähnliche Wolke ist *(Fig. 19)*. Mein Hinweis darauf hat ihn übrigens selbst völlig überrascht, und wir haben danach dann noch beim „Design" für den Ausbau alles getan, um die Pavillons runder zu machen, runder in dem Sinn, den wir anfangs entwickelt haben.

Nun kann man die Eigenschaften auch miteinander so vertauschen, daß überraschende Ambivalenzen von „Schwer – Leicht" oder von „Innen – Außen" oder „Voll – Leer" entstehen. Darüber haben wir ja bei den Durchdringungen schon gesprochen. Als ein Beispiel sei hier unser Entwurf für den vorhin schon erwähnten Wettbewerb zur *documenta*-Halle 1992 erwähnt, der unserer übereinstimmenden Meinung nach mit dem der Elvira-Leute allerdings nicht mithalten

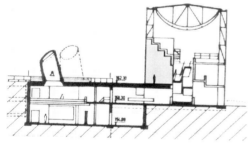

Fig. 21

konnte. (Beide Entwürfe gelangten übrigens nicht einmal in die engere Wahl). Ich zeige in diesem Zusammenhang das Eingangsgebäude, das zu unserer ebenfalls *unter* dem Platz liegenden Halle führt: Es ist von weitem gesehen eine klassische Villa hoch über dem Tal, ein schwerer Hauswürfel, aus dem zum Tal und zur Aus-

La transparencia no es sólo una cuestión de invisibilidad. Integrando elementos que cortan el edificio y dividen la cubierta, como en la oficina de los Baufrösche (ranas constructoras), ponemos las plantas en una relación transparente, sin grandes aberturas que entorpezcan la concentración en el trabajo *(Fig. 22)*. Así trabaja también Toyo Ito con sus grandes y redondos tragaluces que forman el volumen de la figura primaria y unen las habitaciones separadas por los muros *(Fig. 23)*. No es necesario utilizar grandes ventanas para crear transparencia. *Experimentando* y no *mirando* se puede llegar a la transparencia y al engranaje del interior con el exterior. La perspectiva se crea por medio de pasos en el tiempo. Lo cual ya habíamos visto en el trabajo para la plaza de Leipzig de Reissinger *(lección 7)*.

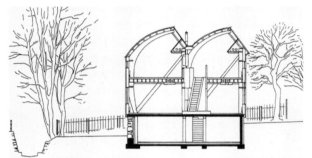

Fig. 22

sicht hin ein stegförmiger Balkon herausgestreckt ist *(Fig. 20/21)*. Erst von Nahem zeigt sich, daß dieser schwere Hauswürfel eigentlich ein leichtes und leicht lichtdurchlässiges Zelt ist. Diese Instrumentierung mit Tuch statt Steinen macht aus dem Pathos der klassischen Architektur, die hier an der Hangkante bis zum Kriege gestanden hat, einen Flop und bringt Show- und Zirkus-Atmosphäre, *documenta*-Stimmung wie auch den angemessenen Hintergrund für die Kleinkunst, die hier während der *documenta*-freien Jahre einziehen sollte.

Transparenz in der Architektur ist ein großes Thema, das man eigentlich nicht en passant behandeln kann. In unserem Zusammenhang genügt aber die Feststellung, daß Transparenz nicht nur eine Frage von Durch*sicht*igkeit ist. Indem wir z.B. markante Elemente durch die das Gebäude trennenden Decken durchschießen lassen, wie beim Bürogebäude der Baufrösche, bringen wir die Geschosse auch in einen transparenten Zusammenhang, ohne große und für konzentriertes Arbeiten hier nicht brauchbare Dek-

Fig. 23

kenöffnungen *(Fig. 22)*. Ähnlich verfährt Toyo Ito mit den großen, runden Oberlichtern in seinem Altersheim in Yatsushiro, die die eigentlichen Volumen der Primärfigur bilden und die Räume, die durch Wände darunter getrennt sind, wieder zusammenbringen *(Fig. 23)*. Transparenz und Verzahnung von Innen und Außen können eben auch indirekt ohne große Glaswände hergestellt werden: durch *Erfahren* statt *Hindurchsehen*. Die Perspektive wird durch Zeitschritte zusammengesetzt. Wir hatten das schon bei Reissingers Entwurf zum Leipziger Platz gesehen *(Lektion 7)*.

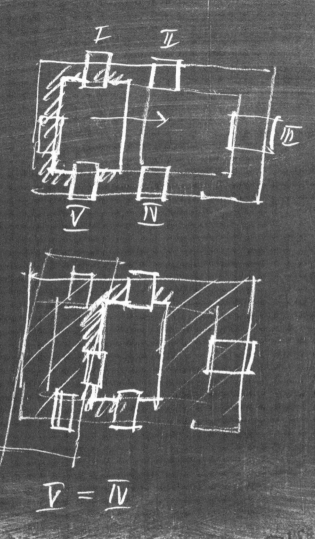

10. Final: sobre el concepto de arquitectura como crítica de los hábitos

Al final de estas lecciones, en las que en realidad se trataba de entender lo importante que es la sucesión de los pasos en la arquitectura, y también de entender la composición como una serie de pasos, tenemos que hablar aún de otro tema que siempre tiene que ver con la arquitectura como lenguaje: es decir, sobre la autenticidad, la verdad o sobre lo contrario, sobre la mentira. Esto suena muy moral, como un requerimiento a no mentir arquitectónicamente. Por supuesto que no debemos mentir. El lío está en que en la arquitectura no se puede diferenciar la verdad de la mentira. La arquitectura, también la clásica, produce siempre imágenes ya construidas. Y, ¿cómo se puede comprobar el grado de veracidad de una imagen que no es una copia?

Ya he mencionado al principio *(lección 3)*, lo importante que es un entendimiento de nuestras costumbres de visión y usos para la percepción de nuestro entorno. La realidad a nuestro alrededor, la cultural y la natural, es el resultado de largas series de experimentación de las cuales ha resultado lo eficaz y lo convencional. Es decir, todas las formas para las cuales tenemos un concepto. La realidad es por lo tanto un producto de la cultura, el lecho de un río por el cual fluye lentamente la corriente de la historia. Las formas y las convenciones, es decir todo lo que llamamos realidad, son la orilla, y guían la corriente de los acontecimientos, pero la corriente también trabaja las formas de la realidad pulién-

10. Schluß: Über Konzept-Architektur als Kritik der Gewohnheit

Am Schluß dieser Lektionen, in denen es ja eigentlich darum ging, das für die Architektur so wichtige Hintereinander zu verstehen, Komposition als Schrittfolge zu begreifen, müssen wir noch über ein Kriterium sprechen, das in Architekturdebatten häufig bemüht wird: über die Echtheit bzw. das Gegenteil davon, die Lüge. Das klingt immer sehr moralisch, doch die Rufer nach der reinen Wahrheit übersehen dabei, daß es in der Architektur kein objektives Kriterium gibt, nach dem wir die Wahrheit von der Lüge unterscheiden könnten. Denn die Architektur – auch die klassische – produziert immer auch ein gebautes Erscheinungsbild. Und wie soll man den Wahrheitsgehalt eines Bildes, das nicht bloß ein Abbild ist, prüfen?

Ich habe in der dritten Lektion dargestellt, wie wichtig für die Wahrnehmung unserer Umwelt eine Verständlichkeit im Sinne der Seh- und Gebrauchsgewohnheiten ist. Die Wirklichkeit um uns, die natürliche und die kulturell gewordene, ist das Ergebnis langer „Versuchsreihen", aus denen das Bewährte und Konventionelle hervorgegangen ist, also alle die Formen, für die wir Begriffe haben. Die Wirklichkeit ist somit weithin ein Produkt der Kultur, ein Flußbett, in dem der Strom der Geschichte träge dahinfließt. Die Formen und Konventionen, also alles das, was wir „die Wirklichkeit" nennen, sind die Ufer. Sie lenken den Strom der Ereignisse. Aber der Strom arbeitet auch an den Formen der Wirklichkeit und schleift

dolas. Por lo tanto existe una interacción entre el conservar lo que ha dado resultado, o sea las macrohistorias, y el cambiar y pulir de los acontecimientos diarios que ya no dan resultado, es decir las microhistorias. Esta interacción describe el proceso cultural. Y aquí encontramos la clave para dar respuesta a la pregunta de lo que podría ser la verdad en la arquitectura: esa unión crítica con la realidad, ese agrupamiento de formas y conceptos. No existe una verdad objetiva, pero sí ese roce con los cantos rodados que son las convenciones. Y una afirmación arquitectónica que no posea ninguna conexión con esa realidad, que no se roce con ella o se reafirme en ella, será solamente agua que fluye o un golpe fallido y sin «verdad».

Si contemplamos el escenario de hoy en día, nos da a veces la impresión de que ya no se dan estos enfrentamientos. Casi da la impresión de que como buen arquitecto hay que expresarse de forma complicada, de forma siempre «innovativa» y «visionaria», es decir en un idioma «arquitecturés» cada vez más artificial. Lo convencional se pone en duda forzosamente, incluso aunque haya dado resultado y ni siquiera fuera tema de debate. Esta forzosa desviación de lo convencional no sólo origina durante la elaboración, en una obra, errores y encarece las ofertas («precios del miedo»), sino que también dificulta el uso, el práctico y el simbólico, y es muchas veces dificultosa y engañosa. Y como no se consume cooperando con la verdad como la corriente en la orilla, carece de todo grado de verdad. Lo malo es que la sociedad, o por lo menos la parte que tiene el poder de decisión, también se ha acostumbrado a esa forma de expresión complicada y por lo tanto sólo espera pruebas de originalidad de este tipo. Las soluciones que siguen lo normal son calificadas como «horteras». Por supues-

sie sich zurecht. Es gibt also eine Wechselwirkung zwischen dem Bewahren des Bewährten einerseits, also der Makrogeschichte, und dem Ändern und Abschleifen des sich in vielen alltäglichen Ereignissen nicht mehr Bewährenden andererseits, also der Mikrogeschichte. Diese Wechselwirkung beschreibt den kulturellen Prozeß. Und hier liegt ein Schlüssel zur Beantwortung dessen, was Wahrheit in der Architektur sein kann: nämlich diese kritische Verbindung zur Wirklichkeit, der Ansammlung von Formen und Begriffen. Die architektonische Form, die wir erzeugen, bestätigt sie oder stellt sie auf den Kopf. Aber auch, wo sie paradox ist, reibt sie sich an der Konvention und an dem ganzen Geröll mitgeschleppter Begriffe.

Beachtet man aber die heutige Szene, hat man oft den Eindruck, daß diese Auseinandersetzung nicht mehr stattfindet. Es scheint fast, als müsse man sich als anspruchsvoller Architekt immer sehr gestelzt ausdrücken, sozusagen immerfort „innovativ", „visionär" in gekünsteltem „Architekturisch". Das Konventionelle wird zwanghaft in Frage gestellt, auch wenn es sich noch bewährt und eigentlich gar nicht zur Debatte steht. Dieses zwanghafte Abweichen vom Üblichen verursacht aber nicht nur bei der Herstellung, auf der Baustelle, Fehler, verteuert die Angebote („Angstpreise"); es erschwert auch nachher den stressfreien Gebrauch, den praktischen und den ästhetischen, ist oft nur anstrengend und irreführend. Und da es sich nicht an der Wirklichkeit abarbeitet wie der Strom an seinem Ufer, hat es auch keinen Wahrheitsgehalt. Das Dumme ist nur, daß sich auch die Öffentlichkeit, jedenfalls die, die zu entscheiden hat, an diese gestelzte Ausdrucksweise gewöhnt hat, immer nur Originalitätsbeweise dieser Art erwartet und am Normalen orientierte Lösungen als „pausbäckig" und „altbacken" verunglimpft. Natürlich gilt auch Umgekehrtes: Formen, die von früher

to que también se da lo contrario: los profanos exigen formas que conocen del pasado, pero que ya se encuentran superadas por otras formas de producción o costumbres y cuyas formas redundantes ofrecen seguridad. Lo digno es tan bonito, tan conocido, que queremos que vuelva. Por supuesto que esto tampoco tiene ya nada que ver con la «corriente de los acontecimientos» y es por lo tanto una «mentira» arquitectónica. Lo que el Príncipe Carlos espera de la arquitectura es que los arquitectos británicos guarden las viejas formas británicas, que en realidad no es otra cosa que requerir que se suprima la cultura. Sin embargo, este sermón moral real a los arquitectos británicos no era más que la respuesta, algo exagerada, a las inconvencionalidades inútiles y rebuscadas de la arquitectura moderna en Inglaterra. El aplauso entre el público inglés, en cualquier caso, fue grande, tan grande como el aplauso para la copia de Walt Disney de una típica pequeña ciudad americana de principios del siglo XX llamada «Celebration», y da la impresión de que nuestra profesión sólo puede existir con una u otra «mentira».

Parece que la sociedad por su dinero quiere o bien un buen «arquitecturés» o sino lo antiguo. Pero de ninguna forma quiere respuestas arquitectónicas a nuestra realidad. Es decir, respuestas que hagan lo normal y por lo tanto sean entendibles, mientras aún puedan valer, y que se desvíen de lo normal en los casos en que la forma conocida y convencional ya no sirva en lo cotidiano y tenga que ser mejorada. Esto por supuesto hace recordar a los entendidos de la historia de la construcción el mensaje de Adolf Loos, por él repetido tantas veces y de tantas formas diferentes. Ese mensaje que ese señor casi sordo de Viena repitió en muchos artículos de periódico, en conferencias y en sus dos libros, con un

her vertraut sind, die aber längst durch andere Produktionsformen oder Lebensgewohnheiten überholt sind, werden vor allem von Laien gefordert, denen sie das Gefühl der Geborgenheit geben. Das Altehrwürdige ist so schön, so vertraut: es soll gefälligst wieder her. Natürlich hat auch das keine Verbindung mehr mit dem „Strom der Ereignisse" und ist dann eine architektonische „Lüge". Was Prinz Charles von der Architektur erwartet: die Architekten sollten gefälligst die guten alten britischen Formen wahren, ist eigentlich die Aufforderung zur Abschaffung von Kultur. Wobei diese königliche Moralpredigt an die britischen Architekten wohl die überzogene Antwort auf all die unnötigen und hergeholten Unkonventionalitäten der modernen Architektur in England war. Der Applaus in der englischen Öffentlichkeit jedenfalls war groß, ebenso groß wie der für Walt Disneys gebaute Nachbildung einer typischen amerikanischen Kleinstadt vom Anfang des Jahrhunderts namens „Celebration", und es sieht ganz so aus, als ob unser Beruf nur mit der einen oder der anderen „Lüge" existieren kann.

Die Gesellschaft will, so scheint es, für ihr gutes Geld entweder richtiges „Architekturisch", oder aber die alten Zöpfe, auf jeden Fall keine architektonischen Antworten auf die Wirklichkeit um uns, also Antworten, die das Normale tun und deshalb verständlich sind, solange es noch taugt, und die da abweichen, wo die bekannte und konventionelle Form nach unserer Alltagsbeobachtung nicht mehr taugt und bearbeitet werden muß. Das erinnert natürlich die Kenner der Baugeschichte unter uns an die in vielerlei Form wiederholte Botschaft von Adolf Loos, die dieser schwerhörige Herr aus Wien in vielen Zeitungsartikeln, in Vorträgen und in seinen beiden Büchern mit oft beißendem Witz gerade gegen berühmte Kollegen vorgebracht hat: *„Änderungen an der alten Form"*, hatte er gesagt,

humor casi picante y en contra de famosos colegas suyos: «*Los cambios en las formas antiguas*», así dijo, «*solamente están permitidos si significan mejoras. Si no es así, quédate con lo antiguo*». Él estaba por delante de sus compañeros modernistas por lo menos en una cosa: él ya había visto el «nuevo mundo», tal y como se le denominaba por aquel entonces. Siendo joven había visitado en 1884 la exposición mundial en Chicago y tras ella viajó durante tres años por América. Había conocido, como él decía irónicamente, el «Oeste civilizado», el Chicago de Sullivan, y ahí había encontrado muchos ejemplos de que un artículo de uso sin ningún tipo de ornamentación, como por ejemplo una tabaquera sin adornos, posee mucha más cultura que cualquier artículo ricamente ornamentado y que aún era corriente en la vieja Europa. Este entendimiento de las cosas –y esto es lo realmente interesante y actual en la filosofía de Loos– no lo llevó a caer radicalmente en lo contrario, en la forma puritana y estéril, como Hannes Meyer: «La planta se calcula considerando los siguientes factores» o como Mart Stam: «Queremos una última forma». No, ni lo uno ni lo otro, sino la reflexión sobre lo servible y las convenciones que aún valen. De forma sarcástica solía contar cómo una vez un profesor de la academia y seguidor de la Secesión de Viena fue a ver a su viejo maestro de montura Pfeilig para que juzgase los nuevos «diseños» de sillas de montar que habían hecho sus estudiantes. El maestro estudió durante largo tiempo y en silencio los «diseños» para finalmente decir: «estimado profesor, si yo tuviera tan pocos conocimientos sobre cuero, equitación y caballos como Usted, también hubiese tenido ideas tan originales».[1] Y la verdad es que las sillas de montar nunca se convirtieron en objetos de moda y son un buen ejemplo para la

„sind nur dann erlaubt, wenn sie Verbesserung bedeuten. Sonst aber bleibe beim Alten". Und er hatte dabei den meisten der modernen Kollegen wenigstens eins voraus: er hatte die „Neue Welt", wie man damals sagte, schon gesehen! Als junger Mann hatte er 1884 die Weltausstellung in Chicago besucht und danach drei Jahre lang Amerika bereist, hatte also, wie er nicht ohne Ironie sagte, den „zivilisierten Westen" kennengelernt, das Chicago Sullivans, und dort viele Beispiele dafür gefunden, daß ein Gebrauchsgegenstand ohne alle gestelzte Ornamentik wie z.B. eine ganz unverzierte Tabakdose viel mehr Kultur hat als diese reich ornamentierten Teile, die im alten Europa noch üblich waren. Diese Einsicht – und das ist das Spannende und aktuelle an Loos' Philosophie – brachte ihn nun aber nicht dazu, gleich das Kind mit dem Bade auszuschütten und in das dürre puritanische Gegenteil zu verfallen wie etwa Hannes Meyer – „der Grundriß errechnet sich aus folgenden Faktoren" – oder Mart Stam – „wir wollen eine letzte Form!" Nein, weder noch. Statt dessen die Rückbesinnung auf Brauchbarkeit und Konvention, die noch taugt. Voller Spott pflegte er zu erzählen, wie angeblich einmal ein Professor der Akademie und Anhänger der Wiener Sezession zu seinem alten Sattlermeister Pfeilig gekommen sei, um ihn über die total modernen Entwürfe seiner Studenten für einen Sattel urteilen zu lassen. Der aber habe sich alle diese neuen Sattelentwürfe lange schweigend angesehen, und dann schließlich nur gesagt: „Lieber Herr Professor! Wenn ich auch so wenig vom Leder, vom Reiten und vom Pferd verstünde wie Sie, dann hätte ich auch wohl so originelle Ideen."[1] Und wirklich: Sättel sind nie zum Objekt der Moden geworden und geradezu Musterbeispiel für die Unschuld und Vornehmheit der reinen, konventionellen Gebrauchsform.

inocencia y la elegancia de la pura y convencional forma de uso. En todo caso, donde otros estaban entusiasmados con: «*¡Fuera con la eterna seriedad, con los aguafiestas, con los importantes! ¡Haced pedazos las columnas dóricas, jónicas, corintias, demoled los chistes de muñecas! ¡Abajo con la elegancia de las piedras areniscas, de los espejos, haced añicos las baratijas de mármol y de maderas preciosas, a la basura con los trastos!*»[2] Loos fue cuidadoso. Aunque diez años antes de este llamamiento había calificado al ornamento como crimen, no fue fanático del tema. Y esto es, por lo menos desde el punto de vista de hoy, lo interesante de sus charlas «de cara al vacío»: Loos quería romper con la tradición que se había quedado anticuada en comparación con las nuevas técnicas y las nuevas exigencias. Rehusaba así participar en el escandaloso mercado de la espectacularidad, ya que de esa forma, según él, se pierde la conexión con nosotros mismos. «Mejor quédate con lo antiguo, dado que la verdad, por muy vieja que sea, *tiene más relación con nosotros* que la mentira que camina a nuestro lado.»

A Loos hoy en día se le entiende como si esa mentira hubiese sido liquidada por el modernismo. Los monstruosos ornamentos ya han sido eliminados. ¡Ya somos modernos! A veces, cuando oigo como se dice esa palabra, pienso: «Vosotros los jóvenes ya ni os podéis imaginar lo que una vez fue *"moderno"*. Por aquel entonces era como si hubiese aterrizado un ovni. ¡Una sensación única! Siendo alumno, solía irme en autostop hasta dónde había aterrizado uno, por ejemplo en la nueva escuela de Scharoun en Lünen *(Fig. 1)*. Eso estaba a unos 200 km de mi casa y por aquel entonces significaba una excursión de un día. Y en todo el camino no había nada moderno, solamente ruinas de la guerra, edificios provisionales y demás trastos del año de la María Castaña. Y de repente, ¡ahí!

Jedenfalls, wo andere schwärmten: „*Weg mit den Sauertöpfen, den Tran- und Trauerklößen, den Stirnrunzelnden, den ewig Ernsten, den Säuerlich-Süßen, den immer Wichtigen! … Zerschmeißt die Muschelkalksäulen in Dorisch, Ionisch, Korinthisch, zertrümmert die Puppenwitze! Runter mit der Vornehmheit der Sandsteine und Spiegelscheiben, in Scherben der Marmor- und Edelholzkram, auf den Müllhaufen mit dem Plunder!*"[2] blieb Herr Loos zurückhaltend. Zwar hatte auch er sogar schon ein Jahrzehnt vor diesem Aufruf Bruno Tauts das Ornament als Verbrechen bezeichnet, doch in diese Schwärmerei wollte er dennoch nicht miteinstimmen. Und das ist, wenigstens von heute aus gesehen, das Interessante an seinen „ins Leere gesprochenen" Reden: Loos wollte nur soweit mit der Tradition brechen, wie sie durch die neue Technik und die neuen Ansprüche wirklich veraltet war. Er verweigerte sich damit dem architektonisch verbrämten Marktgeschrei der Auffälligkeiten, in dem, so Loos, nur der „Zusammenhang mit uns" verlorenginge. „Besser bleibe beim Alten. Denn die Wahrheit", so heißt es weiter, „und sei sie noch so alt, hat *mit uns mehr Zusammenhang* als die Lüge, die neben uns schreitet."

Man versteht Loos heute oft so, als sei diese Lüge längst durch die Moderne erledigt. Die „barbarischen" Ornamente sind längst beseitigt! Wir sind modern! Manchmal denke ich, wenn ich höre,

Fig. 1

wie dieses Wort heute so dahingesagt wird: Ihr Jüngeren könnt Euch gar nicht mehr vorstellen, was das einmal war: „*modern*". Das war ja damals so, wie wenn ein Ufo gelandet wäre. Eine einmalige Sensation! Als Schüler trampte ich, wenn wieder eines gelandet war, dann dahin, z.B. zu Scharouns neuer Schule nach Lünen *(Fig. 1)*. Das war 200 km weg von zuhause und immerhin damals fast eine Tagestour. Und auf dem ganzen Weg dahin gab es überhaupt nichts

¡Ahí estaba! Blanco y nuevo lucía en su entorno. El último trecho corríamos de emoción. Acababa de aterrizar un pedazo de futuro. Así que esto era el futuro. Absortos nos encontrábamos delante. Ahora lo podíamos tocar. Un pequeño escalofrío recorría nuestro cuerpo. ¡Eso era moderno! También recuerdo la llegada de mi viaje en 1953 al anexo de Asplund del ayuntamiento de Göteborg *(Fig. 2)*. ¡Qué momento! Eso también era moderno, pero a mí ya me fascinaba por aquel entonces lo discreto y reservado que era. Era algo puro y blanco entre todas esas piezas envejecidas. Eso era moderno. Pero Loos era a nuestros ojos, mientras yo era estudiante, un aguafiestas. Ya que nosotros queríamos impactar continuamente: el futuro, el desarrollo. Tirar todo París, como Corbu, para el futuro.

Entretanto ya somos todos adultos y nos hemos vuelto un poco cínicos. Los ovnis arquitectónicos del denominado segundo modernismo ya no funcionan como por aquel entonces. De forma fría y descarada, lo tomamos como una atracción en un parque de atracciones, que por lo menos sirve de marketing urbano. Sí, toda esta arquitectura rebuscada lleva el mejor camino para convertirse en el mismo kitsch, que Loos criticaba por aquel entonces: espectacularidad en el lugar erróneo, novedad ahí donde lo convencional también hubiese valido. No tengo nada en contra de las arquitecturas estrella, que abandonan lo convencional con razón, como por ejemplo la arquitectura de Herzog & de Meuron, quienes investigan nuevas posibilidades para formas fundidas. Ellos trabajan, por así decirlo, en nuevas convenciones para el «diseño» de edificios, ya que la composición de las antiguas fachadas ya no corresponde a

Modernes. Nur Kriegsruinen, Behelfsbauten und dieses ganze alte Gelumpe von anno dazumal. Und dann – da! da war es! Weiß und neu leuchtete es aus der alten Umgebung. Das letzte Stück rannten wir vor Spannung. Da war buchstäblich ein Stück Zukunft gelandet. Das also war die Zukunft. Andächtig standen wir davor. Jetzt konnten wir es anfassen. Ein leichter Schauer überkam uns. Das war modern! Oder meine Ankunft nach langer Tramptour 1953 vor Asplunds Rathausanbau in Göteborg! *(Fig. 2)* Welch ein Augenblick! Das war auch modern, aber mich faszinierte damals schon, wie leise und zurückhaltend das war. Etwas ganz Reines, Weißes zwischen all diesen ergrauten und veralteten Teilen. Das war modern. Aber Loos war in unseren Augen, als ich Student war, so eine Art Spielverderber. Denn wir wollten immer noch und immer wieder diesen Schock des Fortschritts erzeugen. Ganz Paris abreißen wie Corbu: für die Zukunft.

Inzwischen sind wir alle erwachsen und etwas zynisch geworden. Die architektonischen Ufos der sogenannten Zweiten Moderne funktionieren nicht mehr wie damals. Cool nehmen wir sie als Attraktionen in einem kulturellen Erlebnispark, der wenigstens dem Stadt-Marketing dient. Ja, diese ganze gestelzte Architektur ist auf dem besten Weg, der gleiche sezessionistische Kitsch zu werden, den Loos damals kritisierte: Spektakuläres an falscher Stelle, Neues, wo das Konventionelle auch getaugt hätte. Nichts gegen Stararchitekturen, die mit Recht die Konvention verlassen wie z.B. die von Herzog & de Meuron, die die neuen Chancen für Formen aus einem Guß untersuchen. Sie arbeiten sozusagen an neuen Konventionen des Gebäude-„Designs". Denn die Zusammengesetztheit der alten Fassaden entspricht nicht mehr den realen technischen und ästhetischen Möglichkeiten und Bedürfnissen. Mit einem den Schweizern

Fig. 3

las posibilidades y necesidades técnicas y estéticas actuales. Con la tendencia típica de los suizos hacia una austeridad calvinista y ahorrativa, golpean un material para descubrir sus posibilidades, escuchan pacientemente el sonido y finalmente nos plantan algo así como el «winery» en California. Un edificio de una sola pieza con una evidencia tal que es como si esos muros hechos de cestas con piedras no hubiesen sido utilizadas nunca para otra cosa que para esas paredes frías y sombrías *(Fig. 3)*. O el edificio de señales de la estación de Basilea *(Fig. 4)*. Aquí se realizan experimentos sobre formas anticuadas que pueden seguir otros arquitectos. Las convenciones se desplazan hoy de una forma más abstracta que hace cien años, cuando se trataba más ahorrar material y tiempo. Así que no tengo nada en contra de esas expediciones, pero a nosotros, ya que no podemos ser todos estrellas, se nos plantea el problema inverso: ¿Cómo podríamos recuperar la conexión con las convenciones –a pesar de toda la competencia y exigencias de los clientes– sin convertirnos en populistas como el Príncipe Carlos o la Walt Disney Comp.? Se trata de un paseo sobre la cuerda floja. Por un lado hacer un simulacro de combate por la modernidad, tal y como lo esperan de nosotros el público y la clientela. Pero por otro lado presentar la nueva forma necesaria, la que a nuestro juicio mejora la realidad, o sea, elimina los defectos de la realidad. Eso sería entonces moderno. Y tendría relación con nosotros.

Por nombrar un ejemplo sencillo: un edificio de viviendas en la ciudad. La zona es cara, por lo que los edificios están muy juntos, los espacios libres son muy sombríos y están llenos de coches.

Fig. 4

eigenen Hang zu calvinistischer Kargheit und Sparsamkeit klopfen sie ein Material ab auf seine Möglichkeiten, hören geduldig auf seinen Klang, und setzen am Ende dann so etwas hin wie die „Winery" in Kalifornien, ein Bau aus einem Guß und mit bezwingender Selbstverständlichkeit, so als ob diese Gabionen noch nie für etwas anderes als solche Schatten und Kühle spendenden Wände gebraucht worden wären *(Fig. 3)*. Oder das Stellwerkgebäude am Bahnhof in Basel! *(Fig. 4)* Hier finden Versuche an überholten Formen statt, denen andere Architekten folgen können. Die Konvention verschiebt sich – heute oft in einem abstrakteren Bereich als vor 100 Jahren, als es noch mehr um Material und Zeitersparnis ging. Nichts also gegen solche Expeditionen. Aber wir, die wir nicht alle solche *Stars* werden können, stehen heute vor einer ganz anderen, ja der umgekehrten Schwierigkeit: wie wir nämlich – trotz allem Konkurrenzdruck und der Erwartung unserer Auftraggeber – den *Anschluß an die Konvention* wiederherstellen können, *ohne* dabei populistisch wie Prinz Charles oder die Walt Disney Comp. zu werden. Eine Gratwanderung: Einerseits nicht die Scheingefechte um Modernität führen, wie sie die Öffentlichkeit oder die Auftraggeber von uns erwarten, wenn es das Übliche eigentlich auch tut. Andererseits aber die neue Form vorschlagen, die erforderlich ist, um die Wirklichkeit nach unserer Auffassung zu verbessern, bzw. die Mängel der Wirklichkeit zu beheben. Das wäre modern. Und hätte „Zusammenhang mit uns".

Um ein einfaches Beispiel zu nehmen: ein Wohnhaus in der Stadt. Der Platz ist dort teuer, die Bebauung deshalb dicht, die Freiräume verschattet und mit parkenden Autos vollgestellt: ein sol-

Una casa que edifiquemos ahí puede ser, sin problemas, convencional. Debe de dar a la calle como todas las demás casas y no llamar la atención. Debe de tener ventanas, como todas las demás casas, probablemente rectangulares, ya que son mas prácticas. Si los buzones se ponen dentro o fuera, se decidirá según lo común en ese lugar. Quiero decir que no debemos temer diseñar una casa normal y bonita con una única excepción: sobre el tejado irá una azotea ajardinada en vez de un ático. Desde que se pueden edificar sin problemas este tipo de azoteas, no hay ningún motivo –exceptuando a veces los duros reglamentos de edificación, las folclóricas normas de patrimonio, o la presión de aprovechamiento de los inversores– en este sentido para aferrarse a las viejas formas de construcción. Esta casa convencional con azotea sería hoy «moderna» según Loos. Incluso en medio del casco antiguo de una ciudad con tejados verticales, yo intentaría construir una casa con azotea. Sí, solamente por enfrentarme con los protectores del patrimonio artístico, también le quitaría el tejado a una vieja casa con paredes entramadas para construir a los habitantes de esas viviendas oscuras con techos bajos una azotea, que es de gran necesidad en el casco antiguo. Ya que las viejas buhardillas hace tiempo que ya *«no tienen ninguna relación con nosotros»*. Y debido a que amamos las viejas cosas tanto como nuestro lenguaje coloquial, queremos llevárnoslas con nosotros a nuestras relaciones de hoy, darles una oportunidad de rejuvenecimiento, en vez de momificarlas. Pero este ejemplo también muestra claramente la diferencia con el populismo: el nerviosismo sería grande, pero no debido a una «broma» arquitectónica, sino porque nuestra casa con paredes entramadas desataría una discusión por toda la ciudad en la que

ches Haus kann weitgehend konventionell sein. Es sollte an der Straße stehen wie all die andern auch, es sollte schön proportioniert sein und nicht aus der Reihe tanzen. Es sollte Fenster haben wie all die andern auch, vermutlich stehende, weil die praktischer sind. Ob die Briefkästen drinnen oder draußen sind, werden wir wohlweißlich nach der Ortsüblichkeit entscheiden. Kurz, wir sollten uns nicht scheuen, ein ganz normales und schönes Haus zu zeichnen, mit nur einem Unterschied: auf dem Dach wird eine Garten-Terrasse sein und kein ausgebautes Dachgeschoss. Seitdem man endlich solche Dachterrassen problemlos herstellen kann, gibt es – außer den oft viel zu engen Regeln der Bebauungspläne, den folkloristischen Vorschriften des Denkmalschutzes oder dem Ausnutzungsdruck der Investoren – keinen Grund mehr, an der alten Bauweise festzuhalten. Dieses konventionelle Haus mit Dachterrasse wäre heute „modern" in Loos' Sinne. Sogar mitten in einer Altstadt mit steilen Dächern würde ich versuchen, ein Haus mit Dachgarten zu bauen. Ja, nur um die Denkmalpfleger richtig auf die Palme zu bringen, würde ich auch einem alten Fachwerkhaus sein Steildach abnehmen und den guten Leuten, die seine niedrigen und dunklen Räume bewohnen, einen schönen Dachgarten draufbauen, den sie in der Altstadt ja dringend brauchen. Denn die alten Dachspeicher und die kleinen Gauben haben längst *„keinen Zusammenhang mehr mit uns"*. Und gerade, weil wir die alten Bestände ebenso lieben wie die vertraute Umgangssprache, möchten wir sie „mitnehmen" in unsere heutigen Zusammenhänge, ihnen eine Chance zur Verjüngung geben, anstatt sie zu mumifizieren. Aber dieses Beispiel zeigt auch gut den Unterschied zum Populismus: Die Aufregung wäre groß, aber nicht wegen eines architektonischen „Gags", sondern weil unser Fachwerkhaus mit Dachterrasse eine wichtige

participaría todo el mundo. Y nuestra casa corrige la convención, la costumbre que aquí ya no sirve.

Una forma de protegerse del «diseño arquitecturés» es adherirse a un grupo. En este grupo hay que hablar, cada uno se explica, deja clara su opinión. Esto ayuda mucho. También hace posible que se den los tan productivos malentendidos, que hacen que todo avance. Ya que durante estas discusiones en todas las cabezas se proyectan películas con imágenes de cómo podría ser lo que se está diciendo. Ficciones. Y una de esas ficciones, a lo mejor una que ni siquiera se quería decir, es la que justamente mejor soluciona el problema. Las soluciones muy extremas no suelen perdurar largo tiempo. Los inconvenientes son destapados con mayor rapidez que en el «diseño» aislado de una sola persona. También los defectos de la inspección de obra, los problemas de protección contra incendios, aspectos de los que uno en solitario no se da cuenta con facilidad, todas esas «inconvencionalidades» son destapadas y pulidas con gran rapidez. Por esta razón hemos desarrollado en la oficina el siguiente método de trabajo: cuando comenzamos un trabajo, por ejemplo, para un concurso, nos sentamos todos juntos y discutimos el tema, que uno de nosotros ya ha estudiado y preparado previamente para esta reunión. Cuando, después de haber discutido largamente y haber hecho varios esquemas, nos decidimos por una solución, uno de nosotros hace una descripción del proyecto que en ese momento aún no existe, ya que el concepto es, por así decirlo, la interpretación subjetiva de la realidad con la que nos encontramos, es la tarea y el modo de resolverla. Y así, describiendo la labor con nuestras propias palabras, vamos describiendo las siluetas de la solución. Para poner un ejemplo: cuando la revista *Stern* abrió el concurso

Diskussion in der Stadt in Gang setzt, an der alle sich beteiligen können. Und unser Haus korrigiert die Konvention, die Gewohnheit, die hier nicht mehr taugt.

Eine gute Möglichkeit, sich beim Entwerfen vor dem Architekturischen zu schützen, ist die, sich als Gruppe zusammenzutun. In der Gruppe muß man sprechen, erklären, seine Meinung deutlich machen. Das hilft sehr viel. Und es ermöglicht die produktiven Mißverständnisse, die die Sache oft weiterbringen. Denn in allen Hinterköpfen läuft bei solchen Diskussionen ja ein Kino mit Bildern, wie etwas gemeint sein könnte. Fiktionen. Und eine dieser Fiktionen, vielleicht eine, die gar nicht gemeint war, kann gerade die sein, die das ganze Problem noch besser löst. Allzu extreme Formen bewähren sich hier meist nicht lange. Schneller als bei der isolierten Arbeit eines einsamen Entwerfers werden alle ihre Nachteile sofort aufgedeckt. Auch bauaufsichtliche Mängel, Brandschutzprobleme, Aspekte, die man allein leicht übersieht, alle solche Unkonventionalitäten werden hier rasch aufgedeckt und abgeschliffen. Wir haben bei uns im Büro deshalb folgende Praxis eingeübt: wir setzen uns anfangs, wenn wir die Arbeit z.B. an einem Wettbewerb beginnen, im größeren Kreis zusammen und diskutieren die Aufgabe, die einer von uns bis zu dieser ersten Sitzung schon studiert und aufbereitet hat. Und dann, sobald wir uns nach längerem Diskutieren und Skizzieren für ein Konzept entschieden haben, schreibt einer von uns die „Erläuterung" zu dem Entwurf, den es um diese Zeit ja noch gar nicht gibt. Das Konzept ist die subjektive Einschätzung der vorgefundenen Wirklichkeit: der Aufgabe und wie sie beurteilt wird. Wir könnten auch sagen: Das Konzept beschreibt eine unserer Meinung nach erforderliche Reparatur an einer gewohnten Form. Und indem wir die Aufgabe in unseren

para hacer la «casa (aislada) deseada por los alemanes», y nos invitó a participar, no sólo discutimos sobre el problema en sí, sino que también discutimos durante varios y largos días sobre si deberíamos participar o no, ya que hasta entonces nos habíamos dedicado a la construcción compacta y ahorrativa. Pero finalmente la descripción de la labor y del camino que debería tomar la solución, es decir el concepto, fue una clara interpretación de la labor: *nuestra* casa no podía ser en ningún caso una sola, sino

Fig. 5

que tenían que ser *dos* casas pequeñas, por muchas razones: porque la típica familia existe solamente en muy pocos casos, y si existe, seguro que sería mejor una división, considerando una casa para los padres y otra para los hijos, o una solución que divida vivienda y consulta; ya que existen muchas formas de convivencia, en las que gusta vivir juntos pero no demasiado.

Primero se necesita sólo una casa pequeña y luego también la otra, dado que cuando los hijos se van de casa, los padres buscan una casa más pequeña y alquilan la otra, y hoy en día, debido al alto estándar de aislamiento térmico que existe, ya no hay que preocuparse de si hay más paredes exteriores o no. Nuestro «diseño», mas tarde discutido como primer premio, fue la solución evidente de este concepto *(Fig. 5)*.

Un concepto es la aclaración de todo –en el caso de que sea necesario– lo que hay que cambiar de la forma convencional. Pero esto implica que debemos conocer la realidad, la convencionalidad, el *status quo* al detalle. ¿Cómo funciona? ¿Por qué es así y no de otra forma? ¿Cómo es utilizada por las personas? Por ello tendremos que observar, tendremos que interesarnos por lo coti-

Worten beschreiben, beschreiben wir auch schon Umrisse der Lösung. Um ein Beispiel zu geben: Als der „Stern" uns zu seinem Wettbewerb um das (freistehende) „Wunschhaus der Deutschen" einlud, gab es bei uns nicht nur eine Diskussion um diese besondere Bauaufgabe. Der grundsätzliche Streit darüber, ob wir, die wir uns bislang immer um das verdichtete und kostensparende Bauen gekümmert hatten, uns überhaupt an so etwas beteiligen sollten, ging heftig und tagelang! Aber am Ende war die Beschreibung der Aufgabe und der Lösungsrichtung, also das Konzept, doch eine sehr deutliche Interpretation der Aufgabe. *Unser* Wunschhaus sollte auf jeden Fall nicht aus einem Haus, sondern aus *zwei* kleinen Häusern bestehen, und zwar aus vielerlei Gründen: weil es die typische Familie nur noch selten gibt und wenn, dann eine Trennung in ein Eltern- und ein Kinderhaus oder in Wohnhaus und Praxis sicher gut ist; weil es eben viele andere Arten von Lebensgemeinschaften gibt, die zwar gerne nah, aber nicht zu nah beieinander leben wollen; weil man erst nur ein kleines Haus braucht und das andere später, und weil man, wenn die Kinder aus dem Haus sind, sich gerne in ein kleines Haus zurückzieht und das andere vermietet, und weil das Mehr an Außenwand bei heutigem Wärmeschutzstandard längst kein Thema mehr ist. Unser später mit dem ersten Preis bedachter Entwurf war dann die relativ selbstverständliche Lösung dieses Konzepts *(Fig. 5)*.

Ein Konzept ist also die Erläuterung dessen, was – wenn überhaupt – an der konventionellen Form zu ändern ist. Das heißt aber, daß wir die Wirklichkeit, also die Konventionen, den Ort, den Status quo, genau kennen müssen. Wie funktioniert sie? Warum ist sie so und nicht anders? Wie gehen die Leute damit um? Das müssen wir beobachten. Wir müssen uns für das Gewohnte und Bewohnte,

diano y lo habitual, pero también por el «mercado». Y finalmente debemos dar *respuestas claras*. No tienen por qué gustarle a todo el mundo. Al contrario: la mitad de la gente se va a inquietar, lo va a encontrar impropio. Pero la otra mitad, por los mismos motivos, va a considerar que es bonito y que está bien. Esta discusión muestra, en cualquier caso, que todos han «entendido» algo, que han pensado sobre ello: algo que sólo se desvía en parte y por una razón concreta de la convencionalidad y que por ello *es entendido*. Esto es importante, ya que también se puede llamar la atención con lo «arquitecturés». Pero en ese caso es entendido desde un principio como un idioma extranjero, que se entiende o no. Se trata de propuestas como de qué manera nosotros, con nuestras costumbres, evitamos soluciones habituales y las podemos cambiar.

Para terminar quisiera añadir dos ejemplos extremos de este tipo de concepto arquitectónico coloquial, y que a su vez ilustra una perspectiva para nuestro oficio. El primer ejemplo es nuestra propuesta de 1993, que muchos de nuestros compañeros no entienden, para la isla del río Spree en Berlín *Mitte*. La Dirección Federal de Construcciones partía en su convocatoria de concurso de una *tabula rasa*: los concursantes podían derruir el Palacio de la República afectado de aluminosis. El antiguo y barroco Palacio municipal, que como es sabido fue derribado bajo Ulbricht por el régimen comunista en 1950, ni siquiera se encontraba documentado en la convocatoria, no obstante uno podía imaginarse que un edificio con mas o menos «la planta del Palacio» podría tomar su lugar. Por aquel entonces se formó una iniciativa que quería volver a edificar el Palacio. Ésta montó, con la ayuda del honesto comerciante Von Boddien un año antes, un bastidor con el anti-

die Alltäglichkeiten, aber auch für den „Markt" interessieren. Und dann müssen wir *deutliche Antworten* geben. Sie müssen nicht jedermann gefallen. Im Gegenteil: die Hälfte der Leute wird sich darüber aufregen, wird sie unpassend finden. Aber die andere Hälfte wird sie aus den gleichen Gründen gerade schön und richtig finden. Dieser Streit zeigt auf jeden Fall, daß alle etwas „verstanden" haben, daß sie sich damit auseinandersetzen: mit etwas, wohlgemerkt, daß nur teilweise und aus bestimmtem Grund von der Konvention abrückt, und das sie deshalb *verstehen können*. Das ist wichtig, denn man kann auch mit Architekturischem Aufmerksamkeit erregen. Aber es wird dann von vornherein als Fremdsprachliches wahrgenommen, das man versteht oder nicht. Bei Konzepten aber geht es um Vorschläge, wie wir mit unseren Gewohnheiten, unseren gewöhnlichen Lösungen umgehen, und wie wir sie verändern können.

Ich will am Schluß zwei zugegebenermaßen extreme Beispiele für solche Art „umgangssprachlicher" Konzept-Architektur bringen, die gleichzeitig auch eine Perspektive für unseren Beruf illustrieren. Das erste ist unser bei vielen Kollegen unverstandener Vorschlag von 1994 für die Spreeinsel in Berlin-Mitte, das zweite eine Arbeit des kürzlich verstorbenen Architekten van Klingeren. Zunächst also zum ersten Beispiel, der Spreeinsel bzw. der neuen deutschen „Stadtmitte". Die Bundesbaudirektion war in ihrer Ausschreibung von einer *tabula rasa* ausgegangen: der Palast der Republik konnte von den Wettbewerbsteilnehmern wegen Asbestverseuchung abgerissen werden. Punkt, aus. Das einstige barocke Stadtschloß, das bekanntlich von der kommunistischen Regierung 1950 unter Ulbricht ähnlich rigoros gesprengt worden war, war in den Wettbewerbsunterlagen erst gar nicht dokumentiert, gleichwohl konnte

Fig. 7

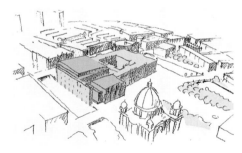

Fig. 8

guo Palacio cuyo panorama inesperado me impresionó profundamente. Y todo esto a pesar de que me había reído de la idea cuando leí la noticia. ¡Querían tener de nuevo a su emperador Guillermo! *(Fig. 6)* Pero esa maqueta a escala 1 : 1 lo aclaraba de golpe: ése era el sitio de ese impresionante palacio barroco. De repente esos edificios sueltos recuperaban de nuevo su sitio en el entramado urbano. ¿Y por qué no se podía volver a poner ahí conviviendo con la típica edificación de la RDA? También con su patio «Schlüter» *(Figs. 7 y 8)*, cuyo sitio era en realidad el que ocupa el Palacio de la República. Así que transportamos el patio hacia delante, entre las puertas II y IV, ahí donde en realidad había estado el patio Eosander. ¿Pero no es esto justamente lo que acabo de criticar del Príncipe Carlos? El agarrarnos a viejas costumbres que ya no tienen ninguna relación con nosotros ni con nuestra realidad.

Efectivamente la dirección que toma el rechazo de la «Inteligencia arquitectónica» es ésa. Todo es, así decía el suplemento del periódico *Süddeutsche*, mentira de fachada.[3] Lo que vuelve a ser «la palabra de la mentira». «La mentira que camina a nuestro lado». Pero, ¿cuál sería la verdad en este caso? Aquí se vuelve a ver que no es tan fácil en la arquitectura el establecer una moral sobre la verdad. La historia es una parte importante de nuestra verdad. Ella ha creado nuestra verdad. Y todos nosotros conocemos los dramas y las tragedias, por ejemplo, de niños adoptivos que quieren

Fig. 6

sich der Auslober vorstellen, daß ein neues Gebäude etwa „in den Umrissen des Stadtschlosses" an seine Stelle treten könnte. Nun hatte sich damals eine Initiative gegründet, die das Stadtschloß wieder aufbauen wollte. Sie hatte mit dem wackeren Kaufmann von Boddien ein Jahr zuvor eine Kulisse des alten Stadtschlosses aufgebaut, deren unerwarteter Anblick mich damals wie ein Blitz getroffen hatte. Ich war – ja ich muss es so sagen – ich war tief gerührt. Und das, obwohl ich beim Lesen der Nachricht über diese Schloßattrappe *(Fig. 6)*, noch gespottet hatte, die wollten jetzt ihren alten Kaiser Wilhelm wiederhaben! Doch dieses Eins-zu-Eins-Modell machte mit einem Schlage klar: Dieses gewaltige, barocke Schloß gehörte da einfach hin. Plötzlich erhielten alle diese anscheinend zusammenhanglos dastehenden Gebäude wieder ihren festen Platz im Stadtgefüge. Und warum sollte es da eigentlich nicht wieder hinkommen, verschnitten mit dem DDR-Bau? Samt dem herrlichen „Schlüterhof" *(Fig. 7/8)*, den wir dann in unserem Entwurf, da er im Bereich des Palastes der Republik seinen Platz hatte, einfach nach vorne zogen zwischen Tor II und Tor IV, dorthin, wo eigentlich der Hof Eosanders war. Aber ist ein solcher Vorschlag nicht gerade das, was ich soeben als das andere Extrem bei Prinz Charles´ Architektenschelte verurteilt habe, das Festhalten an alten Zöpfen, die längst keinen Zusammenhang mehr mit uns und unserer Wirklichkeit haben?

Tatsächlich geht die Ablehnung der Architektur-Intelligenzia in diese Richtung. Das sei, so heißt es im Feuilleton der „Süddeutschen Zeitung", alles „Fassaden-Lüge"[3]. Da ist es wieder, das Wort von der Lüge! „Die Lüge, die neben uns schreitet". Aber was wäre

asegurarse de quienes son sus padres en realidad. Obviamente eso es un saber existencial. Aquí no se trata de la creación de una verdad aparente como en Walt Disney, de un folclore complaciente. Nuestra propuesta de volver a edificar ambos edificios es una

estrategia de «autocercioramiento». Creemos que ese lugar con ambos edificios tiene más relación con nosotros que sin ellos. Un edificio moderno con la planta del palacio *(Fig. 9)*, es decir, una caja, como la que tenía el jurado en mente y como la que fue premiada, es simplemente un edificio que se reconoce como actual. ¿Pero qué dice sobre nosotros? ¿Qué nos cuenta sobre nuestro

Fig. 9

centro histórico? Ese era su sitio. ¿Y por qué no? ¿Qué prejuicios extravagantes impedían a nuestro gremio edificar de nuevo, por lo menos en parte, un viejo «diseño»? ¿Habría sido esta retirada elegante a una alineación y a una altura del vierteaguas la respuesta que también nos habría dado Loos? ¿Me puede decir alguien qué tiene de malo volver a construir una fachada histórica según los viejos planos de Andreas Schülter y su seguidor Eosander o, si ya no existen, según las miles de fotografías existentes y los dibujos del último constructor Geier, y con las ruinas y esculturas que aún se conservan, si es esto lo que el público necesita para su autocercioramiento? ¿No sería una reconstrucción así en ese lugar que se vuelve a reconocer –incluso como profano– a más tardar en el solapamiento con el Palacio, una verdad más comprometedora que un edificio diseñado en la planta del Palacio por la mano de un contemporáneo, digamos Nouvel, Ghery o Foster? El «diseño» personal ganaría en ese caso una importancia injusta. Durante la revisión del «diseño» de 1998 lle-

dann die Wahrheit an diesem Platz? Hier zeigt sich wieder, daß es mit der Wahrheitsmoral in der Architektur nicht so einfach ist. Die Geschichte ist ein wichtiger Teil unserer Wirklichkeit. Sie hat uns, unsere Wirklichkeit gemacht, erzeugt. Und jeder von uns kennt die Dramen und Tragödien z.B. von Adoptivkindern, die sich vergewissern wollen, wer ihr wirklicher Vater war. Das ist für jeden Menschen ein offenbar existentiell notwendiges Wissen. Hier geht es also nicht um die Herstellung einer Scheinwirklichkeit wie bei Walt Disney, nicht um gefällige Folklore. Unser Vorschlag, *beide* Gebäude, Schloß *und* „Palast" *(Fig. 9)*, wiederaufzubauen, ist eine Strategie der Selbstvergewisserung. Wir meinen, dieser Ort hat mit diesen beiden Gebäuden darauf „mehr Zusammenhang mit uns" als ohne. Ein modernes Gebäude „in den Abmessungen des Stadtschlosses", also so ein Kasten, wie er der Jury vorgeschwebt haben muß, und wie sie ihn auch prämiert hat, wäre dann zweifellos als heutiges Gebäude erkennbar gewesen. Aber was sagt das über uns? Was sagt das über diese unsere zentrale, historische Mitte? Wäre dieser vornehme Rückzug auf eine Fluchtlinie und eine Traufhöhe an diesem Platz auch Loos' Antwort gewesen? Kann mir jemand sagen, was dagegen spricht, eine historische Fassade noch einmal zu bauen, nach den alten Plänen Andreas Schlüters und seines Nachfolgers Eosander oder, wenn nicht vorhanden, nach den Tausenden überlieferter Fotos und den Zeichnungen des letzten Schloßbaumeisters Geier und mit den noch vorhandenen Bruchstücken und Skulpturen, wenn – und das ist wichtig – die Öffentlichkeit das zu ihrer Selbstgewissheit braucht? Wäre ein solcher Wiederaufbau, den man als solchen natürlich – auch als Laie – an vielen Stellen – nicht zuletzt am Verschnitt mit dem Palast der Republik – erkennen könnte, an diesem Ort nicht mehr allgemeinverbindliche Wahrheit,

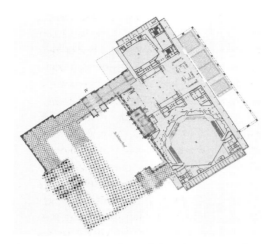

Fig. 10

gamos al punto de exigir una «obra histórica» como *work in progress*, en cuyo principio debería de encontrarse el concurso de la sala de la cámara del pueblo y la puerta V del palacio (la puerta V es aquella que, si se volviese a poner en su sitio histórico, una mitad estaría en el Palacio de la República). Es decir un «diseño» con un final abierto *(Fig. 10)*. Pero entre tanto la gran discusión sobre el monumento del holocausto nos había dejado más que claro que «diseños» así de holísticos en lugares simbólicos centrales estaban tan superados como los denominados «grandes cuentos» de Lyotard.

Pero volviendo a la discusión sobre la reconstrucción y la denominada «mentira de fachada»: verdad o autenticidad nunca han sido en arquitectura criterios de confianza. Desde las falsas hojas de acanto en los capiteles corintios hasta los cielos falsificados en los techos de las iglesias barrocas, y desde los relieves en piedra en el pabellón Glienicke de Schinkel hasta las fachadas colgadas de piedra en la arquitectura moderna, la verdad y autenticidad sólo han llegado a ser realidad en la arquitectura del Imperio de los 1000 años, y con una grandeza y eternidad falsas. No, de todos modos la verdad no existe fuera de nuestro «gusto», de nuestra política, de nuestra «voluntad». Ya que en arquitectura la verdad es cuestión de lo que *queremos de un concepto*, y no de lo que sabemos, es decir, de algunos hechos materiales o procesos

als ein Gebäude aus der Hand eines zeitgenössischen Entwerfers, also sagen wir Nouvel oder Gehry oder Foster, „in den Umrissen des Schlosses"? Dort käme doch dem persönlichen Akt des Entwerfens eine Bedeutung zu, der er nie gerecht werden könnte! Bei einer nochmaligen Überarbeitung des Entwurfs 1998 gingen wir soweit, daß wir nunmehr nur eine „Geschichtsbaustelle" als *work in progress* forderten, an deren Anfang ein Wettbewerb um den ehemaligen Volkskammersaal und das Schloßtor V stehen sollte. (Das Tor V ist dasjenige, das an seinem historischen Platz wiedererrichtet zur Hälfte im Palast der Republik und dort im Volkskammer-Saal stünde.) Also ein Entwurf mit offenem Ende *(Fig. 10)*. Inzwischen hatte die Diskussion um das Holocaust-Denkmal uns überdeutlich gemacht, daß an solch symbolisch zentralen Stellen holistische Entwürfe ebenso überholt sind wie die von Francois Lyotard so genannten „großen Erzählungen".

Aber zurück zu der Diskussion um die Rekonstruktion und die sogenannte „Fassadenlüge": Wahrheit, Echtheit, ist in der Architektur ohnehin noch nie ein verläßliches Kriterium gewesen. Von den falschen Akantusblättern der korinthischen Kapitelle über die gefälschten Himmel in den Deckenspiegeln barocker Kirchen und die zinnernen „Steinreliefs" an Schinkels Glienicker Pavillon bis hin zu den vorgehängten Steinfassaden moderner Architekturen ist Wahrheit und Echtheit bisher nur in der Architektur des 1000-jährigen Reiches verwirklicht worden, und dort für eine erlogene Größe und Ewigkeit. Nein, Wahrheit gibt es ohnehin nicht außerhalb unseres „Geschmacks", unserer Politik, unseres „Willens". Denn die Wahrheit ist in der Architektur eine Frage nach dem, was wir *wollen, nach einem Konzept*, und nicht nach dem, was wir wissen, also nach irgendwelchen materiellen „facts" oder Tatsachen über

de elaboración o autores. «La mentira *siempre* camina a nuestro lado». Nosotros los arquitectos solamente podemos hacer una cosa en un caso tan precario: hacerle una oferta comprensible *sobre la verdad* al público en general (y no solamente a nuestra clase media intelectual).

Fig. 11

Mi segundo ejemplo es menos dramático y a lo mejor se entiende mejor. En los años setenta –así me han contado esta historia, yo nunca he comprobado si era cierta– se convocó en Amsterdam un concurso para un nuevo comedor universitario. Este concurso lo ganó el arquitecto van Klingeren, conocido ya por su casa de la ciudad `t Karregat, Eindhoven. El nuevo comedor universitario hubiera significado el derribo de varios bloques en el casco antiguo de Amsterdam. Esto tenía preocupado al arquitecto. Van Klingeren se torturó durante semanas con este «diseño», discutió y habló con distintas personas. Al final encontró la solución: junto con el dueño de un restaurante, proyectó una confederación de bares del barrio, en los cuales los estudiantes podrían ir a comer con vales subvencionados por el Estado. Los edificios no tuvieron que ser derribados *(Figs. 11 y 12)*, la gastronomía local recibió el tan necesitado impulso, los estudiantes estaban felices y los habitantes de Amsterdam se pudieron quedar con su barrio sin que sufriera muchos cambios.

Fig. 12

En 1979 me encontré con van Klingeren en un encuentro internacional de arquitectos, en el que los organizadores Jos Weber

Material, Herstellungsweise oder Autorenschaft. Die „Lüge schreitet *immer* neben uns". Wir Architekten können in so einem prekären Fall nur eines machen: Wir können der Allgemeinheit (und nicht nur unserer eigenen intelektuellen Mittelschicht) ein verständliches *Wahrheitsangebot* machen.

Mein zweites Beispiel ist weniger dramatisch, aber vielleicht auch leichter verständlich. In den 70er Jahren – so hat man es mir erzählt und ich habe diese Geschichte bis heute nie genau nachgeprüft – also in den 70er Jahren wurde in Amsterdam ein Wettbewerb für eine neue Mensa der dortigen Universität ausgeschrieben. Diesen Wettbewerb gewann der schon vom Stadthaus `t Karregat in Eindhoven bekannte Architekt van Klingeren. Die neue Mensa hätte den Abriß mehrerer Straßenblocks Alt-Amsterdams bedeutet. Das machte dem Architekten zunehmend Kummer. Van Klingeren quälte sich Wochen mit diesem Entwurf, diskutierte und redete mit allen möglichen Leuten. Und dann am Ende fand er die Lösung: Zusammen mit einem Betriebswirt entwarf er einen Verbund von Quartierskneipen, in denen die Studenten mit staatlich subventionierten Essensmarken sollten essen gehen können. Das Stadtquartier konnte stehen bleiben *(Fig. 11/12)*, die lokale Gastronomie erfuhr eine dringend gebrauchte Unterstützung, die Studierenden waren glücklich und die Amsterdamer Bürger behielten ihren Stadtteil ziemlich unverändert.

Ich traf van Klingeren 1979 auf einem internationalen Architektentreffen, bei dem die Veranstalter, Jos Weber und Frei Otto, wie sich dort erst herausstellte, den alten CIAM noch einmal wiederbeleben wollten, was aber von der großen Mehrheit von uns für keine gute Idee gehalten wurde.[4] Dort saßen wir noch vor Beginn der Veranstaltung abends beieinander, und ein Holländer

y Frei Otto, según se supo después, querían revivir el viejo Ciam, lo que entre la mayoría de nosotros no tuvo gran aceptación.[4] Por la tarde, estábamos sentados antes de comenzar el concurso cuando un holandés comenzó a alabar a Le Corbusier subiéndole hasta las nubes. Yo, el peregrino de Chandigarh, por aquel entonces, tras realizar la exposición de Leberecht Migge[5], estaba del lado de sus contrincantes Loos y Migge, por lo que le rebatía con decisión. Más tarde supe que el «corbusiano» era van Klingeren. ¿El mismo? Al día siguiente durante el desayuno me senté a su lado, lo que seguramente no emocionó mucho al pobre van Klingeren, pero le conté que a mis estudiantes siempre les presento el comedor universitario de Amsterdam como el mejor ejemplo de «diseño» conceptual, como uno de los grandes trabajos de la arquitectura moderna. Esto le calmó y a partir de ahí nos entendimos de lo mejor. Sobre todo porque yo, como ya es sabido, en el fondo de mi corazón, soy también un inmejorable discípulo de Corbu. ¿Pero no es maravillosa esta idea para un comedor universitario? También esto es «diseño», un «diseño» coloquial, por así decirlo, y tiene mas relación con nosotros que cualquier otra idea en este caso.

También es evidente, en este segundo ejemplo, que esta forma de «diseño» no fomenta precisamente el negocio ni la fama del diseñador, al igual que en el primer caso. Ya que en caso de que se hubiese llevado a cabo, además del nombre del constructor Andreas Schülter, habría que haber mencionado, como si se tratara de una película, una larga lista de nombres con derechos de autor. Y ese comedor universitario, ¿aparece en algún libro de arquitectura? No es palpable como obra arquitectónica. De modo que aquí tenemos que cambiar algo. Primeramente tenemos que ocuparnos de que el no-construir sea apreciado. Tenemos que *ampliar los*

an unserem Tisch lobte Le Corbusier in den höchsten Tönen. Ich dagegen, der Pilger von Chandigarh, war damals, als wir die Ausstellung über Leberecht Migge[5] machten, schon viel mehr auf der Seite seiner Gegenspieler Loos und Migge und hielt mit deren Worten kräftig dagegen. Erst nachher erfuhr ich, daß der Corbusianer van Klingeren gewesen war. Was, der? Am andern Morgen setzte ich mich beim Frühstück gleich zu ihm, was den armen van Klingeren wahrscheinlich nicht gerade begeisterte. Aber ich erzählte ihm nun, daß ich meinen Studenten immer die Mensa in Amsterdam als Beispiel konzeptionellen Entwerfens darstelle, als Beispiel für eine der großen Leistungen moderner Architektur. Das versöhnte ihn natürlich, und wir haben uns dann noch sehr gut verstanden. Zumal auch ich, wie man schon weiß, im Grunde meines Herzens ja ein unverbesserlicher Jünger Corbus bin. Aber ist es nicht wunderbar, dieses Konzept für eine Mensa? Auch das ist ein Entwurf, ein umgangssprachlicher Entwurf sozusagen, und er hat mehr „Zusammenhang mit uns" als jeder andere denkbare an dieser Stelle.

Offensichtlich ist aber auch an diesem zweiten Beispiel, daß diese Art des Entwerfens nicht unbedingt geschäftsfördernd ist und auch den Ruhm des Entwerfers nicht gerade erweitert, ebenso wie beim ersten Beispiel. Denn dort würde im Falle der Realisierung außer dem Barockbaumeister Andreas Schlüter ja eine ganze Kette von Urhebern wie im Vorspann eines Films aufgezählt werden müssen. Und diese Mensa: kommt sie etwa in unseren Architekturbildbänden vor? Sie ist als architektonisches Werk gar nicht mehr greifbar. Hier also müssen wir etwas ändern. Erstens müssen wir dafür sorgen, daß auch das Nichtbauen honoriert wird, jedenfalls da, wo es um öffentliche Aufgaben geht. Wir müssen die Gegenstände unserer Arbeit vom bloßen Projekt zur *Entwicklung*

objetos de nuestro trabajo, del mero proyecto al desarrollo del proyecto. Debemos convertirnos en desarrolladores de proyectos o
planificadores de las necesidades. Por otro lado tenemos que integrar la etiqueta arte, que muchas de nuestras estrellas del «diseño»
han confiscado para sí de una forma impropia y sin escrúpulos,
para sus inconvencionales (y estéticas) «tartas de nata». Como el
mundo con sus problemas se ha vuelto cada vez más complejo y
difícil, también los tiempos de los genios solitarios, individualistas,
empresarios, son tiempos pasados; al igual que los tiempos de los
inventos palpables de productos y de arte.

La transformación de la arquitectura en «diseño» descrita al
comienzo facilita por una parte esta necesidad de mayor trabajo
conceptual, pero por otro lado dificulta el desarrollo ulterior. Ya
que «diseño» es primeramente la elaboración de una apariencia
exterior atractiva y viable, o de «una propaganda de la forma»
(Hans Frei). Por otro lado también libera al oficio del mero construir. De todas formas este tránsito va a cambiar nuestro oficio de
forma fundamental. Ya hoy en día se puede percibir este cambio
en nuestro trabajo, concretamente en el tipo de convocatorias para
concursos. En «Baufrösche», por ejemplo, ya no convocamos nuestros proyectos, siempre y cuando se presten para una serie, por
obra o en masa, sino que convocamos en toda Europa y según los
cumplimientos. Así en vez de decir cómo ha de ser un muro, cuántos metros cúbicos de mampostería, cuántos metros cuadrados de
aislante, y cuántos metros cuadrados de revoque exterior e interior,
dejamos que esta decisión la tome el que oferta. Nosotros solamente describimos el «*marco de decisión*» y el grado de aislamiento térmico y acústico, así como la protección contra incendios que
deben de ofertar. Ya no somos los pensadores y organizadores de

des Projekts erweitern, so etwas wie Projektentwickler bzw. Bedarfsplaner werden. Und zweitens müssen wir das Etikett „Kunst", das unsere Entwurfsstars häufig und ziemlich ungeniert für ihre immer unkonventionellen (ästhetischen) Sahnetörtchen in Beschlag nehmen, für solche konventionellen (ethischen) Konzepte einsetzen. Weil die Welt mit den sich stellenden Problemen immer noch komplexer und komplizierter wird, ist auch die Zeit der einsamen Genies, der Einzelkämpfer und Unternehmensgründer längst passé, ebenso die Zeit der greifbaren, abgeschlossenen Produkt- und Kunsterfindungen.

Dieser Notwendigkeit zu mehr konzeptioneller Teamarbeit kommt die eingangs beschriebene Wandlung von Architektur zu „Design" einerseits sehr entgegen, andererseits erschwert sie diese Weiterentwicklung. Denn „Design" ist natürlich zunächst einmal Herstellung eines ansprechenden, marktgängigen Äußeren, „Propaganda der Form" (Hans Frei). Zugleich befreit es aber den Beruf von der Fixierung auf das Bauen allein. Auf jeden Fall wird dieser Übergang unseren Beruf von Grund auf ändern. Schon heute zeigt sich der Wechsel in unserer Arbeit ganz konkret in der anderen Art der Ausschreibung. Bei den Baufröschen z.B. schreiben wir unsere Projekte, soweit sie sich zur Serie eignen, nicht mehr in Gewerken und in „Massen" aus, sondern europaweit in Losen und nach Leistungsdaten. Statt also anzugeben, wie eine Wand aufgebaut sein soll, mit wieviel Kubikmetern Mauerwerk und wieviel Quadratmetern Dämmstoff und Außen- und Innenputz, überlassen wir diese Entscheidung dem Anbieter. Wir beschreiben nur ihr *Erscheinungsbild* und die Leistung an Wärme-, Schall- und Brandschutz, die sie bieten soll. Wir sind hier nicht mehr die Vordenker und Organisatoren eines Prozesses *step by step*, sondern – Designer.

un proceso *paso a paso*, sino diseñadores. También nuestro cliente se ha transformado. Ya no tenemos ante nosotros al constructor que quiere algo *para él*, sino a un suministrador del financiamiento y un intermediario que vende nuestro producto. Por ello no diseñamos para él ni tenemos que cumplir sus deseos, sino para un mercado, para una supuesta situación de necesidades. El constructor había sido de vez en cuando un mecenas que se dejaba apasionar por nuestras locas ideas. Era un promotor de arte y le daba importancia al hecho tener una casa nuestra, con nuestra firma inconfundible. El nuevo cliente maneja grandes créditos y como castigo a su bancarrota tiene que vender. Él quiere que nuestro producto salga al mercado. Ya no puede arriesgarse con experimentos, y con el arte se arriesga únicamente si le sirve de marketing.

Esta nueva situación es complicada para arquitectos que se precien. Pero por otro lado es nuestra oportunidad para liberarnos de lo «arquitecturés» de nuestra pandilla intelectual, puesto que el mercado es una situación general de necesidades, por lo menos mientras no sea manipulado por propaganda falsa y parcial. Pero como nuestros productos no salen en serie al mercado, prácticamente no se da propaganda falsificada. Así en vez de servir a un mecenas, podemos desarrollar «diseños» con un alto grado de valor de utilidad, para clientes públicos o para inversores privados. Y podemos tener influencia en la comercialización y contactar indirectamente con los consumidores (p.ej. pequeñas compañías constructoras). Una parte determinada del mercado será nuestro nuevo constructor. Naturalmente, este aspecto tiene que atraer a los clientes, si es posible de naturaleza simple. ¡Pero si está bien así! Vamos a tener que concentrarnos más en sus necesidades estéticas y convencionales. Ya no vamos a trabajar únicamente para nuestra clase

Und auch unser Auftraggeber hat sich gewandelt. Wir haben nicht mehr den „Bauherren" vor uns, der etwas Bestimmtes *für sich* will, sondern einen Finanzierungsbeschaffer und Zwischenhändler, der unser Produkt weiterverkauft. Deshalb zeichnen wir nicht für ihn, müssen nicht seine Wünsche treffen, sondern für einen Markt, eine angenommene Bedürfnislage. Der Bauherr war häufig noch ein Mäzen, der sich von unseren verrückten Ideen begeistern ließ. Er war ein Kunstförderer und es bedeutete ihm etwas, ein Haus von uns zu bekommen, mit unserer unverwechselbaren Handschrift. Der neue Auftraggeber hantiert mit großen Bankkrediten und muß bei Strafe seines Bankrotts verkaufen. Er will ein Produkt von uns, das „am Markt" geht. Er kann sich keine Experimente leisten und Kunst nur soweit, wie sie dem Marketing dient.

Diese neue Situation ist natürlich für Architekten, die etwas auf sich halten, äußerst schwierig. Aber andererseits ist sie unsere Chance, um uns aus dem Architekturischen, aus unserer intellektuellen Clique zu befreien. Denn der Markt ist eine Bedürfnislage, jedenfalls soweit er noch nicht durch Werbung einseitig und falsch manipuliert ist. Da aber unsere Produkte nicht als Großserie auf den Markt kommen, gibt es hier auch kaum eine im Vorhinein verfälschende Werbung. Statt uns als exaltierte Künstler einem Mäzen anzudienen, können wir also in Wettbewerben und für öffentlich-rechtliche Auftraggeber oder private Investoren Konzepte entwickeln, die einen hohen Gebrauchswert haben. Und wir können Einfluß auf die Vermarktung nehmen und indirekt oder direkt mit den Gebrauchern (z.B. kleinen Bauherrengruppen) in Kontakt treten. Ein bestimmter Teilmarkt wird unser neuer Bauherr sein. Natürlich: das Erscheinungsbild soll jetzt Kunden ansprechen, womöglich schlichte Gemüter. Aber das ist auch gut so! Wir werden

media alta, para lo que ellos consideran que está bien. ¡Ya no vamos a poder hablar más «arquitecturés»! Vamos a tener que ampliar la estética, de forma que también lo que en nuestros ojos es kitsch, es decir la estética de otras clases y culturas, también pueda darse.

A principios del nuevo siglo podremos continuar ahí donde Loos (y Migge) ya habían empezado en el siglo anterior: trabajo de cultura, conceptos sin delimitaciones marcadas para formas de habitabilidad más idóneas, más cultura cotidiana, formas de vida más adecuadas, un trato más prudente con la historia, con la naturaleza, con la ciudad. Y como turistas, en vez de indignarnos que en los países de menor desarrollo industrial, como Indonesia, Siam, Yemen o Méjico, se sacrifique la forma de edificar existente y acomodada por modernismos «arquitecturescos», deberíamos preguntarnos si no fomentamos en nuestra propia práctica dichas tonterías para la supresión de la cultura. En vez de realizar eventos arquitectónicos según el gusto de nuestra clase media, deberíamos de ver la oportunidad en nuestras latitudes de transformar nuestro oficio en el de diseñadores de edificios, desarrolladores de conceptos y trabajadores de la cultura. En la «resocialización» de los contaminados restos de épocas anteriores, en la escenificación de la arquitectura con un gran número de autores, en la imposición de una técnica urbana ahorrativa y en la creación de contrastes donde tiene su origen el calor de fricción necesario para el nacimiento de una ciudad y de un espacio público urbano, aquí, en todos estos lugares es donde hoy en día pasan las cosas realmente novedosas e interesantes.

uns deshalb ernsthafter mit deren ästhetischen, konventionellen Bedürfnissen auseinandersetzen müssen. Wir werden nicht mehr bloß für unsere Schicht, den intellektuellen Mittelstand arbeiten, für das, was dort für gut gehalten wird. Wir werden kein Architekturisch mehr sprechen können! Wir werden die Ästhetik erweitern müssen, so daß auch das in unseren Augen Kitschige, also Ästhetiken anderer Schichten und Kulturen, darin stattfinden kann.

Am Anfang des neuen Jahrhunderts können wir endlich wieder da anknüpfen, wo Loos (und Migge) am Anfang des alten schon mal begonnen hatten: Kulturarbeit, Konzepte ohne scharfe Abgrenzung: für brauchbarere Wohnformen, mehr Alltagskultur, angepasstere Lebensgewohnheiten, einen behutsameren Umgang mit Geschichte, Zeit, Natur, Stadt. Und anstatt uns als Touristen darüber zu entrüsten, daß in Ländern mit geringerer industrieller Entwicklung wie Indonesien, Siam, Jemen oder Mexico die dort noch vorhandenen und angepassten Bauweisen irgendwelchen architekturischen Modernismen geopfert werden, sollten wir uns schon fragen, ob wir nicht in unserer eigenen Praxis ständig solche Dummheiten zur Abschaffung der Kultur fördern. Anstatt ausgefallene Architektur-Events immer nach dem Geschmack unseres eigenen gehobenen Mittelstands zu veranstalten, sollten wir an unserem Ort öfter die Chance wahrnehmen, den Beruf zu dem von Gebäude-Designern, Konzeptentwicklern und Kulturarbeitern weiterzuentwickeln. Da, bei der „Resozialisierung" kontaminierter Altbestände, bei der Inszenierung von Architektur mit vielen Autoren, bei der Durchsetzung einer sparsameren Stadttechnik und der Ermöglichung von Kontrasten, aus dem die für die Entstehung von Stadt und Stadtöffentlichkeit notwendige Reibungswärme entsteht, spielt heute die Musik!

Sobre el autor

Michael Wilkens (1935) creció en el norte de Alemania y, trás un viaje en autostop por el centro y el este de Asia que lo llevó en 1956 de Bagdad a Chandigarh, comenzó sus estudios de arquitectura en Karlsruhe. En 1961 se trasladó a Berlín para trabajar con Paul G. R. Baumgarten, así como para construir sus muebles. Sin dejar el trabajo con Baumgarten, se matriculó en la universidad al llegar O. M. Ungers a Berlín y se incorporó a la conocida «clase de Ungers» (Meyer-Christian, Pampe, Reissinger, Sawade) que posteriormente Heinrich Klotz erigiría en origen del postmodernismo alemán. El estudiante «postmoderno» de Ungers, Wilkens, sin embargo siguió fiel al «modernismo» de Baumgarten y colaboró entre 1962 y 1968 en el Reichstag, en el comedor de la universidad de Tubinga y en el tribunal constitucional de Karlsruhe. En su búsqueda de un «verdadero» trabajo de planificación, se fue en 1970 al recién inaugurado departamento de planificación del aeropuerto de Francfort del Meno y preparó allí, junto con Nikola Dischkoff, el concurso internacional para el casco viejo de Karlsruhe, en que, por primera vez, se aplicaban unos principios de restauración urbanística prudente. En Francfort asistió también como oyente a clases de filosofía y teoría de la información y, en 1973, realizó su primera publicación, «Die Angst vor den Formen» («El miedo ante las formas»), en la cual atacaba la innecesariamente divergente práctica de la arquitectura de los conceptos probados

Michael Wilkens (*1935) wuchs in Norddeutschland auf und studierte – nach einer fast zweijährigen Tramptour durch Vorder-, Mittel- und Ostasien, die ihn 1956 auch nach Chandigarh brachte – Architektur in Karlsruhe. 1961 ging er nach Berlin, um bei Paul G. R. Baumgarten zu arbeiten und nebenher an seinen Möbeln zu bauen. Als O. M. Ungers an die Berliner TU kam, schrieb er sich gleich dort ein, ohne allerdings seine Mitarbeit bei Baumgarten aufzugeben. Dadurch geriet er 1964 in die bekannte Ungersklasse (Meyer-Christian, Pampe, Reissinger, Sawade), die Heinrich Klotz später als den Ursprungsort der deutschen Postmoderne ausgemacht hat. Der „postmoderne" Ungers-Diplomand Wilkens hielt dennoch dem „modernen" Baumgarten die Treue und arbeitete zwischen 1962 und 1968 u.a. am Reichstag, an der Mensa in Tübingen und am Bundesverfassungsgericht in Karlsruhe mit. Auf der Suche nach einer „richtigen" Planertätigkeit ging er 1970 zu der gerade gegründeten Planungsabteilung der Flughafen Frankfurt-Main AG und bereitete von dort aus mit Nikola Dischkoff den Internationalen Wettbewerb um die Karlsruher Altstadt vor, in dem erstmals Prinzipien einer behutsamen Stadterneuerung verfolgt wurden. Als Gasthörer studierte er nebenher Philosophie und Informationstheorie in Frankfurt und veröffentlichte 1973 seinen ersten Aufsatz: „Die Angst vor den Formen", in dem er die übliche, von den bewährten Konzepten („Formen") unnötig abweichende

(formas). En 1974 Lucius Burckhardt le invitó a impartir unas clases en la universidad de Kassel, donde durante los años siguientes creó los departamentos de arquitectura, planificación urbanística y planificación paisajística. En 1978 fundó el grupo de trabajo «Stadt/Bau» («Ciudad/edificación»), taller destinado a posibilitar la realización de proyectos de estudiantes. La primera oportunidad que se ofreció a este grupo se produjo en 1981, al ser invitado a participar en la *Documenta urbana* en Kassel. Tras este debut avanzó rápidamente –ahora ya bajo su nuevo nombre de «Baufrösche» («Ranas constructoras»)– hacia una grandeza inesperada, sobre todo en 1991 al obtener gran reconocimiento por el nuevo barrio «Kreuzgassenviertel» en el casco viejo de Nuremberg. La editorial Birkhäuser está preparando una monografía sobre este grupo de Kassel.

Las 10 lecciones..., con un título más bien estético, se han impartido primero en la universidad de Santa Clara en Cuba (Wilkens trabaja allí con estudiantes en la construcción de viviendas desde 1989) y cuadran muy bien, ya que no se trata de arquitectura-diseño a un alto nivel industrial, sino de todo lo contrario: del edificar clásico «paso a paso» que, por simple economía, debe atenerse a las tradiciones y formas que han dado como resultado una arquitectura íntimamente ligada al lugar donde se desarrolla. Y precisamente ésta depende de una composición lógica y consecuente.

Architektenpraxis angriff. 1974 holte ihn Lucius Burckhardt an die Gesamthochschule Kassel, wo er in den darauf folgenden Jahren vor allem damit beschäftigt war, den neuen Studiengang 'Architektur, Stadtplanung und Landschaftsplanung' mit aufzubauen. Erst 1978 gründete er die Arbeitsgruppe Stadt/Bau, die sich die Realisierung studentischer Projekte auf ihre Fahnen schrieb. Dazu erhielt die Gruppe 1981 Gelegenheit, als sie zur Teilnahmer an der *documenta urbana* in Kassel eingeladen wurde. Mit diesem Debut avancierte sie – dann unter ihrem neuen Namen „Baufrösche" – rasch zu einer Größe, die in keine der gängigen Schubladen passte, erst recht nicht, nachdem sie mit dem neuen Kreuzgassenviertel in der Altstadt Nürnbergs sich auch unter Entwerfern Anerkennung verschafft hatte. Bei Birkhäuser ist eine Monographie über die Baufrösche in Vorbereitung.

Daß die 10 Lektionen unter einem eher schöngeistig klingenden Titel zuerst an der Universität in Santa Clara/Kuba abgehalten wurden – Wilkens ist dort seit 1989 mit Kasseler Studenten im Wohnungsbau engagiert – erschließt sich beim Lesen als ganz stimmig: denn es geht hier nicht um Design-Architektur auf hohem industriellem Niveau, sondern im Gegenteil um das klassische Bauen „Schritt für Schritt", das sich schon aus Sparsamkeit an die Traditionen und Formen halten muß, die sich immer noch bewähren: um eine Architektur mit Bodenhaftung. Und gerade diese ist auf folgerichtige Komposition angewiesen.

Notas e índices

Lección 1

1 El acero se deforma al soldarlo: por ello los cordones deben realizarse de tal forma que se eviten las deformaciones.
2 *Bauwelt*, 1959, n° 11
3 *Bauwelt*, 1960, n° 27

Lección 2

Lección 3

1 Chr. Alexander, «A City is not a Tree», en: *Arquitectural Forum*, abril/mayo 1965
2 M. Wilkens, «Mindeststandards im Wohnungsbau», en: *Bauzentrum*, n° 4-5, 1991 y *Stadtarchitektur*, Karlsruhe 1995
3 Daniel Defert, «Foucault, der Raum und die Architekten», en: *Politics, das Buch zur documenta X*. Este artículo es una representación completa de la discusión llevada sobre el término de hetereotopía, término que desempeña un papel importante en la crítica de la arquitectura moderna y, sobre todo, en el urbanismo.
4 Renate Mayntz, *Bürokratische Organisationen*, Colonia/Berlín 1971
5 Karsten-Heinz Fiebig, Dieter Hoffmann-Axthelm, Eberhard Knödler-Bunte (Ed.): *Kreuzberger Mischung – Die innerstädtische Verflechtung von Architektur, Kultur und Gewerbe*, Berlín 1984
6 Aldo Rossi, prefacio al Catálogo de la exposición en la universidad técnica de Zurich 1972, citado en *arch +*, diciembre '97/enero '98
7 Este aspecto lo he descrito detalladamente en: «Die Angst vor den Formen», en: *Bauwelt*, n° 22, junio 1973, punto III. 2: «aspectos estáticos de la forma», pág. 998 y sigs.

Lección 4

1 Michael Wilkens, «Mindeststandards im Wohnungsbau», en: *Bauzentrum*, n° 4-5, 1991

Lección 5

1 «El regreso de Mies a Berlín 1965: a un viejo concepto», conferencia de la serie: *El Modernismo de la postguerra y sus críticos*, Universidad de Kassel 1992
2 Entretanto ya existe una representación completa en Hammer-Tugendhat/Tegethaft, *Ludwig Mies van der Rohe: Das Haus Tugendhat*, Viena, Nueva York, 1998. Catálogo de la exposición del mismo nombre.
3 Sobre al procedimiento véase Nikola Dischkoff, Michael Wilkens: «Einführung der Öffentlichkeit beim Ideenwettbewerb – das 'Dietzenbacher Modell'», en: *Bauwelt*, n° 15, 1977 y *Der Planungswettbewerb als Mittel zu einer rationalen Planungsdebatte*, en la serie: «Stadtentwicklung» del ministro de planificación, urbanismo y edificación, 1982

Lektion 1

1 Durch das Schweißen verzieht sich der Stahl: die Nähte müssen deshalb so gesetzt werden, daß sich die Verziehungen gegenseitig aufheben.

2 *Bauwelt* 1959, Heft 11

3 *Bauwelt* 1960, Heft 27

Lektion 2

Lektion 3

1 Chr. Alexander: „A City is not a Tree", in: *Architectural Forum*, Apr./Mai 1965

2 M. Wilkens: „Mindeststandards im Wohnungsbau", in: *Bauzentrum* 4-5, 1991 und *Stadtarchitektur*, Karlsruhe 1995

3 Daniel Defert: „Foucault, der Raum und die Architekten", in: *Politics, das Buch zur documenta X*. Dieser Aufsatz ist eine kompetente Darstellung der bisherigen Diskussion um den Begriff der Heterotopie, der in der Kritik der modernen Architektur und vor allem der Stadtplanung eine zunehmend wichtige Rolle spielt.

4 Renate Mayntz (Hrsg.), *Bürokratische Organisationen*, Köln/Berlin 1971

5 Karsten-Heinz Fiebig, Dieter Hoffmann-Axthelm, Eberhard Knödler-Bunte (Ed.): *Kreuzberger Mischung – Die innerstädtische Verflechtung von Architektur, Kultur und Gewerbe*, Berlin 1984

6 Aldo Rossi, Vorwort zum Katalog der Ausstellung an der ETH Zürich 1972, zitiert nach *arch +* , Dez. '97/Jan. '98

7 Ich habe diesen Aspekt sehr ausführlich beschrieben in: *Bauwelt* 22, Juni 1973: „Die Angst vor den Formen" unter III.2 „Statistische Aspekte der Form", p. 998 ff.

Lektion 4

1 M. Wilkens: „Mindeststandards im Wohnungsbau", in: *Bauzentrum* 4-5, 1991

Lektion 5

1 „Mies´ Rückkehr nach Berlin 1965 – zu einem alten Konzept", Vortrag in der Reihe: *Die Nachkriegsmoderne und ihre Kritiker*, Gesamthochschule Kassel 1992

2 Inzwischen gibt es eine ausführliche Darstellung in Hammer-Tugendhat/Tegethoff (Hrg.): *Ludwig Mies van der Rohe: Das Haus Tugendhat*. Wien, New York 1998, Katalog der gleichnamigen Ausstellung.

3 Über das Verfahren: Nikola Dischkoff, Michael Wilkens: „Einführung der Öffentlichkeit beim Ideenwettbewerb – das Dietzenbacher Modell" in: *Bauwelt* 15, 1977, und: *Der Planungswettbewerb als Mittel zu einer rationalen Planungsdebatte*, in der Schriftenreihe: „Stadtentwicklung" des Bundesministers für Raumordnung, Bauwesen und Städtebau, 1982

4   Sobre el procedimiento llevado en el concurso para el banco central de Hessen véase el homenaje a Peter Jockusch 1994 «Sobre la sala gris del departamento 1 de la Universidad de Kassel»

Lección 6

1   Una representación muy gráfica de ambos conceptos se encuentra en Max Risselada, *Raumplan versus Plan Libre*, Delft University Press, 1988
2   Adolf Roth, *Begegnung mit Pionieren*, Zurich 1973
3   Karen Michels, *Der Sinn der Unordnung. Arbeitsformen im Atelier Le Corbusier*, Braunschweig/Wiesbaden 1989

Lección 7

Lección 8

1   «Absolut modern sein: Zwischen Fahrrad und Fließband», en el catálogo sobre la exposición del mismo nombre de la Nueva Sociedad de Artes Plásticas de Berlín, 1986
2   J. Piagget, *Die Entwicklung der Erkenntnis III*, pág. 215 y sigs.
3   Otto Warth, «Konstruktionen in Holz», en: G.A. Breymann (Ed.) *Bandkonstruktion*, tomo II, dibujo 33, Leipzig 1900
4   Dischkoff/Wilkens, «Die Klassizismusfalle», en: *Baumeister*, n° 8, 1978

Lección 9

1   Tanizaki Junishiro, *Lob des Schattens, Entwurf einer japanischen Ästhetik*, Zurich 1996
2   L. Leo me comentó que se había imaginado esta fachada de otra forma, ¡como una fachada autónoma de latón de barco!
3   Michael Wilkens: «Zu Paul Baumgarten nach Berlin, von Karlsruhe aus», en: *Paul Baumgarten, Bauten und Projekte 1924-1981* (Escritos de la academia de las artes), tomo 19

Lección 10

1   Adolf Loos: «Ein Nachruf», en: *Sämtliche Schriften*, Viena 1962
2   Bruno Taut: «Nieder den Seriosismus», en: *Frühlicht*, Berlín 1920. Cita según: *Planen und Bauen in Europa, 1913-1933*. Catálogo de la exposición del mismo nombre, Berlín 1978
3   Gottfried Knapp: «Die Fassadenlüge», en: *Süddeutsche Zeitung*, 8/9 de agosto de 1989
4   Michael Wilkens: «Internationaler Architekturkongress Otterloh 1982 – Weshalb und Wozu?», en: *arch +*, n° 65, 1982. Ambos organizadores, Frei Otto y Jos Weber, sólo habían invitado a arquitectos de los que pensaban que eran críticos del postmodernismo, por ello no se encontraba representado ningún nombre «actual».
5   Departamento de urbanismo y paisajismo de la universidad de Kassel, *Leberecht Migge 1881-1935, Gartenkultur des 20. Jahrhunderts*, Worspswede 1981

4 Festschrift für Peter Jockusch: „Über den Grauen Raum des Studienbereichs 1, Universität Gesamthochschule Kassel", über den nach diesem Verfahren durchgeführten Wettbewerb für die neue Landeszentralbank in Hessen, 1994

Lektion 6

1 Eine sehr anschauliche vergleichende Darstellung beider Konzepte findet sich in: Max Risselada (Hrg.), *Raumplan versus Plan Libre*, Delft University Press, 1988
2 Adolf Roth, *Begegnung mit Pionieren*, Zürich 1973
3 Karen Michels, *Der Sinn der Unordnung. Arbeitsformen im Atelier Le Corbusier*, Braunschweig/Wiesbaden 1989

Lektion 7

Lektion 8

1 *Absolut modern sein: Zwischen Fahrrad und Fließband*, Katalog zur gleichnamigen Ausstellung der Neuen Gesellschaft für Bildende Kunst Berlin 1986
2 J. Piagget: *Die Entwicklung der Erkenntnis III*, S. 215 ff.
3 Otto Warth: „Konstruktionen in Holz", in: G.A. Breymann (Hrsg.), *Bandkonstruktion* Bd. II, Tafel 33, Leipzig 1900
4 Dischkoff/Wilkens: „Die Klassizismusfalle", in: *Baumeister* 8, 1978

Lektion 9

1 Tanizaki Junischiro: *Lob des Schattens, Entwurf einer japanischen Ästhetik*, Zürich 1996
2 L. Leo hat mir dazu mitgeteilt, daß er sich diese Fassade aber ganz anders vorgestellt hat: als selbsttragende Vorsatzschale aus Schiffsblech!
3 M. Wilkens: „Zu Paul Baumgarten nach Berlin, von Karlsruhe aus", in: *Paul Baumgarten, Bauten und Projekte 1924-1981*, Schriftenreihe der Akademie der Künste, Band 19, 1984

Lektion 10

1 Adolf Loos: „Ein Nachruf", in: *Sämtliche Schriften*, Wien 1962
2 Bruno Taut: „Nieder den Seriosismus", in: *Frühlicht*, Berlin 1920, zitiert nach: *Planen und Bauen in Europa, 1913-1933*, Katalog der gleichnamigen Ausstellung, Berlin 1978
3 Gottfried Knapp: „Die Fassadenlüge", in: *Süddeutsche Zeitung* vom 8./9. August 1998
4 M. Wilkens: „Internationaler Architekturkongress Otterloh 1982 – Weshalb und Wozu?", in: *arch +*, Nr. 65, 1982. Die beiden Veranstalter, Frei Otto und Jos Weber, hatten nur Architekten eingeladen, die sie für Kritiker der Postmoderne hielten, weshalb keiner der damals „aktuellen" Namen vertreten war.
5 Fachbereich Stadt- und Landschaftsplanung der Gesamthochschule Kassel (Hrsg.): *Leberecht Migge 1881-1935, Gartenkultur des 20. Jahrhunderts*, Worpswede 1981

Zu den Bildern/Créditos de las ilustraciones

Lektion/lección 1

Fig. 1:   K. F. Schinkel: Runder Tisch in Ahorn mit dunklen Einlagen/mesa redonda en arce con entramados oscuros, in: J. Sievers, *K. F. Schinkel – Die Möbel*, Berlin 1950

Fig. 2:   „Nierentisch", graphisch freigestellt nach einem Foto/'mesa en forma de riñón', in: Cara Greenberg: *Mid-Century-Modern Furniture of the 1950s*, New York 1984

Fig. 3:   Erich Mendelsohn: Einsteinturm auf dem Telegraphenberg/torre de Einstein en el monte Telégrafo, Potsdam 1920-21, in: Jan Gympel, *Geschichte der Architektur – Von der Antike bis heute*, Köln 1996

Fig. 4:   Erich Mendelsohn: Einsteinturm, Skizze/torre de Einstein, boceto, in: Leonardo Benevolo, *Geschichte der Architektur des 19. und 20. Jahrhunderts*, München 1964

Fig. 5:   Hugo Häring: Hausentwurf für die Werkbundausstellung am Kochenhof/proyecto de una casa para la exposición en el Kochenhof, Stuttgart 1933: Grundriß und Schnitt des Typs S9/planta y corte del tipo S9, in: Jürgen Joedicke, Heinrich Lauterbach, *Hugo Häring, 'Schriften, Entwürfe, Bauten'*, Stuttgart 1965

Fig. 6:   Neue Nationalgalerie/Nueva Galería Nacional, Berlin, in: Werner Blaser, *Mies van der Rohe*, Zürich 1991

Fig. 7:   Neue Philharmonie Berlin/Nueva filarmónica, Foyer, in: Peter Pfankuch (Ed.): *Hans Scharoun, Bauten, Entwürfe, Texte*, Berlin 1993

Fig. 8:   Aldo Rossi: Theatro del mondo a Venezia 1979, Aufrisse/extractos, in: Aldo Rossi: *Theatro del mondo*, Venezia 1982

Fig. 9:   Theatro del mondo und/y Punta della Dogana in: cf. Fig. 8

Fig. 10:   Archizoom Associati (Andrea Branzi) Non-Stop City, 1969-1972, in: *dX documenta X Kurzführer*, Kassel 1997

Fig. 11:   Piranesi: Der Tempel der Minerva/El Templo de Minerva, in: Giambattista Piranesi, *Die frühen Ansichtenwerke*, Unterschneidheim 1974

Fig. 12-13: Safranbolu Evleri, *Reha Olusumu Kültür Bakanligi*, Ankara 1989

Fig. 14-18: Hugo Häring: Haus Werner Schmitz, Entwurf und Ausführung 1950/casa Werner Schmitz, proyecto y ejecución en 1950, in Jürgen Joedicke, Heinrich Lauterbach, *Hugo Häring 'Schriften, Entwürfe, Bauten'*, Stuttgart 1965

Lektion/lección 2

Fig. 1:   Hugo Häring: Entwurf für ein Landhaus, Erdgeschoß/proyecto para una casa de campo, planta baja, 1923, in: cf. 1. Fig. 14-18

Fig. 2:   Dachgiebel am Kaiserpalast in Bangkok/frontispicio del palacio imperial en Bangkok, Foto M. W.

Fig. 3:   Hans Poelzig: Chemische Fabrik/fábrica química Luban 1911-12, in: Julius Posener, *Hans Poelzig, Sein Leben, sein Werk*, Braunschweig Wiesbaden 1994

Fig. 4-5:   Kirche von Santa María del Rosario/Iglesia Parroquial de Santa María del Rosario, in: Joaquín E. Weiss, *La Arquitectura Colonial Cubana, Siglos XVI al XIX*, Havanna/Sevilla 1996

Fig. 6:   Schematische Rekonstruktionszeichnung einer romanischen Kirche/dibujo esquemático de la reconstrucción de una iglesia románica (Cluny), in: Hans Koepf, *Baukunst in fünf Jahrtausenden*, Stuttgart Berlin Köln 1997

Fig. 7:   Tafel/lámina, in: J. L. N. Durand, *Précis des leçons données à l'école royale polytechnique*, Paris 1823, in: Leonardo Benevolo, *Geschichte der Architektur des 19. und 20. Jahrhunderts*, München 1964

Fig. 8-10: Villa Malaparte, in: Marida Talamona, *Casa Malaparte*, New York 1992

Fig. 11:   Elias Holl: Das Rathaus von Augsburg/el ayuntamiento de Augsburg 1615-1620, in: cf. Fig. 6

Fig. 12-13: Gunnar Asplund: Villa Snellmann, Djursholm 1917-18, in: *Asplund*, Stockholm Arkitektur Förlag 1985

Fig. 14a/b: cf. Fig. 12-13, Südansicht/vista sur, (a von M. W. verändert/a cambiado por M.W.)

Lektion/lección 3

Fig. 1:   Gerrit Rietfeld: Z-Stuhl/silla Z, nach einer Postkarte freigestellt/según una postal

Fig. 2:   Claes Oldenburg: Soft Typewriter 1963, in: Coosje van Bruggen, *Claes Oldenburg*, Frankfurt 1991

Fig. 3:   Le Corbusier: Schaukelliege/tumbona-mecedora, in: Werner Blaser, *Alvar Aalto als Designer*, Stuttgart 1982

Fig. 4:   Mies van der Rohe: Sessel in Stahl und Leder/sillón en acero y cuero, 1928, in: cf. 1, Fig. 6

Fig. 5:   Alvar Aalto, Aschenbecher/cenicero, in: cf. Fig. 3

Fig. 6:   Fächerstadt/cuidad abanico Karlsruhe, gegründet/fundada 1715, in: cf. 2, Fig. 6

Fig. 7-8:   Walter Gropius: Arbeitsamt/oficina de empleo, Dessau, 1928, Postkarte mit Foto von/postal con foto de Emil Theiß. Grundriß/planta, in: Winfried Nerdinger, *Der Architekt Walter Gropius*, Berlin 1985

Fig. 9:   Krankenhaus San Lázaro in Havanna/planta del Hospital de San Lázaro en la Habana, in: cf. 2, Fig. 4-5

Fig. 10-12: Aldo van Eyck: Burgerweeshuis, Amsterdam, 1955 (Entwurf/boceto), 1958-60 (Realisation/realización), in: Wim J. van Heuvel, *Structuralism in Dutch Architecture*, Rotterdam 1992

Fig. 13:   Lucien Kroll, Medizinische Fakultät/facultad de medicina, Woluwé-Saint-Lambert, La Mémé, in: Lucien Kroll, *Bauten und Projekte*, Stuttgart 1987

Fig. 14-15: Hilmer und Sattler: Altstadtsanierung Karlsruhe: Ausgangszustand mit geplanter Straße, 1970 Wettbewerbsentwurf/restauración del casco viejo de Karlsruhe: situación de partida con planificación de la calle, 1970, borrador para un concurso, Isometrie/isometría, in: Heinz Hilmer, Christoph Sattler, *Altstadtsanierung Karlsruhe – Untersuchungen an historischen Gebäuden*, Karlsruhe 1977

Fig. 16: Aldo Rossi: Zeichnung/dibujo 1972, in: Aldo Rossi, *Theatro del mondo*, Venezia 1982

Fig. 17: Robert Venturi, John Rauch: Säule im Kunstmuseum/columna del museo de arte, Oberlin-College, 1976, in: Deutsches Architekturmuseum (Ed.), *Jahrbuch für Architektur 1981/82*, Braunschweig/Wiesbaden 1981

Fig. 18-19: Friedrich Schinkel: Altes Museum Berlin/antiguo museo Berlín, in: Robbin Middleton, David Watkin: „Klassizismus und Historismus", in: *Weltgeschichte der Architektur*, Stuttgart 1987

Fig. 20: Ludwig Leo: Umlauftank des Wasserforschungsinstitutes/tanque de circulación del instituto de estudios hidrológicos, Berlin, Tiergarten, in: *Werk, Bauen + Wohnen, Ein Blick auf Berlin*, Nr. 1/2, Zürich, Januar/Februar 1995

Lektion/lección 4

Fig. 1: Akropolis von Kea/acrópolis de Kea, Zeichnung von/dibujo de M. W.

Fig. 2: Tadsch Mahal/Taj Mahal, Foto: M. W.

Fig. 3: Der Kojo-in Tempel in Otsu/el templo de Kojo-in en Otsu (16. Jhrdt./siglo XVI), in: Günter Nitschke, *Japanische Gärten*, Köln 1993

Fig. 4: Potala Palast, Lhasa, Bau des Weißen Palastes und Hauptteils/edificación del Palacio blanco y de la parte principal: 1645-53, in: Bauindustrie-Verlag Chinas (Ed.), *Tibet und seine Architektur*, Beijing 1992

Fig. 5: Blick aus dem Haus des Scheichs am Tigris unweit Babylons/vista desde la casa del jeque junto al río Tigris cerca de Babilonia, Foto: M. W.

Fig. 6: Antonio Gaudì: Iglesia de la Colonia Güell, 1908-14, Santa Coloma de Cervelló, in: *A + U Architecture and Urbanism, Antonio Gaudì*, 1974

Fig. 7: Sogenannter Korentempel auf der Akropolis/el así llamado templo de las vírgenes en la acrópolis, in: Jan Gympel, *Geschichte der Architektur*, Köln 1996

Fig. 8-9: Rafael Moneo: Rathaus Murcia/ayuntamiento de Murcia, Spanien/España, in: *Bauen mit Naturstein*, Nr. 6, 1999

Fig. 10: Erwin Heerich: Studie von ca. 1998/estudio de 1998 aprox., Fotokopie aus dem Atelier Heerich/fotocopia del taller de Heerich

378

Lektion/lección 5

Fig. 1:   Piet Mondrian: Blühender Apfelbaum/manzano en flor, 1912, Öl auf Leinwand
            /óleo sobre lienzo, in: *Mondrian – from figuration to abstraction*, London 1988
Fig. 2:   Piet Mondrian: Studie von Bäumen I/estudio sobre árboles I, 1912, Kohle auf
            Papier/carboncillo sobre papelín: cf. Fig. 1
Fig. 3:   Piet Mondrian: Komposition mit Blau/composición con azul, 1937, Postkarte
            /postal, Köln 1990
Fig. 4:   Frank Lloyd Wright: Avery Coonley House, Fensterentwurf/boceto para una
            ventana, Illinois 1907-08, in: *Frank Lloyd Wright*, Taschen, Köln 1991
Fig. 5:   Mies van der Rohe: Haus in den Alpen/casa en los Alpes, Projekt/proyecto
            1934, in: cf. 1, Fig. 6
Fig. 6:   Kazimir Malewich: *Yellow and Black* (Supremus No. 58) 1916 Öl auf Lein-
            wand/óleo sobre lienzo in: Jeanne D'Andrea (Ed.), *Kazimir Malewich 1878-
            1935*, Los Angeles 1990
Fig. 7:   Frank Lloyd Wright: Robie House, in: cf. Fig. 4
Fig. 8:   Mies van der Rohe: Haus Tugendhat/casa Tugendhat, Brno 1928-30, Dachter-
            rasse, Eingangsbereich/azotea, zona de entrada, in: Werner Blaser, *Mies van
            der Rohe,* Basel, Boston, Berlin 1997
Fig. 9:   Mies van der Rohe: Haus Tugendhat/casa Tugendhat, Blick von Süd-Osten
            /vista del sureste, in: Daniela Hammer-Tugendhat/Wolf Tegethoff (Ed.),
            Ludwig Mies van der Rohe – Das Haus Tugendhat, Wien 1998
Fig. 10-11: Mies van der Rohe: Haus Tugendhat/casa Tugendhat, Grundriß Obergeschoss,
            Erdgeschoss/planta superior y planta baja, in: cf. Fig. 9
Fig. 12:   Ludwig Mies van der Rohe, Zeichnung/dibujo M. W. 05.04.1967
Fig. 13:   Piet Blom: Kasbah, Hengelo, Study ca. 1966, Design 1969-71, Realisation
            1972-73, in: cf. 3, Fig. 9-10
Fig. 14-15: Jan Verhoeven: Wohnhaus und Studio/vivienda y estudio 1976, in: *Constuire 98*,
            1977
Fig. 16-19: Herman Hertzberger: Head offices Centraal Beheer, Apeldoorn. Design 1967-
            70, Realisation 1970-72, in: Herman Hertzberger, *Vom Bauen*, München 1995
Fig. 20-21: Jockusch Monard Wilkens: Landeszentralbank von Hessen/banco central
            federal de Hesse, Testentwurf/diseño para prueba 1978, in: Fachbereich
            Architektur an der Universität Kassel (Ed.), *Festschrift – für Peter Jockusch*,
            Kassel 1995
Fig. 22:   Ludwig Leo: Laborschule Bielefeld/escuela laboratorio en Bielefeld 1971, in:
            Bauwelt 2, 1973
Fig. 23-24: Ludwig Leo: Boothaus in Berlin-Havel/edificio para botes en Berlín-Havel,
            Seeseite/zona del lago, Hebekonstruktion für die Boote/construcción de palan-
            cas para botes, in: *Werk, Bauen + Wohnen*, Nr. 1/2, Zürich 1995

Fig. 1-2:   Heinz Bienefeld: Haus Babanek/casa Babanek, Brühl 1991, in: Wolfgang
             Voigt (Ed.), *Heinz Bienefeld*, Tübingen Berlin 1999

Fig. 3-4:   Gunnar Asplund: Gerichtsgebäude/juzgado, Sölvesborg, 1919-21, in: *Asp-
             lund*, Stockholm Arkitektur Förlag 1985

Fig. 5-6:   Egon Eiermann: Matthäuskirche Pforzheim 1952-56, in: Wulf Schirmer (Ed.),
             Egon Eiermann 1904-1970. Bauten und Projekte, Stuttgart 1993

Fig. 7:   Rudolf Schwarz: St. Fronleichnam Aachen 1929-30, in: Wolfgang Pehnt, Hil-
             de Strohl, *Rudolf Schwarz*, Stuttgart 1997

Fig. 8:   Rudolf Schwarz: St.Christophorus, Köln-Niehl, in: cf. Fig. 7

Fig. 9:   Aldo Rossi: Friedhof/cementerio San Cataldo, Modena, 1976, in: *A + U,
             Architecture and Urbanism*, 1982

Fig. 10-11: Erwin Heerich: Museumsinsel Hombroich/isla museo Hombroich, Lange Galerie
             /galería larga, in: Erwin Heerich, *Museum Insel Hombroich*, Stuttgart 1996

Fig. 12:   Jasper Morrison: Stuhl/silla, in: T. Maschke, T. Heinemann, *Design – die
             Klassiker von morgen*, Augsburg 1996

Fig. 13:   Adolf Loos: Haus Müller, Prag/casa Müller, Praga 1929-30, Isometrie/isome-
             tría, in: Max Risselada (Ed.), *Raumplan versus Plan libre, Adolf Loos – Le Cor-
             busier 1919-1930*, Delft 1988

Fig. 14:   Le Corbusier: Villa Savoye, Poissy 1928-30, Isometrie/isometría, in: cf. Fig. 13

Fig. 15-16: Haus Müller, Grundriß und Schnitt/casa Müller, plantas y sección, in: Lud-
             wig Münz, Gustav Künstler, *Der Architekt Adolf Loos*, Wien 1964

Fig. 17:   Haus Müller: Blick in den Salon/vista al salón, in: cf. Fig. 15-16

Fig. 18:   Le Corbusier: Villa Savoye, Poissy 1928-30, Modell des realisierten Designs mit
             auseinandergenommenen Schichten: Großform und 'Innerei'/modelo del
             diseño realizado con capas desmontadas: gran forma y 'menudillos', in:
             cf. Fig. 13

Fig. 19:   Le Corbusier: Villa Savoye, Blick ins Bad und Elternschlafzimmer/vista del
             baño y del dormitorio principal, Postkarte/postal, Foto: Richard Pare, 1979

Fig. 20:   Le Corbusier: Villa Savoye, Westansicht/vista este, in: William J. Curtis, *Le
             Corbusier, Ideen und Formen*, Stuttgart 1987

Fig. 21:   Le Corbusier: 4 Kompositionsformen/cuatro formas de composición, in: cf. Fig. 20

Fig. 22:   Le Corbusier: Chandigarh. Perspektivische Darstellung der Front des Ober-
             sten Gerichtshofs/perspectiva del frontal del Tribunal Superior de Justicia,
             in: Sigfried Giedion, *Architektur und Gemeinschaft*, Hamburg 1956

Fig. 23-24: Le Corbusier: Oberster Gerichtshof in Chandigarh/tribunal superior en Chan-
             digarh, in: W. Boesiger (Ed.), *Le Corbusier et son Atelier rue de Sèvres 35,
             Œuvre Complète Vol. 6 1952-57*, Zürich 1957

Fig. 25:   cf. Fig. 23-24, Foto: M. W.

Fig. 26: cf. Fig. 23-24, Zeichnung für einen der Wandteppiche/dibujo para uno de los tapices, in: Le Corbusier, *Modulor 2*, Stuttgart 1958

Fig. 27: Le Corbusier: Sekretariatsgebäude/edificio de secretaría Chandigarh, in: cf. Fig. 23-24

Fig. 28-29: Rem Koolhaas: Kunsthalle Rotterdam, „OMA/Rem Koolhaas 1987-93", in: *el croquis 53,* Madrid 1992

Fig. 30: Rem Koolhaas: Kunsthalle Rotterdam, einer der Ausstellungsräume/una de las salas de exposición, in: cf. Fig. 28-29

Fig. 31: Rem Koolhaas: Kunsthalle Rotterdam, Blick in die Passage/vista al pasillo, in: cf. Fig. 28-29

Fig. 32: Le Corbusier: Straßburger Kongreßgebäude, Saalgeschoß, zweiter Entwurf /edificio de congresos en Estrasburgo, planta de la sala, segundo proyecto 1963, in: Karen Michels, *Der Sinn der Unordnung – Arbeitsformen im Atelier Le Corbusier*, Braunschweig/Wiesbaden 1989

Fig. 33: cf. Fig. 32, Schnitte/cortes, in: cf. Fig. 32

Lektion/lección 7

Fig. 1: Le Corbusier: Notre Dame du Haut, Ronchamp, Foto: Ingeborg Lettow

Fig. 2: cf. Fig. 1, in: cf. 6, Fig. 23-24

Fig. 3: Pablo Picasso: L'Atelier, 1928, Postkarte/postal, Peggy Guggenheim Collection, Venedig

Fig. 4-5: Eckart Reissinger: Entwurf zum Leipziger Platz, Berlin/boceto de la Plaza de Leipzig en Berlín, Studienarbeit/trabajo universitario, in: O. M. Ungers (Ed.), *Veröffentlichungen zur Architektur an der Architekturfakultät der TU Berlin*, Heft 8, 1967

Fig. 6: Richard Meier: Haus Hoffman, East Hampton/N.Y., 1966-67, in: Silvio Cassarà, *Richard Meier*, Basel Boston Berlin 1996

Fig. 7: Peter Eisenman: Haus III/casa III, Lakeville, Connecticut, 1969-71, in: Pippo Ciorra, *Peter Eisenman - Bauten und Projekte*, Stuttgart 1995

Fig. 8: Friedrichsplatz, Luftaufnahme/vista aerea, in: Landesamt für Denkmalpflege in Hessen (Ed.), *Stadt Kassel I – Baudenkmale in Hessen,* Braunschweig, Wiesbaden 1989

Fig. 9: Ausschnitt aus dem Stadtplan von 1781/detalle del plano urbano de 1781, in: cf. Fig. 7

Fig. 10: Ausriß aus den Hessischen Neuen Nachrichten HNA/extracto del Nuevo Noticiero de Hessen HNA, 15.05.1995

Fig. 11-12: Bernard Tschumi: Kulturzentrum Le Fresnoy, 1997: Isometrie und Innenraum über dem Dach der alten Fabrik/isometría y espacio interior sobre el tejado de la antigua fábrica, in: *arch* + 138, Aachen 1997

Fig. 13:   Modigliani: Liegender weiblicher Akt mit ineinander gelegten Händen /desnudo feminino con las manos juntas, 1917, Öl auf Leinwand/óleo sobre lienzo, in: *Malerei Lexikon A-Z*, Köln 1998

Fig. 14:   Baufrösche Kassel: Villa an der Drahtbrücke in Kassel/villa junto al puente colgante en Kassel, Projekt 1998

Fig. 15:   Paul Klee: Ohne Benennung/sin título, 1940, in: Susanne Partsch, *Paul Klee 1879-1940*, Köln 1990

Fig. 16:   M. W., Skizze zu einem Entwurf für eine Galerie in Berlin/esbozo para un proyecto de una galería en Berlín, Studienarbeit bei O. M. Ungers/proyecto de estudios junto con O. M. Ungers, 1965

Fig 17:   Alvaro Siza Vieira, Porto, und Roberto Collovà, Palermo: Stadterneuerung des 1968 erdbebenzerstörten Salemi/reconstrucción de la cuidad Salemi destruida en 1968 por un terremoto, Italien/Italia, in: *Detail* Juni-Juli 2000

Lektion/lección 8

Fig. 1:   Pietro della Francesca: Città ideale (um 1470/1470 aprox.) in: Bernd Evers (Ed.), *Architekturmodelle der Renaissance – Die Harmonie des Bauens von Alberti bis Michelangelo*, München 1995

Fig. 2-5:   Felix Sigrist: Krankenhaus und Schule für Landwirtschaft in Bhutan/hospital y escuela de agricultura en Bhutan, 1986-89, Fotos: F. Sigrist

Fig. 6:   Wolf Meyer-Christian: Studienarbeit bei O. M. Ungers/proyecto de estudios junto con O. M. Ungers, 1964, in: *Jahrbuch für Architektur 1981-82*, Braunschweig/Wiesbaden 1982

Fig. 7:   Baufrösche Kassel: Haus der Wirtschaft/casa de la economía, Kassel, Konzeptskizze/boceto conceptual, 1989

Fig. 8:   Ernst Gisel/Baufrösche Kassel: Haus der Wirtschaft Kassel/casa de la economía en Kassel, Grundriß 1. OG/planta del primer piso, Wettbewerbsbeitrag von 1989/colaboración para un concurso en 1989

Fig. 9:   Stirling/Wilford 1985-92: B. Braun Melsungen, Gesamtanlage, Übersichtsplan /instalación completa, in: Kirstin Feireiss (Ed.), *Aedes Galerie und Architekturforum*, Berlin 1992

Fig. 10:   Cedrik Price: 'Potteries Thinkbelt', typischer Fakultätsbereich/zona típica de facultad, Grundriß und Schnitt/planta y sección, in: James Burns, *Projekte der Anthropoden zur Gestaltung der Zukunft*, in JAM, Köln 1971

Fig. 11-12:   Umkehrdarstellung des Stadtbildes von Fabiano/presentación invertida de la cuidad de Fabiano, Italien/Italia, in: Benedickt Loderer: *Stadtwanderers Merkbuch – Begriffsbestimmung*, München 1987

Fig. 13:   Rem Koolhaas with Zoe Zenghelis: The City of the Captive Globe, 1972, in: cf. 6, Fig. 27

Fig. 14-15: Baufrösche Kassel: Kreuzgassenviertel in der Altstadt von Nürnberg/barrio Kreuzgasse en el casco viejo de Nuremberg, 1986-91, Foto: Jens Weber

Lektion/lección 9

Fig. 1:   Luis Barragán: Tor zum Haus El Pedregal/portón de la casa El Pedregal, in: Rizzoli International Publishers, New York 1992
Fig. 2:   Luis Barragán: Eduardo Pietro Lopez House, Mexico City 1945-50, cf. Fig. 1
Fig. 3-4:   documenta 1955, Museum Fridericianum Kassel, Gestaltung/configuración: Ernst Bode, in: Harald Kimpel, Karin Stengel: *Documenta 1955*, Bremen 1995
Fig. 5:   Erwin Heerich: Museumsinsel Hombroich, cf. 6, Fig. 10-11
Fig. 6:   Erwin Heerich: Museumsinsel Hombroich, Detail/detalle, in: Stiftung Insel Hombroich (Ed.), *Bildband Insel Hombroich*
Fig. 7-9:   Steidle und Partner: Universität Ulm-West/universidad Ulm oeste, in: Axel Menges (Ed.), *Universität Ulm West*, Stuttgart 1996
Fig. 10:   Atelier 5: Thalmatt 1, Herrenschwanden bei Bern, 1967-1974, 18 Häuser/18 casas, in: *Atelier5 – Siedlungen und städtebauliche Projekte*, Braunschweig /Wiesbaden, 1994
Fig. 11:   Baufrösche Kassel: Wohnbebauung auf dem Gelände des Gutshofs Marien- werder bei Hannover/edificios para viviendas sobre el terreno del 'Gutshof Marienwerder'/Hannover, 1995-97
Fig. 12-13: Hans Döllgast: Pinapothek München, Schließung der Südfassade/cierre de la fachada sur, 1952-53. in: TU München/ BDA (Ed.), *Hans Döllgast*, München 1987
Fig. 14:   Charles Eames: Entwurfsskizze zu einem sideboard/boceto para una estan- tería 1950, in: John Neuhart, Marilyn Neuhart, Ray Eames, *Eames Design*, Berlin 1989
Fig. 15:   Charles und Ray Eames: arts & architecture, case study house 1949, in: cf. Fig 15
Fig. 16:   Paul G. R. Baumgarten: Hotel am Zoo in Berlin/hotel junto al zoo en Berlín. Aufstockung/aplicación de pisos 1950 in: Akademie der Künste (Ed.), *Paul Baumgarten – Bauten und Projekte*, Berlin 1988
Fig. 17-18: Paul Baumgarten: Badisches Staatstheater/teatro nacional de Baden, Karls- ruhe, Skizzen und Grundriß der Saalebene/boceto y planta del nivel de la sala, Wettbewerbsprojekt/proyecto para un concurso, 1960, in: cf. Fig. 16
Fig. 19:   Paul Baumgarten: Bundesverfassungsgericht/tribunal constitucional Karls- ruhe, 1967, Grundriß des 1. OG/planta del primer piso, in: cf. Fig. 17
Fig. 20-21: Baufrösche Kassel: Eingangsgebäude zur documenta-Halle/edifico de acceso a la nave de la documenta, Wettbewerbsentwurf/proyecto para un concurso, 1992
Fig. 22:   Baufrösche Kassel: eigenes Büro/oficina propia, 1990-93, Schnitt/corte
Fig. 23:   Toyo Ito: Altenheim in Yatsushiro/asilo de ancianos en Yatsushiro, in: Gustavo Gili (Ed.), *Toyo Ito,* Barcelona 1997

Gili (Ed.), *Toyo Ito*, Barcelona 1997

Lektion/lección 10

Fig. 1: Hans Scharoun: Geschwister-Scholl-Gymnasium/colegio Hermanos Scholl, Lünen in Westfalen, 1955-62, in: Peter Pankuch (Ed.), *Hans Scharoun, Bauten, Entwürfe, Texte*, Berlin 1993

Fig. 2: Gunnar Asplund: Rathausanbau/anexo del ayuntamiento, Göteborg 1934-37, in: cf. 2, Fig. 12-13

Fig. 3: Herzog & de Meuron: Weingut Dominus in Napa Valley/hacienda vinícola 'Dominus' en el Nappa Valley, California, 1995-98, in: *Naturstein Architektur* 1, 2000

Fig. 4: Herzog & de Meuron: Signal Box/casa de señales, Basel, 1994, in: Thomas Ruff, *Architectures of Herzog & de Meuron*, (Portraits), New York 1995

Fig. 5: Baufrösche Kassel: Zwillingshaus/casa gemela. Wettbewerbsbeitrag/proyecto para un concurso, 1997

Fig. 6: Fassadenmodell des Stadtschlosses in Berlin/modelo de la fachada del palacio municipal en Berlín, im Maßstab 1 : 1 an historischer Stelle auf der Spreeinsel/a escala 1:1 en una zona histórica en la isla de Spree, in: Förderverein Berliner Stadtschloß (Ed.), *Das Schloß. Eine Ausstellung über die Mitte Berlins*, Berlin 1993

Fig. 7-8: Baufrösche Kassel: Bebauung des Marx-Engels-Platzes in Berlin mit umgebautem Palast der Republik und teilrekonstruiertem Stadtschloß/edificación de la Plaza Marx Engels en Berlín con el palacio de la República reformado y el palacio Municipal reformado en parte, Wettbewerbsbeitrag/proyecto para un concurso, 1993

Fig. 9: Stadtschloß/municipal Berlín: Östlicher, nach seinem Architekten auch 'Schlüterhof' genannte Innenhof in einem Vorkriegsfoto/patio del este, denominado también según su arquitecto 'Patio Schlüter' en una foto de antes de la guerra

Fig. 10: Baufrösche Kassel: Überarbeiteter Entwurf für den Wiederaufbau von Palast und Schloß in Etappen/proyecto retrabajado para la reconstrucción del palacio y del castillo por etapas, 1999

Fig. 11-12: van Klingeren: Multifunktionales Stadthaus/casa urbana multifuncional 't Karregat, Eindhoven, 1970 – 73, in: 3, Fig. 9-10